2014年度教育部"全国高校优秀中青年思想政治理论课教师择优资助计划"项目"延安时期青年学生的史学教育与社会实践的成效与启示研究"（编号14JDSZK060）

延安时期
青年学生的史学教育与社会实践

杨 东 ◎著

中国社会科学出版社

图书在版编目(CIP)数据

延安时期青年学生的史学教育与社会实践/杨东著.—北京：中国社会科学出版社，2017.2

ISBN 978-7-5161-9271-9

Ⅰ.①延… Ⅱ.①杨… Ⅲ.①历史教学—教育史—中国—1935-1948 Ⅳ.①K-4

中国版本图书馆 CIP 数据核字（2016）第 270799 号

出 版 人	赵剑英	
策划编辑	李炳青	
责任编辑	刘　芳	
责任校对	刘　娟	
责任印制	李寡寡	

出　　版	中国社会科学出版社	
社　　址	北京鼓楼西大街甲158号	
邮　　编	100720	
网　　址	http://www.csspw.cn	
发 行 部	010-84083685	
门 市 部	010-84029450	
经　　销	新华书店及其他书店	
印　　刷	北京明恒达印务有限公司	
装　　订	廊坊市广阳区广增装订厂	
版　　次	2017年2月第1版	
印　　次	2017年2月第1次印刷	
开　　本	710×1000　1/16	
印　　张	16.75	
插　　页	2	
字　　数	283 千字	
定　　价	65.00 元	

凡购买中国社会科学出版社图书，如有质量问题请与本社营销中心联系调换
电话：010-84083683
版权所有　侵权必究

目　　录

绪　论 …………………………………………………………（1）
　　一　研究旨趣及思路方法 ……………………………………（1）
　　二　研究内容及其范畴 ………………………………………（5）
　　三　资料基础 …………………………………………………（6）

第一章　中国近代史学教育与社会实践的展开 ………………（7）
　　一　晚清史学教育与社会实践的倡行 ………………………（7）
　　二　史学学院化的形成与社会实践的展开 …………………（17）
　　三　中共建党前后的史学教育与社会实践 …………………（37）

第二章　延安时期青年学生的史学教育 ………………………（57）
　　一　战争中兴盛的延安史学 …………………………………（57）
　　二　延安时期的历史教员与青年学生 ………………………（66）
　　三　凸显革命与时代的课程设置 ……………………………（80）
　　四　教学原则与学习方法 ……………………………………（88）
　　五　涵括在史学教学中的思想教育 …………………………（99）

第三章　延安时期青年学生的社会实践 ………………………（107）
　　一　富于战时特色的军事化实践 ……………………………（107）
　　二　在政治活动中开展的社会实践 …………………………（116）
　　三　躬亲实践开展社会调查 …………………………………（126）
　　四　贯彻延安教育方针的生产劳动实践 ……………………（136）
　　五　在具体实践工作中锻炼成长 ……………………………（145）

第四章 史学教育与社会实践的个案考察 （155）
　　一　抗日军政大学的史学教育与社会实践 （155）
　　二　陕北公学的史学教育与社会实践 （168）
　　三　延安大学的史学教育与社会实践 （178）
　　四　华北联合大学的史学教育与社会实践 （188）

第五章 史学教育和社会实践的成效与启示 （196）
　　一　史学教育的成效 （196）
　　二　社会实践的成效 （209）
　　三　历史经验的全方位审视 （219）
　　四　延安教育与社会实践的启示 （231）

结　语 （243）
　　一　高度重视与严重不足 （243）
　　二　政治课抑或是历史课 （244）
　　三　表面认同还是实际认同 （245）
　　四　学习途径的便捷与历史知识的匮乏 （246）

参考文献 （253）

后　记 （263）

绪　　论

在中共革命的历史进程中，延安时期是中共革命的教育方针与社会实践的结合达到最佳状态的历史时期，也是延安教育方针与中国革命的延安道路达到了并行不悖的历史时期。对于延安青年而言，又是他们人生旅程中极为关键的一段时期。经过学校这座革命熔炉的锻造和丰富多彩的社会实践活动，延安青年更是成为中国青年的一个时代标杆和革命象征。回观延安时期的史学教育与社会实践，对于当前的教育，特别是思想政治教育，无疑是有着极为重要的经验启示意义。

一　研究旨趣及思路方法

将延安时期的史学教育与社会实践作为我们的研究内容，是在梳理既有研究基础之上，结合当前的教育现状形成的一个研究主题。

应该说理论界对于延安教育的研究，从抗战时期即已开始。其时，毛泽东、张闻天、周恩来、朱德、刘少奇、李富春、徐特立等领导人，就对延安教育问题做过不少论述。主管延安教育工作和延安学校的负责人，如李维汉、罗瑞卿、成仿吾、周扬、吴玉章、江隆基等人，也在当时对延安教育进行过讨论和总结。从事实际教育研究工作的董纯才、李之钦、辛安亭等人，也对延安时期的教育问题做过详致的研究。新中国成立以来，关于延安教育问题的研究著述更是屡见不鲜。如董纯才主编的《中国革命根据地教育史》（共3卷，教育科学出版社1991年版）；刘宪曾、刘端棻主编的《陕甘宁边区教育史》（陕西人民出版社1994年版）；韩作黎主编的《延安教育研究》（文心出版社2003年版）；栗洪武编的《陕甘宁边区教育史》（共2册，中央广播电视大学出版社2012年版）、《延安干部教育模式研究》（中国社会科学出版社2009年版）；曲士培的《抗日战争时期解放区高等教育》（北京大学出版社2005年版）；张腾霄主编的《中国共产党的干部教育·抗日战争时期》（中国人民大学出版社1988年版）等。此外，延安不少学校还各自编纂了自己的校史和校友回忆录。这些均是较有代表性的研究成果。

上述研究成果，既有综合性的研究，也有专门性的研究；既有高等教育研究，也有国民教育研究；既有干部教育研究，也有学校教育研究。相比较而言，专门注重学科教育的成果尚不多见。较为常见的是针对延安时期的思想政治教育所做的研究，如钟佩君的《延安时期党的思想政治教育研究》（社会科学文献出版社2014年版）等。就史学教育而言，最为常见的研究在马克思主义史学、中共党史、思想文化史的学科范畴之内。如唐曼珍著《毛泽东与中共党史学》（中国人民大学出版社1993年版）；张静如主编的《中共党史学史》（中国人民大学出版社1990年版）；周一平著《中共党史史学史》（甘肃人民出版社2001年版）；郑师渠主编的《中国共产党文化思想史研究》（中共中央党校出版社2007年版）；张剑平著《中国马克思主义史学研究》（人民出版社2009年版）等。值得一提的是，洪认清著《抗战时期的延安史学》（安徽大学出版社2006年版）和胡占君著《中国共产党的历史教育思想与实践研究》（中共中央党校出版社2006年版），则是专门从学科视角来阐论延安史学的著作。前者主要针对延安史学的发展及延安学人的历史研究，同时对延安时期的干部历史教育进行了论述；后者则是横跨革命与新时期的长时段，针对中共的历史教育思想所做的考察。

分析已有的研究成果，多数是注重学科的发展和对教育思想的阐论，对于史学教育的具体开展、教育教学方法以及学习方法的考察尚付阙如。至于对青年学生的社会实践的研究，迄今为止还很少有人做过专门研究。实际上，注重史学教育与社会实践，可谓是延安时期教育内容的重要组成部分。特别是在整风运动之后，史学教育与社会实践活动成为延安青年学生尤为注重的教学内容和教育方针，而且也取得了卓有成效的成绩。因而，研究延安时期史学教育的教学过程及教学模式，分析延安时期青年学生的社会实践活动，不仅有着重要的历史价值，更有重要的时代价值和现实意义。因此，我们将延安时期的史学教育与社会实践作为我们的研究对象，以期在这一方面实现一些新的突破。

就现实情形而言，在高校青年学生中开设的"中国近现代史纲要"

课程，是当前思想政治理论课程体系中的重要门类。如何开展这门课程的教学活动与社会实践，是理论界一直都在探讨和研究的重要议题。在我们看来，寻求本门课程教学与实践活动的进路与方法，既可以总结探索现有的经验，也可以从历史时期追寻曾经的成效启示。其中延安时期的做法就是一个重要的观察点。通过爬梳相关文献资料，我们会很清晰地看到，延安时期青年学生的史学教育与社会实践活动，不仅是富于成效的，而且对延安青年的一生都产生了极大的影响。正如一位延安青年所说，他们在学习了社会发展史和中国革命问题的课程之后，"就在学生的头脑中建立了唯物论的基本观念，破除了学生头脑中的迷信观念、宗教观念、唯心观念等等"。大家一边自学，一边小组讨论，再请人做个报告，"极容易为青年们所接受"①。除了在学习方面的影响，延安时期的教育对于他们的人生观和价值观的影响也是至为深远的。不少人认为，延安岁月是决定他们人生观和价值观的关键时期。一位陕公（即陕北公学，下同）学员更是深情地指出："在半个世界的革命生涯中，我的每一个足迹都刻有陕公的印记。陕公，她把我变成一个共产主义者。在这里，我加入了中国共产党，入党的庄严仪式、入党的誓词'为共产主义奋斗终身'，至今仍然给我鼓舞和力量。我为共产主义奋斗的漫长历程就是从陕公起步的。"他高度称赞陕公的教育效果说，"三个月的时间虽短，但学风很好，联系实际学习，很能解决问题"②。更为重要的是，延安时期的教育和实践，对日后革命的发展作用也是非常大的。正如邓小平所说："抗日战争时期吸收了一部分知识分子，后来政治干部除了老红军以外，就靠这批人，从这批'三八式'（指1938年奔赴延安的青年——引者）里边选出的。"③解放战争时期中共调集十万军队和两万名干部开进东北。在这些干部中，有90%是在延安接受教育和培训的青年学生。可以说这批青年干部，不仅在抗日救亡中起到了历史性的作用，而且在解放战争中也起了重大的作用。

面对延安青年们的这些生动的回忆以及他们在革命战争年代所起的重要作用，我们不禁要问，究竟是什么样的教育会给他们留下如此难以

---

① 《汉川文史资料》第11辑，汉川市政协学习史学资料委员会2000年编，第42页。
② 《人民共和国的建设者》，中国人民大学校刊编辑部1987年编，第34页。
③ 《邓小平文选》第2卷，人民出版社1994年版，第62页。

磨灭的印象，能够使他们在艰难的革命征程中发挥如此重要的作用？因此，我们有必要回顾延安时期的青年教育，以期能从中得到一些有益的经验启示。

笔者是从事"中国近现代史"教学的一线教师。在教学过程中，我们深切地感受到，在时下的一些青年学生中，因史学素养与知识储备的匮乏，由此出现的问题着实令人堪忧。按理说这门课程本身并非是一门艰涩难懂的课程，每位进入高校门槛的青年学生，都在初高中阶段或多或少地接触过。而且也有大量影视作品频频展播，相关内容亦是较为熟悉。然而即便如此，一些青年学生的学识素养和史实储备之不足着实令人诧异。笔者曾在中国近现代史这门课程结束后组织了一次闭卷考试，参加考试的学生约4000余人，结果出现的问题可谓五花八门，令人咋舌。高校青年学生原本应该是有相当知识储备的一个群体。再加之现代信息技术的发达，获取知识的手段不可谓不便捷，但是实际情形却远非如此。特别是诸如史学这类传统学科，其知识储备之薄弱、学识素养之低下的确令人堪忧。如果将当下的青年学生与延安时期的青年学生进行对比，或许能从中获得一些重要的经验启示。我们以"延安时期青年学生史学教育与社会实践的成效与启示"作为研究对象，就是基于思想政治理论课程的基本特点和当前教学实践中的一些实际情况，以及所在课程组近年来教学活动经验基础上形成的一个思路。

开展本课题研究，我们一方面旨在了解延安时期青年学生史学教育的课程体系、组织形式、教学方法与社会实践活动开展的具体情况；另一方面则是借鉴、吸收、转化和运用，为当前的思想政治理论课提供可资借鉴的经验素材。根据研究内容，我们主要采取以下一些基本方法：

其一，个案研究与整体研究相结合的方法。本课题以史学教育作为研究范畴，但是也会将其置于延安时期思想政治理论教育的整体框架下展开。与此同时，在具体研究取向上，既关注延安时期史学教育的整体状况，也会集中关注某一个具体学校的教学和实践活动。

其二，注重相关学科的理论借鉴和分析方法。本课题所涉及的学科门类较多，在具体开展研究的过程中，我们将充分关注并借鉴各学科的理论方法，以构建本课题的基本框架和主体内容。

其三，注重文献分析和社会调查。根据本课题的研究内容，查阅、整理、分析相关文献，是本课题的一个最基本的研究理路。同时，本课题还将开展大量的社会调查，特别是针对在校学生群体的调查访谈，是展开本项研究必不可少的方法。

其四，注重比较研究和归纳总结的方法。本课题的最终目的，是为当前的思想政治理论课程提供可资借鉴的经验方法。故而，通过比较研究和归纳总结，将是课题组采用的重要方法基础，以期形成具有可操作性的、符合当前思想政治理论课教学规律的结论。

最后，本书也将注重采用历史叙事的形式，通过以生动叙事描绘历史的方法来展开研究，力求重现延安时期的教育教学活动以及青年学生社会实践的历史场景。

二　研究内容及其范畴

本课题主要围绕"青年学生的史学教育"和"社会实践活动"来展开。基于此，我们主要从以下几个部分展开：

第一部分，将近代史学教育与社会实践作为前置性议题，考察晚清以来史学教育与社会实践的具体情况，以此作为本课题的研究铺垫，为随后具体开展相关问题，奠定历史与逻辑的基础。

第二部分，重点讨论延安时期史学教育的开展情况。在这一部分中，我们首先关注的是延安史学的发展以及延安时期的教员情况和青年学生的特点。在此基础上，重点讨论延安时期史学教育的课程设置、教学方法、学习方法等内容。同时将对延安史学教育的性质和特点做一梳理。

第三部分，主要围绕延安青年的社会实践活动来展开。具体包括军事化的社会实践、政治参与实践、社会调查、生产劳动、工作实习等内容。

第四部分，是针对延安时期著名学校开展史学教育与社会实践的个案考察。我们分别选取了抗日军政大学、陕北公学、延安大学和华北联合大学的史学教育与社会实践活动为例，通过个案研究，进一步探究史学教育和社会实践的相关情况。

第五部分，是围绕延安时期青年学生史学教育与社会实践的具体成效所做的探究。在此基础上，我们着重剖析延安时期的一些重要经验和不足，进而形成启示于当下思想政治教育和社会实践的经验素材。

这里需要说明的是，本课题所讨论的"延安青年"，主要是以高等教育中的青年学生为主，关于中等教育和社会教育中的青年，本课题一般不涉及。另外，延安时期的史学教育，与当前专业化、系统化的史学教育有着明显的不同。延安大学只在较短的时间内，开设过范围相对较广的史学教育，在整风运动之后即取消。华北联合大学及至搬迁到张家口之后，才在教育学院内成立了史地系。除此之外的大部分时间内，所谓的史学教育基本上是涵括在政治教育的范畴之内，是以"政治课"的名义出现的。而且讲授的内容也有侧重，重点关注的是革命史（包括中国革命史与世界近现代革命史）、中国近代史、中共党史、联共（布）党史、社会发展史、统一战线问题、三民主义、日本侵华问题、边区发展史等与当时密切相关的课程。因此，延安时期的史学教育及其课程设置，与当前的专业化系统化的课程设置，是有明显区别的。

三　资料基础

本书所使用的资料主要集中在以下几个方面：

其一是目前已经出版的大型资料集、文（选）集和延安时期的主要报纸杂志。如《中国近代教育史资料》《中国近代教育史资料汇编》《陕甘宁边区教育资料》《老解放区教育资料》《陕甘宁革命根据地史料选辑》《陕甘宁边区抗日民主根据地》《熔炉·丰碑：安吴青训班文献集》等资料集。文（选）集主要包括延安时期主要领导人和一些重要人物的著述集。报纸杂志如《新中华报》《解放日报》《晋察冀日报》《解放》《中国青年》《中国文化》等。

其二是一些重要人物的日记、回忆录和中外观察家考察延安的一些见闻录，特别是一些校史回忆资料以及到访延安和陕甘宁边区的中外记者、国统区重要人物的见闻感受，这都是极其重要的参考资料。这些资料不仅真实地记录了当初的历史场景，而且作者还针对所见所闻提出了一些自己的感想和体会，这些资料也是有着重要历史价值的。

其三是相关地区史志办出版的地方志、文史资料和一些地方党史著述。这些资料也是本书重要的参考资料来源。

第一章　中国近代史学教育与社会实践的展开

在源远流长的中国历史进程中，史学因其丰富的思想性和深邃性，孕育了众多史学巨擘和极为丰富的历史典籍，中国由此也形成了注重经史教育的传统。但是近代以来，中国出现的"千古未有之变局"，民族危机的日益严峻，西学思潮的大量传播，传统史学教育受到不少有识之士的批评挞伐，他们纷纷要求变革原有的史学教育传统，倡导新的史学教育体系，以适应新形势的要求。中国历史的急剧变动以及时代发展的客观要求，终究成为中国史学教育转变的重要驱动力，历史教育由此展开了新的一页。

一　晚清史学教育与社会实践的倡行

中国史学的一个显著特点，就是与儒经相表里，即史学从属于经学。在相当长的一段时间里，多数人诵读经史几乎全为科举致仕而来，这种脱离实际、追逐名利的风气，在鸦片战争前即受到激烈批评。

（一）批判传统　变革史学

清人朱梅叔曾针对士人的读书取仕观进行过批评。他说，天下读书者皆为科举而来，"此之谓学问，此之谓士人。而他书一切不观。昔丘文庄当天顺、成化之盛，去宋元未远。已谓士子有登名前列，不知史册名目、朝代先后、字书偏旁者，举天下而惟十八房之读，读之三年、五年而一幸登第，则无知之童子，俨然与公卿相揖让，而文武之道弃如弁毫",于是形成"八股盛而六经微,十八房兴而廿一史废"的尴尬局面。① 在阮葵生看来,科举士子为取科名、享富贵,"士罕通经,徒事末节","割取碎语,抄节碎事",更有"以汉人为庸人,以唐事为宋事"者。② 这样的结果即导致"士子入学的也仅视为利禄之阶,故有学校之名而无学校之实"③。鸦片战争前后,魏源更是尖锐地指出:"毕生治经,无一言益己,无一事可验诸治者乎?呜乎!古此方策,今亦此方策;古此学校,今亦此学校;宾宾焉以为先王之道在是,吾不谓先王之道不在是也,如国家何?"要革除传统的弊病,必须要培养合格的人才。培养人才的重要进路,就是要在教育方面知人、用人和教人。"不知人之短,不知人之长,不知人长中之短,不知人短中之长,则不可以用人,不可以教人。用人者,取人之长,辟人之短;教人者,成人之长,去人之短也。惟尽知己之所短而后能去人之短,惟不恃己之所长而后能收人之长;不然,但取己所明而已,取己所近而已。"④

与此相对应的是,明清以来中国社会高度强化的专制统治,极其严密的思想控制,致使中国史学渐趋式微,以致"求其能自辟蹊径,独创一格者甚少"⑤。曾经辉煌的中国史学趋于衰落,不仅落后于西洋史学,甚至不及印度,此为何故?

齐思和⑥先生曾这样解释,中国史学的落后,"不是因为过去百年中中国史家不争气,而实是近百年来西洋史学突飞猛进的结果"。在他看来,"历史是一门综合的学问,是整个人生的反映,不能离开其他学

---

① (清)朱梅叔:《文言小说:埋忧集》,岳麓书社1985年版,第259—260页。
② 阮葵生:《茶余客话》,中华书局1959年版,第473页。
③ 周予同:《中国经学史讲义》,上海人民出版社2012年版,第128页。
④ 陈学恂主编:《中国近代教育文选》,人民教育出版社1983年版,第8—9页。
⑤ 刘节:《中国史学史稿》,中州书画社1982年版,第285页。
⑥ 齐思和(1907—1980),字致中,山东宁津人。1922年考入南开中学,1927年升入南开大学文科,次年转入燕京大学修历史专业。1931年毕业并赴美留学,入哈佛大学历史系研究部,学习西洋史。1933年7月获历史科文学硕士学位,1935年7月又获历史科哲学博士学位。回国后任北平师范大学历史系教授,同时在北京大学、燕京大学兼课。抗日战争爆发后,为摆脱日伪控制,放弃教授的职位和优厚的待遇,转至燕京大学任副教授。1939年起兼历史系主任,1941年升为教授。学术上着重于先秦史的研究。出版过英文专著《西洋现代史》。抗日战争胜利后,又兼任文学院院长。授课之余,着重于西周的研究。新中国成立后,任北京大学历史系教授,研究重点为世界中世纪史。1958年兼任世界古代史教研室主任。他对中国近代史的研究,也有相当造诣。曾应范文澜之邀,参加《中国近代史资料丛刊》的编辑工作,并发表学术论文多篇。

术而独立。近一百多年来，西洋文化发生了空前的变化，改变了整个的人生，一切学术思想皆发生剧烈变化，而史学所受的影响尤为重大。"在政治方面，由于民主运动和重要政治革命的结果，改变了史家对于历史的看法，开始提高人民在历史上的地位，这样，人民"代替君主和贵族成为历史的主人翁，传统的政治史、战争史也扩大为文化史社会史了"。于是"历史的范围扩大了，历史的基础雄厚了，历史民主化了"。体现在经济方面，西方工业革命的发生和进展，使西洋由中古式的农村经济社会踏进了近代工商社会。史家受到了时代思潮的影响，"渐放弃以前专以政治军事为主的历史而以经济的发展为主要的脉络了"。在学术思想方面，近代自然科学惊人的进展，改变了西洋人的学术思想，"研究社会现象各部门的学问也应用自然科学家的方法来研究他们的问题，而称他们的学问为社会科学了"。史家自然也不甘落后，也开始采用科学的客观态度，专门的研究，对于材料细密地审查，而以历史为一种"科学"①。显然，政治经济和科学的进步，对西洋史学的发展产生了空前的影响。

实际上中国史学落后于西方的现实，在鸦片战争前后的政治格局与时势的变化中，就引起了士大夫阶层的反思。道光中叶以来，外敌入侵、鸦片泛滥，清廷用兵一再失败。外忧内患、积贫积弱的局面，促使士大夫阶层不得不考虑国家强盛问题。乾嘉时期为学问而治学的精神，在此时未免显得迂腐无用，经世致用的治学风气便逐渐凸显了。魏源就指出："以训诂音声蔽小学，以名物器服蔽三《礼》，以象数蔽《易》，以鸟兽草木蔽《诗》，毕生治经，无一言益已，无一事可验诸治者乎？呜呼！古此方策，今亦此方策，古此学校，今亦此学校。宾宾焉以为先王之道在是，吾不谓先王之道不在是也，如国家何？"② 这一评论是他对崭新学风的强烈呼吁。魏源一方面呼吁学风转变，另一方面身体力行。他亲见鸦片战争的失败及南京条约的缔结，愤激郁闷之下作《圣武记》14卷，又甄录有清一代关于经世致用的文字，编纂《经世文编》120卷，供时人参考。魏源这种学以致用的精神，对于"知古而不

---

① 齐思和：《近百年来中国史学的发展》，载王学典、陈峰编《二十世纪中国史学史论》，北京大学出版社2010年版，第1—2页。

② 璩鑫主编：《中国近代教育史资料汇编·鸦片战争时期教育》，上海教育出版社1990年版，第423页。

知今"风气的转变是一个推动力,"不失为转变时期的启蒙大师"①。在魏源等人的影响下,经世致用思潮蔚然成风。特别是对边疆史地的研究,诸如魏源的《海国图志》、徐继畬的《瀛环志略》、姚莹撰的《康辅纪行》、张穆的《蒙古游牧记》等,就是将历史学与地理学相结合形成的重要著述。这些著述"既陈古义,又论今事",体现出强烈的经世致用思想。

明清以来,传教士东来以及西学在中国的传播,成为中国史学教育演变的另一助推力量。传教士来华要传播"上帝的福音",首先就得让中国人了解西学,以"消除他们高傲的排外思想"②。传教士举办的"在华实用知识传播会",也是要使中国人"在智力的炮弹前让步"③。事实上,传教士对西学的介绍,史地读物是重要的知识载体。如美国传教士裨治文④传播西学知识时,在计划出版的24种书刊中,史地类就占了10种,包括世界简史、国别史、商业史、殖民史、西方文学史及世界地理、各国游记等。及至19世纪中叶以后,西方社会学、人类学、民族学、考古学等相继传入中国。但是正如梁启超所说:"今日泰西通行诸学科中,为中国所固有者,惟史学。"⑤ 西学的研究方法和研究成果,对中国历史学教育产生了相当影响。特别是一些传教士,率先举办教会学校开展新式教育。

1842年11月1日,马礼逊学堂由澳门迁至香港,该校课程除设置中文外,还有算术、代数、几何、生理学、地理、历史和英文等课。此后陆续开办的香港英华书院、厦门英华男塾、宁波女子学塾、宁波崇信义塾、上海圣依纳爵公学、上海清心书院、上海英华书院、福州格致书院、文山女塾、天津法汉学堂等,都程度不一地开设了史学教育课程。

---

① 齐思和:《齐思和史学概论讲义》,天津古籍出版社2007年版,第232页。
② 顾长声:《从马礼逊到司徒雷登》,上海人民出版社1985年版,第59页。
③ 顾长声:《传教士与近代中国》,上海人民出版社1981年版,第38页。
④ 裨治文(Elijah Coleman Bridgman,1801—1861)美国传教士。清道光九年秋,受美国公理会派遣来华,于次年春抵广州。创办并主编《中国丛报》(又译为《澳门月报》《中国文库》),向英、美等国提供有关中国情报资料,并鼓吹侵略中国。后任美国专使顾盛的译员兼秘书。参与签订中美《望厦条约》。道光二十七年自广州来沪,与其他传教士商议共译《圣经》等事宜。后与其妻格兰德在上海西门设裨文女塾。咸丰三年及四年,为美国公使马沙利与麦莲的主要助手。曾随麦莲赴天京(今南京)"访问"太平天国,刺探情况。咸丰七年任上海亚洲文会主席,参与美国迫使清政府签订《天津条约》。后病死于上海。
⑤《梁启超文集》,线装书局2009年版,第107页。

山东登州文会馆这所由美国传教士狄考文创办的学校，就编写了《中国史记》《万国通鉴》教材。随着教会学校的不断发展，各教派联合组织了"学科教科书委员会"，负责教科书的编写。当时决定编写初、高级两套教材，其中涉及历史教材的科目包括：古代史纲要、现代史纲要、中国史、英国史、美国史、泰西历史、旧约史记课本等。随着时间的推移，特别是英法联军入京后，"朝廷鉴于外交挫衄，非兴学不足以图强。先是交涉重任，率假手无识牟利之通事，往往以小嫌酿大衅，至是始悟通事之不可恃。又震于列强之船坚炮利，急须养成翻译与制造船械及海陆军之人才。故其时首先设置之学校"①。于是以京师同文馆为首的一批新式学堂陆续创办起来。

1862年7月，同文馆在北京成立。最初创办的目的是培养翻译人才，所以课程方面多限于外国语言文字。随后经辩论最终又扩充了不少课程，其中规定：学生在入京师同文馆的第三年，要讲各国地图，读各国史略及翻译选编。应该说设置外国历史课程，无疑是从京师同文馆开始的。当时使用的各国史略这一教材，是由杨枢和长秀依据欧美国家的历史教科书翻译的。京师同文馆开设各国史略课程，标志着史学教育的重大突破。上海广方言馆也仿照同文馆之例，添设外国语言文字学馆。该馆除教授语言文字外，还习经、史、文艺。据张君劢回忆称，那时上课"是四天读英文，三天读国文。不过还补充数句，在四天读英文的时间，并不完全读英文，而是包括了数学、化学、物理、外国历史等都属于英文。每一科都好像四书五经似的，全要读熟。以上是指的在四天的上午，至于下午，先生就改课本，学生就自修，或者上体操。三天读国文，就由先生指导看《通考》，弄点掌故，作论文等功课。"②湖北自强学堂最初仅设置8门课程，后增加到16门，有方言有汉文，还有传统文化历史，且规定汉文课外要读儒书。天津中西学堂规定，头等学堂课程，在第四年要习各国史鉴。

不过，洋务时期的学堂毕竟还是专门培养外语和军事人才的专门学校，无论是学科设置还是学生来源，涉及面并不广泛。京师同文馆虽然

---

① 陈学恂主编：《中国近代教育史教学参考资料》（上册），人民教育出版社1986年版，第23页。

② 黄克剑、王涛编校：《中国现代学术经典·张君劢卷》，河北教育出版社1996年版，第729页。

作为第一所官办学校,在1879年拟订的"八年课程计划"中,仅在第三年开设"各国史略"课程,学生最初也只是在八旗中挑选,"学生不便过多,拟先传十名,俟有成效再行添传,仍不得逾二十四名之数",即便有了成效,也只是扩大到"八旗满、蒙、汉闲散内择其资质聪慧、现习清文、年在十五岁上下者,每旗各保送二三名……酌量录取,挨次传补"①。天津水师学堂虽也提出"无论天津本籍,或邻县,或外省寄籍,良家子弟,自十三岁以上,十七岁以下"者皆可入学,但是却另有规定,入选学生必须是"已经读书数年,读过两三经,能作小讲半篇,或全篇者,准取。其绅士认保报名,并将年岁籍贯三代开报入册,届时由天津道或海关道面试,择其文理通顺者先取百名左右,送赴水师学堂面复。察其体气充实,资性聪颖,年貌文理相符,果是身家清白,挑选六十名。取具本人家属甘结,亲邻保状收入学堂试习二月后,再行察看。倘口齿不灵,或性情恶劣,举止轻浮,即行剔退"②。这样的条件,毕竟还是将不少人拒之门外。

甲午战后,朝野上下危机感剧增,"学校不兴、科举不废"一时成为众论话题。先前举办的洋务学堂,由于强调专门之学,在当时即被批评为"不过语言文字之浅,兵学之末,不务其大,不揣其本","言艺之事多,言政与教之事少"③。山东御史宋伯鲁也指出:"未有不通经史而可以言经济者,亦未有不达时务而可谓之正学者。"鉴于此,"宜将正科与经济岁科合并为一,皆试策论。论则试经,附以蒙故;策则试时务,人多通才"④。在此基础上,朝臣士子建议将传统书院改为新式学堂,订定章程专研经义、史事等课。其时翰林院秦绶章即拟订了一份整顿书院的计划,该计划将课程设置分为六类:"曰经学,经说、讲义、训诂附焉;曰史学,时务附焉;曰掌故之学,洋务、条约、税则附焉;曰舆地之学,测量、图绘附焉;曰算学、格致、制造附焉;曰译学,各国语言文字附焉。士之肄业者,或专攻一艺,或兼

---

① 舒新城编:《中国近代教育史资料》(上册),人民教育出版社1961年版,第124页。
② 天津市档案馆编:《天津档案与历史》第1辑,天津人民出版社2008年版,第225页。
③ 陈元晖主编:《中国近代教育史资料汇编·戊戌时期教育》,上海教育出版社2007年版,第23页。
④ 中国史学会主编:《中国近代史资料丛刊·戊戌变法》(二),上海人民出版社1957年版,第348页。

习数艺,各从其便。"① 在朝臣士子的推动下,新式学堂开始大量出现。

1896年6月12日,李瑞棻②在《奏请推广学校折》中指出:"可令每省每县各改其一院,增广功课,变通章程,以为学堂。"③ 1898年7月,总理衙门筹议京师大学堂,鉴于"近年各省所设学堂,虽名为中西兼习,实则有西而无中",各省学堂"义理之学全不讲究,经史掌故未尝厝心",特将课程设置为"经学第一,理学第二,中外掌故学第三,诸子学第四,逐级算学第五,初级格致学第六,初级政治学第七,初级地理学第八,文学第九,体操学第十,以上皆溥通学;其应读之书,皆由上海编译局纂成功课书,按日分课。无论何种学生,三年之内必须将本局所纂之书,全数卒业,始得领学成文凭。惟体操学不在功课书内。"④ 1897年开办的通艺学堂,也要求所讲学务,以"存阶级通理达识为先,术艺次之","先习英文、史书、地志、算学等门,俟一、二年后,再行分门课授"⑤。上海南洋公学在教学中废弃了八股文,为师范生开设了历史、诗歌和作文等专门课程,这是"开创本国语言和文学的现代教学体系的第一所院校"⑥。浙江求是学堂要求学生"应自流(浏)览经史古文,并中外各种报纸,各随性情所近,志趣所向,讲求一切有用之书,将心得之处,撰为日记,至少以一百余字为率,其西学心得,亦应随时附记,按时汇送监院,呈总办查考"⑦。湖南时务

---

① 陈谷嘉、邓洪波主编:《中国书院史资料》(下册),浙江教育出版社1998年版,第2015页。

② 李瑞棻(1833—1907),字信臣,号苾园。清贵州贵筑(今贵阳)人。同治进士,入选翰林。历任学政、内阁学士、刑部侍郎等。积极支持康有为、梁启超变法主张。1896年,上疏请立京师大学堂及各省学堂,建藏书楼、仪器院、译书局、改定律例等。又荐举康有为、谭嗣同。1898年百日维新期间,授礼部尚书。戊戌政变后,革职充军新疆。1901年赦归,主讲贵州经世学堂。

③ 陈元晖主编:《中国近代教育史资料汇编·戊戌时期教育》,上海教育出版社2007年版,第221页。

④ 同上书,第230—231页。

⑤ 朱有瓛主编:《中国近代学制史料》第1辑(下册),华东师范大学出版社1986年版,第712页。

⑥ 《上海高等教育志》编纂委员会编:《上海高等教育志》,上海社会科学院出版社2010年版,第227页。

⑦ 陈元晖主编:《中国近代教育史资料汇编·戊戌时期教育》,上海教育出版社2007年版,第323页。

学堂则指出：“十年之后，诵经读史之人，殆将绝也。”因而时务学堂要求学生"每日一课，经学、子学、史学与译出西书四者间日为课焉"。经数年之力，"中国要籍，一切大义皆可了达，而旁证远引，于西方诸学亦可以知崖略矣。夫如是，则读书者无望洋之叹，无歧路之迷，而中学或可以不绝"①。

不过，晚清时期的史学教育，还很难将此认定为专门的历史教育，传统的经、史不分，还在相当程度上延续着，"经学为体、史学为用"，依然是基本的教育方针，传统习惯仍然有着习惯性的延续，真正意义上的历史教育，当是在20世纪初，新史学思潮的影响及新学制的颁布后，特别是分科设置之后，现代意义上的史学教育才开始真正启端。不过，随着"开眼看世界"的观念蔚然成风，通过社会实践开阔视野，却早就成为越来越多人的基本共识。

（二）倡行社会实践挽救民族危机

就在鸦片战争前后，魏源就呼吁要注重调查实践。他指出，闭门造不出合辙的车，那些"历山川但壮游览而不考其形势，阅井疆但观市肆而不察其风俗，揽人材但取文采而不审其才德，一旦身预天下之事，利不知孰兴，害不知孰革，荐黜委任不知孰贤不肖，自非持方枘纳圆凿而何以哉？夫士而欲任天下之重，必自其勤访问始，勤访问，必自其无事之日始，《皇华》之诗知之矣"②。如果说鸦片战争时期，这样的认识还只是少数人的见解，到第二次鸦片战争以后，倡行社会实践活动的呼声就越来越高。

王韬即指出：“中国人士，无论于泰西之国政民情，山川风土，茫乎未有所闻，即舆图之向背，道里之远近，亦多有未明者。此固无足深怪。独不解其于中国之事，如河漕兵刑财赋诸大端，亦问之而谢未遑焉。"由此导致"即有渊博之才，亦惟涉猎群圣贤之经籍，上下三千年之史册而已。故吾尝谓，中国之士博古而不知今，西国之士通今而不知古"。一言以蔽之，中国士人实乃"时文累之也"③。严复的实践教育思

---

① 湖南省教育史志编纂委员会编：《湖南近现代名校史料》（一），湖南教育出版社2012年版，第263页。

② 陈学恂主编：《中国近代教育文选》，人民教育出版社1983年版，第8—9页。

③ 谢俊美主编：《弢园文录外编》，中州古籍出版社1998年版，第143页。

想更为鲜明。他说，教育"必为其察验，继乃有其内籀外籀之功，而其终乃为其验证，此不易之涂术也"①。特别是在实业教育方面，严复更注重社会实践。他说："实业教育，其扼要不在学堂，而在出堂后办事之阅历。以学堂所课授者，不过根抵之学，增广知识，为他日之事阶梯云耳。"因此，"实业之家，不受学堂教育，而一切悉由于阅历者，其人理必粗，不能有开物成务之盛业也。但受学堂教育，而不经事业之磨砻，又程功不实，而无甘苦疾徐之自得。必其人受益于学堂者十之四，收效于阅历者十之六，夫而后为真实业家。"②

随着新式学堂的相继建立，游历、游学③则成为学生社会实践的重要途径。就在京师同文馆成立之后的第四年，奕䜣等人就上呈奏折指出，同文馆学生"于外国语言文字，均能粗识大概，若令前往该国（指英国）游历一番，亦可增广见闻，有俾学业"④。随后清廷选派斌椿率同文馆学生游历欧洲，足迹遍英国、荷兰、普鲁士、丹麦、瑞典、芬兰、俄国等。甲午战后，游历、游学更为人们所推崇。封疆大吏者如张之洞、袁世凯、王之春等人，知识分子者如康有为、梁启超、张謇等人，或对清廷陈上章奏，或对社会发表时论，都呼吁"大派游学，以通世界之识，养有用之才"⑤。

张之洞是这一主张的积极支持者。他指出："知外不知中，谓之失心。知中不知外，谓之聋瞽。"⑥因此，在五洲大通之际，张之洞尤其反对深闭固拒，一味地坐井自囿。正所谓"天自牖之，人自塞之，谓之何哉？"他为此专门列举古今中外游历而成功的范例：

    晋文公在外十九年，遍历诸侯，归国而霸。赵武灵王微服游秦，归国而强。春秋战国，最尚游学，贤如曾子、左丘明，才如吴

---

① 孙应祥、皮后锋编：《严复集·补编》，福建人民出版社2004年版，第67页。
② 同上书，第78页。
③ 游历与游学是有区别的：游学是长期的性质，游历是短期的暂时的性质；游学所派遣的概属于青年子弟或学生，游历所派遣的或为亲贵，或为职官；游学以正式研究各种科学为目的，游历的目的则只在考察各国的政治法度，以便期月回国立行新政之急需。
④ 复旦大学历史系中国近代史教研组编：《中国近代对外关系史资料选辑（1840—1949）》上卷第1分册，上海人民出版社1977年版，第240页。
⑤ 杨家骆编：《戊戌变法文献汇编》第2册，鼎文书局1973年版，第222页。
⑥ 陈山榜编：《张之洞教育文存》，人民教育出版社2008年版，第220页。

起、乐羊子，皆以游学闻。其余策士杂家，不能悉举。后世英主名臣，如汉光武学于长安，昭烈周旋于郑康成、陈元方，明孙承宗未达之先周历边塞，袁崇焕为京官之日潜到辽东：此往事明效也。请论今事：日本小国耳，何兴之暴也？伊藤、山县、榎本、陆奥诸人，皆二十年前出洋之学生也，愤其国为西洋所胁，率其徒百余人，分诣德、法、英诸国，或学政治工商，或学水陆兵法，学成而归，用为将相，政事一变，雄视东方。不特此也，俄之前主大彼得，愤彼国之不强，亲到英吉利、荷兰两国船厂为工役十余年，尽得其水师轮机驾驶之法，并学其各厂制造，归国之后，诸事丕变，今日遂为四海第一大国。不特此也，暹罗久为法国涎伺，于光绪二十年与法有衅，行将吞并矣。暹王感愤，国内毅然变法，一切更始，遣其世子游英国学水师。去年暹王游欧洲，驾火船出红海来迎者，即其学成之世子也。暹王亦自通西文西学，各国敬礼有加，暹罗遂以不亡。上为俄，中为日本，下为暹罗，中国独不能比其中者乎？

基于此，他指出："天下州县皆立学堂，数必逾万，无论大学、小学断无许多之师，是则唯有赴外国游学之一法。"这是因为"出洋一年，胜于读西书五年，此赵营平'百闻不如一见之说'也。入外国学堂一年，胜于中国学堂三年，此孟子置之庄岳之说也。"① 在此情形下，光绪帝于1898年6月15日发布圣谕指出："出国游学，西洋不如东洋。东洋路近费省，文字相近，易于通晓，且一切西书均经日本择要翻译。着即拟订章程，咨催各省迅即选定学生陆续咨送；各部院如有讲求时务愿往游学人员，亦一并咨送，均勿延缓。"② 其时，南洋公学就规定："上院学生卒业后，择其尤（优）异者咨送出洋，照日本海外留学生之例，就学于各国大学堂以广才识而资大用。"③

但是，当时派遣游学也有实际条件的限制。出洋游学，首先需熟悉外国语言文字；其次朝廷举行变法新政，很难筹得游学款项；最后，即

---

① 陈山榜编：《张之洞教育文存》，人民教育出版社2008年版，第213—214、334页。
② 李滔主编：《中华留学教育史录（1840—1949）》，高等教育出版社2005年版，第5页。
③ 舒新城编：《中国近代教育史资料》（上册），人民教育出版社1961年版，第155页。

便能够筹出款项，派送青年学生出洋游学，也必待三年五载方能收其成效。但是当时却是列强四面环攻，变法兴学迫在眉睫，无法安然坐待三五年再图振兴。故而，当时在提倡游学之外更提倡游历，认为游历一事尤为救济急需之途。于是一些学堂便以游历作为社会实践的可行之法。

广东时敏学堂就提出："派游历以扩见闻儒者读书，百闻不如一见。凡地势险要，风俗盛衰，政治得失，非身入其境，博采广咨，不能得其万一。艺学一途更非考究不为功。"①维新人士李端棻也指出："学徒既受学数年，考试及格者，当选高才，以充游历。"但是此前"所派游历学生，未收大效。不知前者所派游历，乃职官而非学童"。他认为游历之道有二：

> 一游历各国，肄业于彼之学校，纵览乎彼之工厂，精益求精，以期大成。一游历各省，察验矿质，钩核商务，测绘舆地，查阅物宜。皆限以年期，厚给薪俸，随时著书，归呈有司。察其切实有用者，为之刊布，优加奖励。其游惰而无状者，官则立予降黜，士则夺其出身。数年之后，则辅轩绝域之士，斐然成章，郡国利病之书，备哉灿烂矣。

通过游历实践，"十年以后，贤俊盈廷，不可胜用矣！以修内政，何政不举？以雪旧耻，何耻不除？上以恢列圣之远猷，下以慴强邻之狡，启道未有急于是者。"②很显然，晚清时期社会实践的倡行，首先是基于民族危机的思虑。也即是说，通过社会实践扩大见闻，增长才干，挽救民族危机于既倒，是时人倡行社会实践活动的自然因应。

二 史学学院化的形成与社会实践的展开

随着西学的传播以及西方书籍的翻译，国人逐渐感到西方史籍的编纂方法以及对史事的选择，远胜于传统的旧史学。于是从20世纪初便

---

① 陈学恂主编：《中国近代教育史教学参考资料》（上册），人民教育出版社1986年版，第409页。

② 舒新城编：《中国近代教育史资料》（上册），人民教育出版社1961年版，第145—146页。

拉开了史学革命的帷幕。其中第一位积极介绍西方史学，并大声呼吁改造中国旧史学的就是梁启超。

（一）史学革命与学院化的形成

在世纪之交的1901年，梁启超就曾发愿拟创著一部具有新观点、新体裁、新文体的中国通史，但仅成《中国史叙论》一章。1902年，梁启超又将《中国史叙论》扩充为《新史学》一文。这两部论著的主要目的就是对传统旧史学进行猛烈批判，初步论证"新史学"理论。于是以《中国史叙论》和《新史学》的刊发为标志，梁启超喊出了"史界革命"的口号。"中国史学，外貌虽极发达，而不能如欧美各国民之实受其益也，职此之由"。通过梳理传统史学的弊病，梁启超断言："史界革命不起，则吾国遂不可救。悠悠万事，惟此为大！"[①] 梁启超对传统史学的批判，并在此基础上提出的"史界革命"口号，在社会上引起了极大的共鸣。就在《新史学》发表后不久，不少人都给予了积极的回应。马君武在《法兰西近世史》译本序中就这样说道："吾中国尘尘四千年，乃有朝廷而无国家，有君谱而无历史，有虐政而无义务，至于今日。"[②] 1902年10月的《新民丛报》亦刊文指出，中国旧史"惟知有朝廷，史之人惟知有君主。略举其兴亡强弱沿革之由，以为一朝之把数百年事务，作一人一家之谱而为之，一切英雄之运动，社会之经纬，国民之组织，教派之源流，泯泯然，漠漠然，毫不关涉"，"甚矣，中国之无公史"[③]。国人发出"中国无史"的感慨不止于此，黄炎培等人也指出："恫哉，我国无史。恫哉，我国无史"。二十四史乃"二十四姓之家乘而已，兴灭成败之迹，呫呫千万言不能尽"。治史者应"去吾二十四姓家乘所备载之事实，而取其关于文明之进步者，断自上古以逮于兹，删其芜，补其缺，正其误，译以饷我无史之国之士夫"[④]。更有人把对传统史学的弊病的批判引向了对封建主义的批评。有人就认为，自秦始皇以来，因专制统治阶级的

[①] 《梁启超文集》，线装书局2009年版，第107—111页。
[②] 文明国编：《马君武自述》，安徽文艺出版社2013年版，第83页。
[③] 郭天祥：《黄世仲年谱长编》，中国社会科学出版社2002年版，第48—49页。
[④] 支那少年翻译：《支那四千年开化史·弁言》，转引自史革新编《中国文化通史·晚清卷》，北京师范大学出版社2009年版，第318页。

严密控制,"史在朝廷,史局由朝廷诏设,史职由朝廷特简,监修有官,分纂有官","举天下之史而专制之",形成了私学一动即触碰禁网,而官修史书则"唯贡其谀佞,舍铺张虚美盛德大业外无文字",极大地阻碍了史学的正常发展。① 对旧史学的批判,无疑从根本上动摇了传统史学的基础。

批评旧史学是为了开创新史学。新史学的基本宗旨就是"为我国民打破数千年腐败混杂之历史范围,掀拔数千年根深蒂固之奴隶性,特译述中国历代同体休养生息活动进化之历史,以国民精神为经,以社会状态为纬,以关系最紧切之事实为系统,排繁冗而摘要言,革旧贯而造新体,寻生存竞争、优胜劣败之妙理,究枉尺直寻、小退大进之真相,轩文轾野,去锈发莹,以为我国自古以来血脉一统之庞壮国民显独力不羁、活泼自由之真面目"②。彰显国民"活泼自由之真面目",意即打破传统史学注重帝王将相一家一姓的"君史",探寻人群社会进化之规律的"民史"。围绕新史学这一宗旨,一些史家学人提出了编纂新史学的具体要求和方法。

在史观方面,摒弃"一治一乱"循环不已的传统旧史观,应以进化论历史观为指导。梁启超认为,"就历史界以观察宇宙,则见其生长而不已,进步而不知所终,故其体为不完全,且其进步又非为一直线,或尺进而寸退,或大涨而小落,其象如一螺线,明此理者,可以知历史之真相矣"③。在内容上,要突破传统史学以帝王将相为中心的狭隘格局,而应扩大到社会生活的各个方面。"人间社会为最复杂之现象。故历史有种种之方面,若政治,若法律,若宗教,若产业,若学术技能,无一非人间社会之产物,即无一非历史之要素。"④ 因此只有对研究内容进行多方面的考察分析,方能认识"历代国民全部运动进化之大势"。在研究方法上,要充分借鉴其他学科的最新成果和方法。"世运渐进,学术之分科亦如工艺之分业,源一流百,互相会通,凡今日众多之科学,通观之,无不有昆弟伯叔之关系,断无一种之学术,不借他学

---

① 邓实:《民史总叙》,《政艺通报》1904年10月23日,第17号,"政学文编"。
② 蒋大椿编:《史学探渊:中国近代史学理论文编》,吉林教育出版社1991年版,第596页。
③ 张岂之等编:《史学概论文献与资料选编》,高等教育出版社2009年版,第251页。
④ 汪荣宝:《史学概论》,《译书汇编》1902年第9期。

之应援而独立自存者也。史学之范围,既极广博,从而其求援于他学之点亦与为多焉。"① 在编纂形式上要创新体例,"旁及东西邻各史籍,荟萃群言,折中贵当,创成史例"②。从而能较好地反映历史发展过程中各种纵横交错的关系。

世纪之交的变革不仅体现在知识界,清政府也在内外交迫的困境之下,开始实行新政变革。1902 年以来,清政府相继颁布《钦定学堂章程》《奏定学堂章程》《钦定高等学堂章程》等,正式开启了专门史学教育的帷幕。

清末创设的学堂虽非分科,但"已渐入专门之意"③。根据相关章程规定,学堂的史学课程开设"中国史学门"及"万国史学门"。其中中国史学门又分为主课、补助课及随意科 3 类,课程大多以通鉴学为中心来安排。各朝正史是以自习的方式作为通鉴学"相资补助"之用的。章程还列举了研究史学要义的 52 项内容,包括历代统系疆域、地方盛衰、官制得失、兵制变迁、赋税利弊等。章程还强调,讲史学者要以《史通》为基本教材,同时对于国朝事实、中国古今历代法制考等科,皆列有讲习方法举要。对于随意科,主要包括辨学、各国法制史、中国文学、人类学、公益学、教育学、中国文学、金石文字学、古生物学、全国人民财用学、国家财政学、法律原理学、交涉学等。万国史学门的课程,主要是以讲授国别史为主,同时也包括史学研究法及年代学。

表 1-1   中国史学门与万国史学门课程表

中国史学门		万国史学门	
主课	补助课	主课	补助课
史学研究法	四库史部提要	史学研究法	御批历代通鉴辑览
御批历代通鉴辑览	世界史	泰西各国史	中国古今历代法制考
各种纪事本末	中外今地理	亚洲各国史	万国地理

---

① 汪荣宝:《史学概论》,《译书汇编》1902 年第 10 期。
② 蒋大椿编:《史学探渊:中国近代史学理论文编》,吉林教育出版社 1991 年版,第 1023 页。
③ 璩鑫圭、唐良炎编:《中国近代教育史资料汇编·学制演变》,上海教育出版社 1991 年版,第 256 页。

续表

中国史学门		万国史学门	
中国历代地理沿革略	西国科学史	西国外交史	外国语文（英法俄德日选习其一）
国朝事实	外国语文（英法俄德日选习其一）	年代学	
中国古今外交史		注：中国史学门与万国史学门三年均需学习72个钟点	
中国古今历代法制考			

资料来源：璩鑫圭、唐良炎编：《中国近代教育史资料汇编·学制演变》，上海教育出版社1991年版，第349、352—353页。

在新史学思潮的影响下，在清政府学堂章程颁布后，也出现了一系列新编历史教材。1903年，丁宝书"以我国人，述我国事"为由，编写了章节体《蒙学中国历史教科书》，由文明书局出版。这本历史教科书不仅带有历史地图，而且书后还附有中国历史大事年表。因其观点、体例适合教学需要，先后印刷19次之多。1904—1906年，夏曾佑[①]编著三册《最新中学中国历史教科书》，由商务印书馆推出。这部教材最大的特色是摒弃了传统的史学体系，运用西方社会进化史观并根据考古学成就，将中国历史分为上古、中古、近古三大阶段来叙述，在连续发展的历史过程中去考察中国历史，在因果关系中强调古今历史变化，进而揭示社会历史的进化规律，这无疑是一种进步。体现在教学内容上，该著已然不再注重帝王将相的家谱或历代王朝的年系，而是将重心放在政治、经济、文化、民族、外交等各个方面。在编写体裁上，作者采用篇章节体，按时间顺序叙述历史的演变更替，可以一目了然地知悉历史发展线索。同样，这本书也配有历史插图、历代沿革地图与历史年表。除此之外，国学保存会刊印了由刘师培撰著的三卷本《中国历史教科书》，商务印书馆1904年出版了由姚祖义编写的《高等小学中国历史教科书》，

---

① 夏曾佑（1865—1924），近代文学家、史学家。字穗生，号遂卿（一作穗卿），又号碎佛，笔名别士。浙江钱塘（今杭州）人。光绪进士。授礼部主事，后官郴州知州，充两江总督署文案。与梁启超、谭嗣同关系密切，曾参与康、梁维新派的政治活动。1897年在天津与严复共同创办《国闻报》，宣传维新变法。早年治今文经学，后吸取进化论学说，形成"民智决定论"的文化史观。1902年著《中国历史教科书》，后改名《中国古代史》，是中国近代用进化论研究中国历史的第一部著作。能诗，但作品流传很少。留心教育，曾任天津育才学堂总办。民国时，任教育部普通教育司司长。

文明书局1904年出版了由汪承镛编写的《高等小学国史教科书》，东新译社1903年出版了由曾鲲化编撰的《中国历史》（上下卷）等。这些历史教科书的出版，标志着近代中国历史教材的近代化已经迈出了坚实的一步。

需要指出的是，尽管20世纪初的"史界革命"以及清政府学堂章程的颁布，促进了历史专门学科的设置，但是经史词章之学依然广泛存在。1907年张之洞在督政两湖期间设立的存古学堂，仍以经学、史学、词章学三门为主，"在史学门中甚至连西史也一概剔除，几乎是回到新式学堂未设之前的书院考课形态"[1]。辛亥革命之后的1912年，孙中山在北京教育界的欢迎会上发表演讲指出："今破坏已完，建设伊始，前日富于破坏之学问者，今当变求建设之学问。"自有人类以来，"必有专门名家，发明各种专门学说，然后有各种政治、实业之天然进化"，现"国政既革，诸君求学之心思，亦宜更革"[2]。制度变革，再次成为史学教育变革的逻辑起点。

1912年9月2日，教育部公布教育宗旨，"注重道德教育，以实利教育、军国民教育辅之，更以美感教育完成其道德"[3]。同年公布《大学令》，明确规定"大学以教授高深学术、养成硕学闳材、应国家需要为宗旨"。大学分为文科、理科、法科、商科、医科、农科、工科，"以文、理二科为主"[4]。这一学科架构完全废除了经学在学科设置中的位置。时任教育总长的蔡元培明确提出："普通教育废止读经，大学校废经科，而以经科分入文科之哲学、史学、文学三门，是破除自大旧习之一端。"[5] 中国史学教育再次开启了新的阶段。按照教育部设置的课程标准，初等小学开设"历史地理及国民科材料"，高等小学开设"本国历史之大要"，中等学校及初级师范学校开设"本国史""东洋史""西洋史""世界近世史"。1913年公布的大学规程提出，大学文科分为哲学、文学、历史学、地理学四门，其中历史学门分为中国史及东洋

---

[1] 罗志田编：《20世纪的中国：学术与社会·史学卷》（下册），山东人民出版社2000年版，第499页。
[2] 舒新城编：《中国近代教育史资料》（下册），人民教育出版社1961年版，第1005页。
[3] 《教育部公布教育宗旨令》，《教育杂志》1912年第4卷第7号。
[4] 高平叔编：《蔡元培教育论著选》，人民教育出版社2011年版，第24页。
[5] 同上书，第17页。

史学类、西洋史学两类。

中国史及东洋史学类包括：（1）史学研究法；（2）中国史（《尚书》《春秋左氏传》、秦汉以后各史）；（3）塞外民族史；（4）东方各国史；（5）南洋各岛史；（6）西洋史概论；（7）历史地理学；（8）考古学；（9）年代学；（10）经济史；（11）法制史（《周礼》，各史志、通典、通考、通志等）；（12）外交史；（13）宗教史；（14）美术史；（15）人类及人种学。

西洋史学类：（1）史学研究法；（2）西洋各国史；（3）中国史概论；（4）历史地理学；（5）考古学；（6）年代学；（7）经济学；（8）法制史；（9）外交史；（10）宗教史；（11）美术史；（12）人类及人种学。[①]

需要指出的是，教育部尽管规定了历史学门的具体课程设置，但是在一些学校并非从一开始就具体设置历史学门。如国立北京大学，在蔡元培担任校长之前，只有经、文二科。1917年初，蔡元培担任北京大学校长之后，大力推进改革，他聘请新文化运动的旗手陈独秀担任文科学长，随后才在文科中增设中国史学门。

陈独秀在执掌文科学长期间，重新改订了课程科目。中国史学门的课程设置渐趋完备合理，计开必修课66学时，有中国通史、历史研究法、东洋通史、地理沿革史、金石及考古学、人类及人种学、法制史、学术史、民俗史及宗教史、经济史、中国与亚洲诸国交通史、外国语等。拟开的选修课有：西洋通史、西洋政治史、西洋外交史、西洋文明史、中国生计史、中国民族史、中国史教授法、西洋史教授法、清代考据学、清代史编纂法之研究、满文、蒙古文、女真文、西藏文、梵文等。数年内，又陆续开设了若干中外断代和专题史课程。1917年11月，教育部将国史编纂处附设于北京大学中国史学门，由蔡元培兼任处长，陈独秀兼任纂辑股主任。史学门许多教员都在这一机构兼职，积极从事民国史及中国通史的史料征集和编纂工作。两年后，国史编纂处又划归国务院管理。1919年8月，北京大学改革学科制度，决定废去文、理、法科之名，改"门"为"系"。8月12日，

[①] 舒新城编：《中国近代教育史资料》（中册），人民教育出版社1961年版，第647页。

在校评议会上，经康宝忠①提议，正式决定"中国史学门，依新制改称史学系"②。1918年，李大钊出任北大图书馆主任，1920年始到史学系任教，讲授"唯物史观"和"史学思想史"等课程，他结合社会发展史和史学史，评介了古今中外的各种进步史学思想，阐述了马克思主义新史学的一系列基本原理，论证了唯物史观的科学思想，北大史学系"也因而成为中国最早讲授和传播马克思主义新史学的地方"③。

北京大学废"门"改"系"，看起来只是一个名称的变化，但是实际上是近代中国史学之学院化形成的重要标志。原来的"中国史学门"，它的发展方向是单一的，只是向着中国史方向发展，由此造成了人们对于西洋史的课程是相当陌生的，即便在清末已设置了万国史学门，很多都未能如期开设。废"门"改"系"后，在很大程度上改变了较为单一的发展方向，有利于史学向外国史方向扩展。废"门"改"系"之后，史学系开启了史学学院化的步骤，为近代中国的史学发展与史学教育走向进一步繁荣奠定了坚实的基础。

20世纪20年代以后，全国各大学历史系相继成立。1921年，厦门大学设置了专门的史学系，1924年广东大学也开始设置史学系。除此之外，一些教会大学如燕京大学、圣约翰大学、辅仁大学等也相继设立历史科系。1925年清华大学招收大学部学生之时也成立了历史系。及至1931年以前，根据教育部的统计，全国已有18所公私立大学成立了历史科系，其中国立大学有：北平师范大学、北平大学、四川大学、中山大学、北京大学、中央大学、武汉大学、暨南大学、清华大学等9所；私立学校有光华大学、复旦大学、辅仁大学、东吴大

---

① 康宝忠（1885—1919），字心孚，陕西城固人。生于1885年（清光绪十一年）。早年赴日留学，入经纬学校及早稻田大学经济科。1905年7月30日出席东京召开的中国同盟会筹备会，8月20日任同盟会东京总部评议部评议员。曾任同盟会陕西主盟人、留日学生会总书记、总干事。1909年中举人，先后在大清银行、学堂任职。武昌起义后，任孙中山秘书、参议院议员。后与章士钊创办《独立周报》。1913年任中国公学教务长。1916年，北京大学在国内首设社会学班，请他讲授社会学，被誉为中国第一位社会学家。1919年11月1日在北京法政专门学校授课，课间休息时，突发急病逝世。

② 王学珍、郭建荣编：《北京大学史料》第2卷，北京大学出版社2002年版，第156页。

③ 牛大勇：《北京大学史学系五十年变迁》，载《北大讲座》编委会编《北大讲座》第六辑，北京大学出版社2004年版，第291—292页。

学、金陵大学、大夏大学、燕京大学、厦门大学、岭南大学 9 所。[①]史学专业化、学院化地位的确立,是促进近代史学繁荣发展的重要条件。"近代史学的昌明光大,大致根据三个基础:学院化、专业化与独立化。学院化使历史研究人才集中、资料集中,不再是政教之附庸,或贵族之余兴;学院化自然促进专业化,使历史研究由专人负责,渐成为精细的科学研究报告,不再是教训式、空谈式,或纯描绘式的叙述;学院化与专业化之后,历史学乃趋向为严密而精致的学问,随着近代学术独立之潮流,以及客观原则之要求,史学逐步摆脱非学术因素的干扰,尤其是政治因素的干扰,乃成独立自主之学问。"[②] 20 世纪 20 年代以后历史学系的成立,不仅吸纳了大批史学专业人才投身其中,促进了近代史学的专业化发展,而且也奠定了历史科系走上学院化道路的基础,由此也使得史学教育在民族危亡的关键时刻,承担着其应有的责任。

(二) 社会实践的展开与推进

进入 20 世纪以后,人们对教育的认识更为深刻,再加之革命思潮骤兴,社会实践不仅停留在思想层面上,更是成为一种自觉行动,并与时代交相呼应,成为时代变革的强大推动力量,演绎着近代中国的历史轨迹。

1903 年,出现了一篇论述学校教育与社会教育的檄文。该文指出:"学校教育与社会教育之为重,亦惑矣。人之生也,立于家庭之中,即有家庭之关系;立于国家之中,即有国家之关系;立于社会之中,即有社会之关系。而无数之关系,悉萃于一时,无时无家庭之关系,无时无国家之关系,无时无社会之关系,相生相养,相维相制。"而今,

> 欲养成国民,不可不注意于学校教育;欲改良风俗,不可不注意于社会教育。学校教育所以充足国民之实力,社会教育所以鼓舞世界之动机。学校教育主于严整平实,社会教育主于活泼高尚。就

---

① 教育部高等教育司编:《二十年度全国高等教育统计》,商务印书馆 1933 年版,第 74—75 页。
② 汪荣祖:《五四与民国史学之发展》,载萧延中、朱艺编《启蒙的价值与局限——台港学者论五四》,山西人民出版社 1989 年版,第 183 页。

形式而论，则学校教育者主也，社会教育者辅也。就精神而论，则社会教育者始之有组织学校教育之原动力，继之有监督学校教育之持续力，终之有改良学校教育之猛进力。专恃学校教育而无社会教育不足以立国，至易明之理也。

举凡"各国变法，皆从民起，不从社会教育下手，而欲倚赖官力以兴学校教育者，至难之事也"。该文还提出了"贵我"的思想。作者说："故教育国民者，不可不使有自尊自重之精神，不可不使有担当责任之观念，不可不使有独立自营之能力，不可不使有判断是非之智识。"要培养这样的"我"，即"我有耳目，我物我格，我有心思，我理我穷"，"无所顾望，无所恐怖，为天下之所不敢为，言天下之所不敢言"，这样的"我"，才能"足以当大任，支危局，立于剧激烈竞争之世界，而卓然有以自立"。因此，"任教育者，而不能养成国民独立之精神，是之谓奴隶教育"①。该文的重要意义，不仅在于指出了社会教育的重要性，更在于提出了要主动参与社会实践，担当历史重任的自觉行动。

实际上，社会教育的倡行与20世纪初的革命思潮形成了呼应。随后不久，在一些新式学堂中，便出现了青年学生自觉地参加革命实践活动的浪潮，一时间关心政治、关心时事成为青年学生最为时髦的举动。

其时，一些青年学生广泛阅读革命书籍。中国教育会与爱国学社的青年学生，"对政治的兴趣日浓，日益关心时事，民族意识也因而日益增强"。学校里几次出现新印的小册子，都被大家抢购阅读。大家均以排满革命为爱国救国的基本，"学社风气大变，倡言革命已胜过求学，上课时谈，课余时亦谈，社内谈不过瘾，每星期总有一二个下午在公园公开演讲"。在一些学生的心目中，"演讲会是一件大事，比功课不知重要多少倍"。除定期演讲外，他们还在《苏报》上陆续发表提倡革命的文章。同时，学生们迫切希望使自己成为文武双全的爱国者，对兵操的兴趣特浓，"不论晴雨，各小队分头找小院、走廊等空地认真练习，并轮任小队长，学喊口令"。甚至有出外亦不换便

---

① 佚名：《教育泛论》，《游学译编》1903年第9期。

衣者。蔡师亲自参加，对学员更多鼓舞。他同样穿操衣上操，从不脱课，同样轮做小队长，学喊口令，并备木枪练习瞄准、射击。① 长沙明德学堂的历史教员上历史课时，向学生们解释"民权"二字，不引卢梭、孟德斯鸠之言，而问他们读过《孟子》没有？教员们指出，孟子说的"民为贵，社稷次之，君为轻"，就是民权思想。由此论证说明民权思想在中国古亦有之，并不是从外国搬进来的东西。② 芜湖安徽公学，除由教师经常讲说革命道理外，也指导学生传阅革命书籍。1905年冬，学校传播的同盟会规章、报刊及其他宣传品，在学生中传播以后，校内革命情绪更形高涨，学生和教师加入同盟会的有八十多人。③ 还有些人组织读书会，在读书会上演讲亡明痛史、太平天国革命史以及明末清初黄梨洲、王船山、顾亭林诸遗老的学说和事迹，以启发听众的民族意识和革命思想。④

还有一些学生在民族危亡的紧急关头，走出学校进行集会演说。上海张园是一处公共场所，因地处租界交通方便，每日都有各界民众在此观光游览，在这里公开集会演说，往往能收到一呼百应的效果。一些学生往往借助张园这一独特优势进行集议演讲。特别是从拒俄运动开始，在张园的集议演讲更为频繁。据《苏报》记载，1903年，爱国、育才诸学社学生戎服齐队而来，务本、爱国诸女校学生亦皆入座。先将开会入座次序及提议各事榜于台上及左右墙壁；每省立题名册一本，分处标明，各请一人司之。又将某报附登《爱国歌》四章，印送到会者。计先后一千余人。开议之后，经众协议，改四民总会为国民总会。集议之始，"千人同声，音节甚壮。既而争先题名，中国万岁之声震屋壁"⑤。开展拒俄运动的不仅有上海，京师大学堂学生们也参与了此运动。

---

① 《中华文史资料文库·政治军事编》第1卷，中国文史出版社1996年版，第182—183页。
② 陈元晖编：《中国近代教育史资料汇编·普通教育》，上海教育出版社2007年版，第390页。
③ 中国人民政治协商会议安徽省委员会文史资料研究委员会编：《安徽文史集萃丛书·辛亥风雷》，安徽人民出版社1987年版，第44页。
④ 陈学恂主编：《中国近代教育史教学参考资料》（中册），人民教育出版社1987年版，第69页。
⑤ 同上书，第105页。

据《大公报》报道，京师大学堂两馆学生因东三省事，"鸣钟上堂"，先由"范助教演说利害，演说毕，全班鼓掌，有太息者，有流涕者。次由各学生登台议论，思筹力争善策，拟办四事：一、各省在京官绅告电该省督抚电奏力争；二、全班学生电致各省督抚，请各督抚电奏力争；三、全班学生电致各省学堂，由各省学堂禀请该省督抚电奏力争；四、大学堂全班学生上禀管学代奏力争。当学生会议时，各教习、各职事员均在座点头叹息。对于那些思想保守不参与活动者，被斥之为'至死不悟'"。与此同时，京师大学堂学生决定上书清政府，要求拒约抗俄，同时起草了《拒俄书》，署名者共73人。《拒俄书》揭露"虎狼之俄"的野心是要"实行大彼得并吞世界之遗策"，它的手段是"以甘言重币饵于先，偏吓虚声慑于后，阴贼险狠，以灭人国"。接着指出，沙俄强据我东三省，当此危急存亡之际，我大学堂学生绝不袖手旁观，坐视瓜分之惨，要求政府坚决拒约抗俄。与此同时，大学堂学生还致电各省督抚和学堂，建议联合起来共同斗争。他们发出《京师大学堂学生公致鄂垣各学堂书》，向湖北学生界介绍京师大学堂举行拒俄集会经过情况，并号召他们"发大志愿，结大团体，为四万万人请命"①。这次运动不仅对湖北拒俄运动起了直接的推动作用，而且也是北京学生第一次组织的大规模社会实践与爱国活动。

值得一提的是，清末的一些学生组织也业已开始社会调查实践活动。据黄兴涛先生研究指出，留日学生浙江同乡会调查部和湖北同乡会，就是中国最早的两个调查组织。他们提倡对中国进行分门别类的调查研究。湖北同乡会调查部共列出了需要调查的11个大项（分别是政法、教育、经济、实业、军事、历史、地理、民族、出产、交通、外人势力）和80个小项，对有些小项又做了进一步的区分。浙江同乡会调查部则列出了历史、地理、社会、物产、工业、经济、商业、农务、军事、教育、政治、刑法、交通机关等13个大项和140个小项。这些项目大都集中在今天所谓的政治和经济方面。"它们虽然没有按照政治、经济、社会（狭义）、文化等大类来分，（因而，前后顺序显得较为凌

---

① 北京大学校史研究室编：《北京大学史料》第1卷，北京大学出版社1993年版，第576页。

乱）但欲把社会生活分门别类加以研究应该是清末以来的事，这是中国古代未曾有过的新现象。"①

组建社团学会，也在清末时期逐步出现。据统计，在1901—1904年，江苏、浙江、广东、福建、江西、湖北、湖南、安徽、山东、直隶、河南、奉天、四川、云南、广西等省和上海，先后建立各种新式社团271个（不含分会）。在271个社团中，包括教育会21个，不缠足会34个，演说会25个，体育会17个，学生会26个，爱国团体17个，科学研究会18个，文学、戏曲、写真等艺术团体16个，妇女团体16个，实业团体17个，卫生及风俗改良组织8个，师范研究会5个，宗教性社会团体1个，其余为混合型，几乎涉及各个领域。这些新式社团的成员主要是开明士绅和青年学生，"开明士绅在其中起着主导作用，是精神领袖和财政支柱，而青年学生则是行动队"。吴江同里教育研究支部附设青年会，甚至专收10—16岁的学生，"以开发青年智识，养成独立之精神及发表其爱国心为主"，"以为二十世纪之新人物"，借以改变千百年来旧式教育下"朝为美少年，夕暮成丑老"的恶性循环。不过学生以个人名义加入进步人士组织的各种新式社团，是最为普遍的形式。② 如1902年中国教育会在上海成立，入会者"或为学校师，或为编译员，或为新闻记者，或为学生"③。中国教育会成立不久，上海南洋公学风潮骤起，教育会应学生公请并于张园集会。此后，教育会的影响蒸蒸日上，特别是吸收爱国学社学生入会后力量陡增。他们创办印刷社，编译出版各类著作及革命书籍，备受全国瞩目。由新型知识分子组成的中国教育会，在中西交汇的新兴大都市上海出现，表明新知识群体已经发展形成独立的社会力量。他们相对固定的角色地位，并通过自己的社团组织与活动，成为这一时期学生实践活动的重要内容。学生社团组织建立后，他们积极创办报纸杂志，传播新的信息，宣传他们的主张。如1901

---

① 黄兴涛、夏明方编：《清末民国社会调查与现代社会科学兴起》，福建教育出版社2008年版，第17—18页。

② 桑兵：《清末新知识界的社团与活动》，生活·读书·新知三联书店1995年版，第275—278页。

③ 同上书，第231页。

年11月，由林獬①、林长民等为代表的杭州日文学堂学生主办的《译林》杂志，就在一段时间内大力宣传"军国民主义"的主张。集会演说，是青年学生社会实践活动的重要形式。他们要么根据专门主题开展演说，要么随时随地开展演说。上海中国教育会会员不仅定期在张园举行演说会，而且经常应邀到各学堂演讲。因为主讲人能够抓住时政热点，传达最新信息。

民国以后，随着新的大学制度建立，学生社会实践的内容更加广泛，一方面，青年学生在社会变革中充当着时代的弄潮儿；另一方面，诸如参观实习、社会调查、组织社团等，成为民国时期青年学生社会实践的重要形式。

辛亥革命至五四时期，是新式学生群体崛起的高峰时期。据统计，1916年全国新学堂学生达近400万人。从《新青年》始，新型的学生社团成为新思潮的主要传播者，也成为五四运动重要的发起者与参与者。特别是蔡元培入主北大后，各类学生社团纷纷成立，如阅书报社、雄辩会、新闻研究会、进德会、音乐传习所、体育会、数理研究会、新剧研究会、书法研究会、画法研究会等。在林林总总的学生社团中，最为突出的是积极宣传新思潮的新潮社、国民杂志社及北京大学平民教育讲演团等。这些社团成为青年学生开展社会实践的重要载体。特别是北京大学学生邓中夏、廖书仓等发起的平民教育讲演团，以"增进平民智识、唤起平民之自觉心"为宗旨，举办演讲活动。讲演团的讲演分为定期与不定期两种，定期讲演每月四次，于每星期日下午一时至四时举行，不定期讲演"临时酌定"②。五四运动期间，北大平民教育讲演团四处宣传演讲。可以说，以北京大学平民教育讲演团等为代表的北大

---

① 林獬（1874—1926），即林白水，又名万里，字少泉，号宣樊、退室学者、白水。福建闽侯人，新闻工作者。1901年任杭州求是学院总教席，开始进行反清革命宣传。同年6月任《杭州白话报》主笔。1902年在上海参与发起成立中国教育会、爱国学社。次年初赴日本留学，曾参加拒俄义勇队。年底归国后在上海参与创办《俄事警闻》，又创办《上海白话报》。1904年再赴日本，入早稻田大学法科，兼习新闻，次年底回国，从事著述，曾翻译出版《日本明治教育史》。辛亥革命后附和袁世凯政府，曾任众议院议员和袁世凯总统府秘书等职。袁死后弃职，继续从事新闻工作。1916年9月参与创办《公言报》，任主笔，支持段祺瑞政府。1921年参与创办《新社会报》，后改名《社会日报》，任社长，开始抨击军阀统治，支持孙中山和国民军，因而获罪于军阀。1926年8月6日被奉系军阀张宗昌秘密绑架杀害。

② 中国社会科学院近代史研究所《近代史资料》编译室编：《五四爱国运动》（上），知识产权出版社2013年版，第520页。

社团，在五四运动期间事实上起了发起和领导作用。

除北大教育讲演团外，全国各地不少大学都在开展演讲活动，这也是民国时期一些报纸杂志常常报道的重要内容。翻阅上海《民国日报》，仅1924—1925年就数次报道上海大学学生演讲的情况。如1924年11月的报道就指出："该校一部分学生又有演说讲习会之组织，从事语言练习。"开会为每星期举行一次，练习之方式系采"演说""辩论""讨论"三种。1925年3月报道：上大演说练习会成立以来，会务蒸蒸日上，"闻下星期各组将作辩论预赛。该会计划将与上海各大学作友谊比赛，闻定期当亦不远"[①]。1928年，张澜主持国立成都大学期间，同样支持学生组织学术团体，出版专业刊物，发表演讲。如经济系的"经济学会"和《经济科学杂志》，历史系的"史学研究会"和《史学杂志》，中文系的"中国新文学研究会"和《文学汇刊》等。这些学术团体，经常举办各种学术讲演会，请校内外名人讲演，传递信息。战时的西南联大，开辩论会、讨论会、时事座谈会更是司空见惯。他们不仅讨论国共问题、战时教育等时事问题，也讨论生活问题。辩论会曾经有过"最刺激的一次是辩论恋爱与结婚的问题。女同学坚持不结婚，男同学则主张应该结婚，双方旗鼓相当"[②]。

民国以后的社会调查，也是青年学生开展社会实践活动的重要形式。1913年11月，北京青年会的学生就成立了北京社会实进会，该会联合北京学界从事社会服务，开展以改良风俗为宗旨的社会调查实践。1917年，狄德莫指导清华学生对北京西郊的195个家族的生活费进行调查，调查结果后发表在《哈佛大学季刊》上。除此之外，以燕京大学、金陵大学、厦门大学等为代表的社会调查更为深入广泛。南开大学作为民国时期的著名学府，对于学生的社会实践同样极为重视。1926年暑期，张伯苓校长专门主持召开了加强学生社会调查的会议。张伯苓指出："吾国学生最大之缺点，即平日除获得书本上知识外，鲜谙社会真正情状。故一旦出校执业，常觉与社会隔阂，诸事棘手。欲免此种弊病，最宜使学生与社会接近。若调查或视察各种问题，不特可培养学生

---

① 黄美真编：《上海大学史料》，复旦大学出版社1984年版，第105页。
② 北京大学等编：《国立西南联合大学史料·学生卷》，云南教育出版社1998年版，第638页。

实际上之观察能力，抑可以换课堂生活之抑郁空气也。"而"吾人今日虽处兹社会已久，实则其真相如何，吾人殊难详确置答。以若许广大之商埠，而无一翔实之调查及记载，岂非大可耻叹？故吾人亟拟假此机会，做一精确详明之统计，供国内外人士之借镜。"因此要"使各问题有正当之解决。各问题既明了，然后指示国人以正当解决之途径，此种责任吾人应群起负责"。基于此，会议制定了视察社会的六项目标。其中规定学生要"注重客观的事实作为学校研究的根据"；"作将来课程改造之科学的基础"；"引起学生兴趣作将来择业之准备"①。

  在张伯苓校长的倡导下，南开大学的社会调查广泛展开。"文科学生对于社会调查颇不乏人。"社会学班曾组织社会调查团，调查天津社会状况，如人力车夫、狱牢状况、中国大家庭和慈善事业等。在工厂调查方面，经济史班组织工厂调查团，首先调查裕源纺纱厂。其所调查的事项有工人的生活、工人的数目、工人的家庭、工人的工资、工作的时间、工人的教育、工人的卫生、工人的游戏、工人的年龄及工人的死亡率。并将所调查的结果，"用科学的方法组织排比，登诸报端，贡献社会"。在教育调查方面，一些文科学生曾辅助中华教育改进社，用了一星期的时间调查天津儿童的智力。教育学班也曾组织教育团，分组调查天津各幼稚园的状况及各小学校的组织。历史系蒋廷黻②为提倡学生实地调查，熟悉工人情形起见，特将全班分为两组，第一组调查八里台村平民生活状况，第二组调查裕源纺纱厂，并印有格式纸多张，以备填写。"这很代表他们求实的精神。"③此后，南开大学又成了"社会视察委员会"，其宗旨就是"使学生到社会上去作实地的观察与研究，藉以谋活的知识之扩充，与生活的经验之获得"，以养成"现代化"之青

---

  ① 张伯苓：《张伯苓自述》，安徽文艺出版社2013年版，第239—240页。
  ② 蒋廷黻（1895—1965），湖南邵阳人。1912年赴美留学，先后在密苏里州派克学堂、俄亥俄州奥伯林学院、哥伦比亚大学研究院专攻历史，1923年获博士学位。回国后，历任天津南开大学历史系教授、清华大学历史系教授兼系主任。九一八事变后，与胡适、丁文江发起创办《独立评论》周刊。1935年离开清华，先后任行政院政务处长、驻苏俄大使。归国后发起创办《新经济》半月刊。1944年出任联合国善后救济总署中国代表及行政院善后救济总署署长、驻联合国常任代表。1957年当选为"中央研究院"人文组院士。1961年任驻美"大使"，兼任驻联合国"常任代表"。后病逝纽约。其重要著作有《最近三百年东北外患史》《中国近代史大纲》及论文多篇，已集为《蒋廷黻选集》（6册）。
  ③ 王文俊等编：《南开大学校史资料选（1919—1949）》，南开大学出版社1989年版，第283—284页。

年。具体目标就是：（1）培养学生实际观察力；（2）谋学校生活与社会生活之联络；（3）注重客观的事实作为学术研究之根据；（4）作将来课程改选之科学的基础；（5）引起学生兴趣作将来择业之准备；（6）将研究视察结果，报告社会，供将来解决问题时之参考。通过这一组织，"凡曾参加视察工作之学生，均获得相当社会常识"，同时也养成了"开辟精神，对于实际问题渐知应付之方，而野外生活，更可促进勇敢之精神"①。

民国时期不仅众多高校要求注重社会调查，一些中等学校亦是如此。湖南省立乾城简易乡村师范学校，就专门成立社会教育委员会，制定《社会调查研究纲要》，要求学生就所列名项在本乡开展调查，用文字叙述事实或用统计数字表示。社会调查研究的内容有：

  政治方面：①本乡捐税：在种类上，场税、所得税、屠税、其他税收情形怎样？是用什么方法征收的？收入估计及改善方法？②本县选举情形（县参议、乡长、保长之选举，以能举事实者为限）：有无政治力量操纵？有无金钱力操纵？有无豪劣操纵？民众是否自行投票？民众对选举意见若何？③治安情形：有无匪警？④教育情形：中心学校保学基金是否筹足？教师合格与否？中心学校保学经费来源若何？维持方法若何？学校办理情形若何？失学儿童及不识字成年男女之情形？普及方法？经济方面：①民众生活情形：贫民多少？富农多少？②本乡情形？③佃农、自耕农、雇农收入情形？实行二五减租否？④合作组织情形？农贷情形？⑤发展本乡经济之方法？社会风习方面：①应改善之风俗习惯；②应禁止之风俗习惯；③应维持之善良风俗；④新生活运动推行情形；⑤清洁卫生之状况；⑥本乡民众最信仰之人物；⑦本乡民人之好尚；⑧村乡民众所感觉之痛苦；⑨改善风习之意见。②

青年学生一方面问学社会，开展社会调查；另一方面，在民族危亡

---

① 王文俊等编：《南开大学校史资料选（1919—1949）》，南开大学出版社1989年版，第286—291页。
② 湖南省教育史志编纂委员编：《湖南近现代名校史料》（一），湖南教育出版社2012年版，第578页。

的关键时刻，他们更是挺身而出，承担历史责任和社会使命。近代以来，每到民族危机的关键时刻，总能看到青年学生的身影。特别是五四运动以来，学生的爱国运动持续高涨。其间既有众所周知的五四运动，也有 1925 年"五卅"惨案后学生的爱国运动。如东北大学学生，就在"五卅"惨案后举行罢课并召开大会。一大批学生纷纷发表演说，朗读《宣言》，组成请愿代表团要求北京政府采取强硬措施。"九一八"事变后，以北洋学生为主要骨干的抗日救国会，从天津乘车南下向蒋介石请愿。同时积极组织参加抗日救亡运动，抵制日货，开展反对日寇武装走私的斗争。他们还支持马占山的抗日武装斗争，支援十九路军淞沪抗战、二十九路军喜峰口抗战和冯玉祥抗日同盟军的察北抗战。卢沟桥事变前夕，北洋工学院学生又组建"北洋学生旅行剧团"开展抗日宣传。

"北洋学生旅行剧团"是学生自己捐资组织的演出团队。为了宣传抗日，学生们自发组织了演出队，排练节目，有活报剧《放下你的鞭子》《塞外的狂涛》《死亡线上》《警号》等，有歌曲《打回老家去》《九一八》等。他们自己凑集经费，背上行李步行出发，深入农村，通过戏剧宣传动员民众参加抗日。1937 年 4 月，他们规划了这样的演出路线：天津大梢口、杨柳青、炒米店、郭家庄、王兰庄。这次宣传演出几乎走了半个天津。在杨柳青演出时，观看的民众有 500 多人，当民众听到这句话，"混蛋，你敢违背帝国官员的命令！"紧张的面孔上，马上表现出愤怒的神情，握紧着拳头，恨不得跑上台去揍那个鬼子两下。当日本兵向拿着炸弹的中国工人跪地作揖求饶时，那真是大快人心，台下观众掌声不绝于耳。在炒米店演出时观众在千人以上，剧演完了观众都不愿意走，剧团团员们在台上高声齐唱《打回老家去》。以旅行演剧深入农村，去唤醒民众，在救亡运动中是一个创举。这些地方已经流传着《打回老家去》《九月十八那一天》等革命歌曲。[①]

兼职兼差，也是民国时期青年学生社会实践的重要内容。据不完全统计，国立西南联大学生约有二分之一以上的人兼差。尽管他们有难言的苦衷，不得不面临的现实，通过兼差以谋解决之道，但另一方面，兼差"却可以使他们进一步地去体验生活，了解社会，把书本上学来的东西，与实际情形配合，何尝又不是一个莫大的好处？"于是

---

① 李义丹、王杰主编：《文化记忆》，天津大学出版社 2011 年版，第 79 页。

他们进入了各个阶层，担任形形色色的职务。其中最普遍的就是担任中学教员和家庭教师。其他像报馆跑外勤的，金店当师爷的，电台播音的，在电影院里做广告员或是翻译说明的，做电灯匠的，做小本经营的，机关里当科长秘书的，做邮务员的，甚至于从前昆明鸣午炮夜炮的，莫不有联大同学。有人这样说："联大走了，昆明或者要起一点变动，因为当鸣炮的同学'退休'以后，昆明的午炮就一直没有准过。"一位叫刘离的同学，最初做了油漆汽车牌照的工作，用赚来的一些钱，支持了几期小型文艺刊物。后来替朋友代过课，做过兼课的教员，投过稿。兼差到山穷水尽的时候，便只有一个办法：下乡教书。后来意外地同朋友做了报馆编辑，但"勉强干了两个月就滚蛋了，而且几乎是戴了顶红帽子滚蛋的"。在他看来，"兼差除支割你宝贵的时间外，也有一个好处——可以增加你的生活经验，使你看到你周围是怎样的一个社会"①。

利用假期外出旅行也是民国时期学生社会实践的重要方式。"青年贵有远志，暑假之中，旅行求实验之学问，上也，温习旧学，次也。国家多难，需才孔急，万勿入游戏世界，误此有用之光阴也。"② 1919年，教育部号召"人民捐助私财存储公私立各学校，专备修学旅行及津贴学费之举"，"以备津贴成绩优良学生所需学费"③。青年学生也特别热衷于通过旅行增长见识，同时旅行也便利他们向民众开展宣传活动。

国立西南联大的学生"对于旅行都很感兴趣"。群社就曾举办过路南夏令营，在路南住了一个星期，在这一星期中他们做过兵役宣传，举行过各项比赛。他们还到过附近的名胜如桃园、阳宗海等地。在桃园旅行时共有六队，每队将近百人。④ 北平师大的学生自治会，利用春假组织了各地旅行团和近郊旅行团。组织近郊旅行团，其目的就是"要借这机会锻炼坚强的体格，养成团体规律的生活，和吃苦耐劳的精神"，

---

① 北京大学等编：《国立西南联合大学史料·学生卷》，云南教育出版社1998年版，第629页。
② 傅德华编：《于右任辛亥文集》，复旦大学出版社1986年版，第184页。
③ 中国第二历史档案馆编：《中华民国史档案资料汇编》第3辑教育，江苏古籍出版社1991年版，第623页。
④ 北京大学等编：《国立西南联合大学史料·学生卷》，云南教育出版社1998年版，第638页。

"要实地的观察沿途经过的许多工农区域,要亲眼看一看多数同胞们生活的情形,在那煤烟满面的工人和劳苦憔悴的农民面孔上,将启示给我们许多真理,促进我们要求探讨的决心,并认清如何努力改革的路程。这是我们自己教育自己的好机会,这是从实际行动中获取知识的好方法。"但是由于"平常与平民的生活隔离得太远",为使工作能有相当的收获起见,"出发以前提出了工作时最低限度应注意之点,同时根据旅行所经过的地域,分成工业区、农业区和学区三种不同的性质,在某一种区域中间,列出许多调查时的着眼点,印成表格,供团员们参考。"同时"印了许多激昂慷慨的歌词,预备作大家旅程中的兴奋剂",通过"热烈情感的词句和深沉雄伟的歌调","祛走我们的疲劳,鼓起我们的勇气,整齐我们的步伐,一直迈进"。到了目的地后,有的参观附近的土窑,有的探视矿工的住宅,有的调查当地的学校。他们用谈话方式,"得到了矿工们生活的底蕴,明白了当地社会的大概情形",并和工人或小学教师们说了些他们所想说的话,又借着小学儿童上课的机会,教了他们许多反帝救亡的短歌,整天的工作,使他们"感到精神上极度的紧张",尤其是矿工们非人的工作和生活,给他们"每个人一种不可磨灭的印象,在晚间的座谈会里,各人报告他工作的效果和感想,结论都填注在印发的格表里。"[①]

民国时期青年学生开展多种形式的社会实践,大大拓展了他们的知识结构与社会阅历,他们利用专业知识,从各自研究的领域去探索改变客观现实的途径,留下了至为宝贵的资料素材,践行着青年学生应有的担当。同时,通过社会实践,也使他们对中国社会现状有了切实的了解,增加了他们对底层社会的认知,激发了他们的爱国热忱。更有不少青年学生"脱离了烦人的都市,蹈进了旷阔的农间,呼吸着新鲜的空气,接近着伟大的自然,他们象脱羁的怒马,任情的奔放呼号,同时能见到田野的荒凉,感到严冬的肃杀,看到破产的农村,深痛帝国主义势力的深入;见到农村父老的生活——饥饿线上的挣扎,死亡流离的悲运,面枯骨槁的病容……使他们这些优越生活中的青年们,在深的惭愧,猛的觉醒中,更坚强了他们的信心和斗志!"他们"真的如行军般

[①] 北京师范大学校史资料室编:《一二九运动与北平师大》,北京师范大学出版社1985年版,第555—556页。

的感到万分的振奋,露营似的得到实习的机会;有些夜晚胆怯的青年们,竟也感到黑夜的可爱,负起了救国责任"①。这在中共建党之后,在一些学校领导和开展的社会实践中,更是有着明显的体现。

三 中共建党前后的史学教育与社会实践

历史是马克思主义向来就重视的一门学科。"我们仅仅知道一门唯一的科学,即历史科学。"② 因此,"我们根本没有想到要怀疑历史或轻视'历史的启示',历史就是我们的一切,我们比任何一个哲学学派,甚至比黑格尔,都更重视历史。"③ 马克思主义对历史科学的重视,在中国早期共产党人的思想发展历程中,同样有着体现。

(一)建党前后的史学教育

俄国十月革命后,中国人从思想到生活,"出现了一个崭新的时期。中国人找到了马克思列宁主义这个放之四海而皆准的普遍真理,中国的面目就起了变化了"④。这种变化,在"夙研究史学"的李大钊身上首先体现出来。

还在中共建党之前,李大钊就先后发表了多篇史论文章。这些文字不仅较系统地介绍了马克思主义唯物史观、剩余价值和阶级斗争学说的基本内容,还初步运用唯物史观指导历史研究。在他看来:"历史这样东西,是人类生活的行程,是人类生活的联续,是人类生活的变迁,是人类生活的传演,是有生命的东西,是活的东西,是进步的东西,是发展的东西,是周流变动的东西;他不是些陈编,不是些故纸,不是僵石,不是枯骨,不是死的东西,不是印成呆板的东西。我们所研究的,应该是活的历史,不是死的历史;活的历史,只能在人的生活里去得,不能在故纸堆里去寻。"⑤ 这是李大钊对历史学的认识,也是他开展历

---

① 《一二九运动资料》第1辑,人民出版社1981年版,第423、425页。
② 《马克思恩格斯选集》第1卷,人民出版社1995年版,第66页。
③ 《马克思恩格斯全集》第1卷,人民出版社1956年版,第650页。
④ 中共中央文献研究室、中央档案馆编:《建党以来重要文献选编》第26册,中央文献出版社2011年版,第503页。
⑤ 《李大钊史学论集》,河北人民出版社1984年版,第200页。

史教育所遵循的原则。

李大钊在制定《北大史学系课程指导书》中指出："本系对于史学，本国与外国并重，盖现代史学，以人类全部之历史为归宿，历史哲学家所谓溥遍史是也。故本国与外国各种史，须汇通观之。"历史强分时代、国界"皆不适当"，学习历史时，"务期本国与外国同一时代之历史，详细比较"，"本国与外国同时代之历史，均宜于同一学年学习"。学史"不习基本科学，则史学无从入门。所谓基本科学者，即人文地理、生物学、人类学及人种学、社会学、政治学、经济学、宪法、社会心理学等；必须于二年以内先行学完，乃可以研究史学。"基本科学既习之后，"各种专门的学术史，如政治史、经济史、法制史等，亦须次第选习。而宗教史、文学史、哲学史、美术史等，亦可以补通史之不足"。本系最重要之学科是"本国史学概论、本国史学名著讲演、历史学、欧美史学史等"，"本国、外国史学之变迁利病及治史方法，尤宜深知灼见"。考古学"为研究史学之重要外助学科"，今虽尚未添设，"宜先注意学习。统计学亦为史学之重要补助学科"。史学是"以全部人类之历史为归宿，则外国语至为重要"，"本系外国语作为必修科外，各种外国史，均酌定各国原本为必需之参考书"。本系课程，"就史学应有之常识，务求设备完全。至于得此常识以后，欲专研究人类全史，以成所谓世界史或溥遍史；或专研究一国史，如本国史及英、美、法、德、俄、日等国史，或专研究学术史，如政治史、经济史、法制史、宗教史等，则任各生之志愿。此则大学院或研究所之责任，而非本系四年内所能谋及。若就此四年内分课程为二组，如本国史组，外国史组，各便择一专攻，则史学应有之常识，恐不完备，造就浅薄，颇不适于复杂之史学。此本系课程之组织与他系不同之点也。"本系"现定必修科为四十单位，选修科及外国文至少亦须满四十单位"①。

由李大钊等人制定的《北大史学系课程指导书》，可谓"是研究史学的门径"②。由此足见李大钊的史学素养已为人们所认可。他在历史学方面的优长，也在他的历史教学中得以展开运用。1920年7月开始，

---

① 朱文通等整理编辑：《李大钊全集》第4卷，河北教育出版社1999年版，第689—690页。

② 傅振伦编：《七十年所见所闻》，华东师范大学出版社1997年版，第38页。

李大钊相继在北京大学、北京女子师范大学和中国大学等高等院校，开设唯物史观、史学思想史、史学要论、社会主义、工人的国际运动与社会主义的将来、女权运动史等课程，并运用唯物史观为指导讲解历史和回答现实问题。不过在众多课程中，李大钊在"唯物史观研究"和"史学思想史"课程上投入的精力应该是最多的，其成效自然彰显。

罗章龙①回忆李大钊讲授《唯物史观》课程时说："过去的历史课，都不外是按旧史观，照本宣科，不出春秋义法和二十四史范围。而李先生讲授这门课程，在当年是件新鲜事物"，他的讲义"从科学的唯物史观出发，立意创新，内容精当，而且篇幅很多。他在课前亲自散发讲义，每次都有十张八张，的确开全校风气之先，足见他是经过了长期准备的。李先生讲课有系统，兼有条理，而且联系中外数千年的历史发展加以印证，具有高度说服力，所以同学们听课十分踊跃，座无虚席，迟到的就站着听讲，这些对我印象至深。"由于"李先生学贯中西，思想新颖，正是这些青年学生所向往和追求的榜样，于是对他深为敬仰，自然就团结在他的周围。"②楚图南也说："当我想到我青年时候开始接触到共产主义，初步接受了马列主义的启蒙教育时，我不能不纪念和怀想李大钊同志——我国无产阶级革命的伟大先驱者和我党的杰出创始人之一。"③

李大钊一方面通过历史教学引导青年，另一方面也在实践中帮助青年。其时北京大学已成为新文化运动的中心，青年学生的思想十分活

---

① 罗章龙，1901年生于湖南浏阳。早年在长沙上中学，1918年4月参加新民学会。不久考入北京大学哲学系，结识李大钊、邓中夏，参加马克思学说研究会。1920年加入北京共产主义小组，中共"一大"后任中共北京区委书记兼中国劳动组合书记部北京分部主任，参与领导了1923年2月京汉铁路工人大罢工。1925年中共"四大"被选为中央候补委员，兼管全国铁路、矿山工会工作，先后参加汉堡国际运输工人大会和太平洋劳动会议。1926年任中华全国铁路总工会党团书记、中共湖北区委宣传部长。"八七"会议后任中共中央职工委员会书记兼中华全国总工会党团书记。中共六届四中全会时因未接受他的提案，在上海召集四中全会反对派非法成立第二组织，进行分裂党的活动，被中共中央政治局开除党籍。1933年4月在上海被捕，即公开发表宣言，声明脱离革命。不久被国民政府教育部特聘为"教授"。从1934年开始，先后在河南大学、西北大学、四川华西大学、湖南大学任教。1949年参加湖南和平解放运动。全国解放以后，历任武汉大学、湖北大学、湖北财经学院经济学教授，中国革命博物馆顾问。为第五、第六届全国政协委员。著有《社会主义经济计划原理》。

② 罗章龙：《亢斋回忆录——记和守常同志在一起的日子》，载《回忆李大钊》，人民出版社1980年版，第29页。

③ 楚图南：《怀念先烈李大钊》，载《回忆李大钊》，人民出版社1980年版，第67页。

跃。李大钊和许多热心时事、常到图书馆借书阅览的学生熟悉起来。和蔼的态度、清新的思想以及热心助人的性格和习惯,使很多人愿意同李大钊接触,李大钊也正好利用这种条件,尽可能地与青年学生交流思想。为帮助北大新潮社,李大钊专拨一层房间借给其使用。他还经常在《国民》杂志上刊发史学论文。他的思想对北大社团的青年学生都产生了影响。青年学生罗家伦发表的《今日之世界新潮》,与李大钊《法俄革命之比较观》,有着相当接近的思想观点。新潮社成员谭平山在李大钊思想的影响下,逐渐转向政治思想研究。他的《"德谟克拉西"之四面观》一文,还引用《共产党宣言》中谈无产阶级夺取政权后应采取的"十大要领",并最终走上共产主义道路。张国焘也回忆说:"五四运动后,中国年轻一代的思想开始剧变,这是由于他们身受种种压迫,目睹政府的腐败颟顸,再加上俄国革命的影响所致。他们开始向往各派社会主义的学说。李大钊先生是北京信仰马克思主义的中心人物,他所主持的北大图书馆成为左倾思潮的发祥地。我和李大钊先生的接触,似乎也成为促使马克思主义运动在中国发展的一个重要因素。"①

  李大钊的历史教育思想,既体现着鲜明的唯物史观,又有着服务社会的致用功能。他说:"历史是亘过去、现在、未来的整个的全人类的生活。换句话说,历史是社会的变革。再换句话说,历史是在不断的变革中的人生及为其产物的文化。"② 因此,史学研究者应"根据新史观、新史料,把旧历史一一改作,是现代史学者的责任"③。历史学既然是研究人类生活及其产物的文化的学问,自然与人生有密切的关系。"史学既能成为一种学问,一种知识,自然也要于人生有用才是。"那些"只是偏重知识,而忽于使用知识之人格,知识也不过是作恶的材料"。在他看来,"现在史学的研究,及于人生态度的影响很大"。实际上,李大钊所倡导的史学研究,已然具有社会科学的特性。

    历史学的目的,在考察人类社会生活的经历及其变革;而社会学乃在人类社会生活的结合及其组织。历史学是就人及人群的生活

----

① 张国焘:《我的回忆》第 1 册,现代史料编刊社 1980 年版,第 79 页。
② 《李大钊史学论集》,河北人民出版社 1984 年版,第 204 页。
③ 朱文通等整理编辑:《李大钊全集》第 4 卷,河北教育出版社 1999 年版,第 311 页。

经历为理论的研究，以寻其理法者；社会学是就人群的共同生存的一切社会现象，为理论的研究，以寻其理法者。简明的说，历史学是把人类社会的生活纵起来研究的学问，社会学是把人类社会的生活横起来研究的学问。吾人若欲把人事现象充分的施行科学的研究，二者悉所必要。自其学问的性质上说，二者有相资相倚的关系，自不待言。①

这一设想在其制定的《北大史学系课程指导书》中，已有明显的体现。随后中共在上海大学的教育实践中，实际已经开始具体运用了。

上海大学是中共继上海平民女学之后，与国民党联手创办的"革命大学"。上海大学的前身是私立东南高等师范学校。这个学校曾想用办学的名义来发财，但学生团结起来赶走了校长。起初，学生中与中共有联系的曾要党来接办学校，后经中央考虑认为还是由国民党出名办这学校，且筹款也方便。最终于右任担任校长，并改名为上海大学。于右任接任后，认为"社会党（即共产党——引者注）乃吾国新起为政治活动之党。吾闻其党多青年，有主张，能奋斗之士"，故而"不得不寄厚望予他们"②。1923年初，邓中夏随中国劳动组合书记部迁移上海，不久瞿秋白也从苏联回国。他们经由李大钊介绍，分别在1923年4月、6月受聘任上海大学总务长、教务长。当时于右任是上海大学校长，"但只是挂名，实际办事全靠共产党员"③。朱自清、田汉、郑振铎、周建人、俞平伯、丰子恺以及共产党人蔡和森、任弼时、萧楚女、恽代英、沈雁冰、高语罕、萧朴生、蒋光慈、郑超麟、彭述之等先后都在上海大学任教，可谓是一所名副其实的"革命大学"。

邓中夏、瞿秋白为办好学校，他们一到任就起草《上海大学概况》，拟写了《上海大学章程》。瞿秋白更是提出要把学校办成"现代中国所当有的'上海大学'"，使之成为"南方的新文化运动中心"。瞿秋白指出："近几年来由空论的社会主义思想进于更有系统的社会科学之研究，以求确切的了解其所要改造之对象，亦即为实际行动所推演求

---

① 朱文通等整理编辑：《李大钊全集》第4卷，河北教育出版社1999年版，第405—406页。
② 于右任：《国民党与社会党》，《东方杂志》1924年第2卷第1期。
③ 《茅盾回忆录》（上），华文出版社2013年版，第200页。

进的结果——这确是当然的领向。"因此,"切实社会科学的研究及形成新文艺的系统——这两件事便是当有的'上海大学'之职任,亦就是'上海大学'所以当有的理由"①。瞿秋白办学尤重社会学系、文学系、艺术系,他认为这"三系最重要"。特别是社会学系,瞿秋白、施存统、彭述之先后担任这个系的主任。在瞿秋白看来,社会学对中国革命的发展,具有理论方法上的优越性。它不仅是认识人类社会现象的重要方法,而且也是理解中国历史的重要工具。瞿秋白说,社会学"当定于其能抽象研究一切人类社会现象的公律之时,我们现在当然已可不偏于那叙述的社会学,亦并不遗忘它(社会进化史及社会学史);然而必以一有系统的为基础,方能为真正的各方面之比较研究。研究之最后期,并当以此社会学的方法整理中国史料(所谓'乙部'的国故——直至于志书等),以期切于实际。"②

瞿秋白将社会学与历史学融为一体,与李大钊注重史学的社会学化,强调史学的致用性可谓异曲同工、不谋而合。同时也表明,在中国革命中,社会学与历史学已然成为开展革命运动的重要思想载体和认识基础。由此也就不难理解,尽管上海大学建立社会学系之前,燕京大学与沪江大学业已先后建立了社会学系,但是与前二者所不同的是,上海大学社会学系一开始就是以马克思主义理论来武装学生。基于此,瞿秋白在社会学系中不仅设置了史学系,而且在社会学系中也有不少历史课程。

表 1-2　　　　　上海大学社会学系关涉史学的科目表

课程	第一学年	第二学年	第三学年	第四学年	总计
社会进化史	1	1	1	0	3
社会学史	0	0	1	1	2
社会运动史	3	2	1	0	6
社会思想史	3	2	1	0	6
经济学史	0	0	1	1	2
政治学史	0	0	1	1	2
法制史	0	0	2	2	4

① 《瞿秋白文集》第 2 卷,人民出版社 1988 年版,第 127 页。
② 同上书,第 130 页。

续表

课程	第一学年	第二学年	第三学年	第四学年	总计
政治史	2	1	1	0	4
历史哲学	2	2	0	0	4

资料来源：《瞿秋白文集》第2卷，人民出版社1988年版，第130—131页。

《社会进化史》这门课程由蔡和森担任。他讲的是社会进化，"实质上全是社会发展史"。在课堂上他既阐述恩格斯的《劳动在从猿到人转变过程中的作用》，也引证《家庭、私有制和国家的起源》中有关章节。每讲到关键的章节，他总是旁征博引，讲得详尽明确。例如讲到从猿到人，首先是由于四肢分工，两只手不但起了劳动作用，而且由于两只手的经常劳动，影响了大脑和身体的发展和变化。他讲到五种生产方式，特别把每一个有关的概念，解释得十分详细，指出概念的连续是做学问的基本条件之一。对于每一生产方式为什么会自然而然地衔接交替，以及每一生产方式的特点和特征，也都讲得很清楚。讲到火和铁被人类所利用，他总是依据马克思主义的原理，说明火和铁的使用对人类进步所起的作用。最后讲到资本主义为社会主义所代替，是社会发展的必然规律，不以人们的主观意志为转移的。他"把社会进化史讲的生动活泼，深入浅出，全系同学都表示欢迎，倾注全力听讲。开始只是社会科学系的学生，稍后，有许多其他系的学生也来旁听，不但教室人满，连窗子外面都挤满了旁听同学。"特别是通过他讲述恩格斯的《社会主义从空想到科学的发展》，"青年同学们由此才懂得历史也是门科学，思想逐步开朗，认识也不断进步，使上海大学的学生思想面貌焕然一新"[①]。

邓中夏当时兼任史学系教员，他主要讲授工人阶级与资产阶级斗争的历史，讲十月革命和巴黎公社的情况，讲各国革命运动史和中国工人运动史。邓中夏不仅在课堂上讲，而且还带着学生到工人中去开展工人运动。小沙渡、潭子湾到苏州河对岸有日本内外棉纱厂，也有中国资本家的棉纱厂，苏州河对岸都是工厂区，邓中夏经常带学生们一起搞工人

[①] 胡允恭：《创办上海大学和传播马克思主义》，本社编《回忆蔡和森》，人民出版社1980年版，第117页。

运动,帮助办工人夜校,轮流到工人夜校去教书。此外,上海大学还开设"社会主义史""唯物史观""西方革命史"等课程。其时高语罕讲授西方革命史,每周五次,每次二小时,"既无课本,亦无讲义,往往旁征博引,无所不谈,学生以其渊博动听,亦时常满堂"①。

除此之外,上海大学还经常请人作历史讲座。1923—1924年,李大钊就多次到上海大学开历史学讲座。第一次的主题为"演化与进步",强调"演化是天然的公例,而进步却靠人去做的。我们立足在演化论和进步论上,我们便会像马克斯一样的创造一种经济的历史观了。我们知道这种经济的历史观系进步的历史观。我们做人当沿着这种进步的历史观,快快乐乐地去创造未来的黄金时代。黄金时代不是在我们背后的,是在前面迎着我们的。人类是有进步的,不是循环而无进步的。即就文艺论,也不是今下于古的。所以无论如何,应当上前进去,用了我们的全力,去创造一种快乐的世界。不要悲观,应当乐观云云。"②第二次主讲《史学概论》,星期二、四两日上午八时起开讲,分六次讲完。③当时"同学仰慕其名望,群赴听讲,座无隙地,窗槛户外也站满了人"④。

综观上海大学的史学教育,无论是课程设置还是讲授内容,无疑可称得上是名副其实的马克思主义史学教育。从社会进化史到革命运动史,从唯物史观到阶级斗争,都体现着鲜明的马克思主义特色,真正实现了瞿秋白所设想的"现代中国所当有的'上海大学'"。由此凸显的教学效果自然良好。一位曾在上海大学就读的青年学生后来回忆说,我的家庭是一个小地主,另一同学的家庭是一个官僚,仅从我自己来说,阶级观念和阶级斗争的观点是在上海大学确立的:

> 我们当时参加革命,只凭一股革命的热情,没有真正的阶级立场。在上大社会学系学习了马列主义理论,才树立了阶级观点的基础,反对那个剥削阶级家庭。在革命过程中,是你影响家庭,还是家庭影响你呢?这个问题关系很大。当时参加革命的青年学生,

---

① 钟叔河、朱纯编:《过去的学校》,湖南教育出版社1982年版,第513页。
② 《上大昨日之演讲》,《民国日报》1923年4月16日。
③ 《上海大学特别讲座布告》,《民国日报》1923年11月10日。
④ 李桂林编:《中国现代教育史教学参考资料》,人民教育出版社1987年版,第35页。

大都是资产阶级和小资产阶级家庭出身,为什么斗争那么坚决呢?就是因为树立了阶级斗争的观点,分清了敌我。上大能培养出那么多的革命骨干,这个教育是一个决定性的因素。①

从上海大学历史教育的开展我们不难看出,当时的史学教育已经完全摒弃了旧时的方式,而是将其与马克思主义理论紧密结合起来,与中国的革命运动紧密结合起来。即便在上海大学讲授英文的张太雷,"名义上讲的是英文课,但课文本身花的时间并不多",他讲完课文后,"结合我国的现实斗争,谈当前的阶级斗争,谈政治上、组织上的重要问题。他向我们指出帝国主义特别是英帝国主义的反动本质,分析它们如何利用中国的封建军阀瓜分中国的情形。"② 正如邓中夏所说,上海大学就是要"指示学生一条应走的道路和一种应受的训练",把他们培养成优秀的"建国人才",这便是"上大的使命"③。应该说,这既是上海大学的精神体现,也是上海大学文化的表征。

就在上海大学开办的同时,广州黄埔军校也在国共第一次合作的大革命时期创办开学。由共产党参与创办的这所学校,一时云集了以周恩来、恽代英、瞿秋白、聂荣臻、叶剑英等为代表的大批共产党人。根据蒋介石在1926年的调查估计,"在一万黄埔师生中,约有CP2000人(即共产党)"。因而有人认为黄埔军校"是共产党的基地"④。作为第一次国共合作的产物,黄埔军校实行军事、政治教育并重的方针,对不同党派和不同学派的思想理论实行兼容并包。这样军校一方面开设孙中山的三民主义教育;另一方面也积极开展马克思主义思想政治教育。军校训令中明确规定:"社会主义、共产主义、马克思主义等书籍,本校学生皆可阅读。"⑤ 其时,历史教育以政治教育为载体和依托,在黄埔军校开展起来。根据黄埔军校政治教育的科目,设置有如下课程:

---

① 上海市委党史征集委员会编:《上海大学(1922—1927年)》,上海社会科学院出版社1986年版,第111—112页。
② 阳翰笙:《忆我的良师益友张太雷同志》,载《回忆张太雷》,人民出版社1984年版,第44页。
③ 黄美真编:《上海大学史料》,复旦大学出版社1984年版,第184页。
④ 王建吾编:《黄埔军校史论稿》,河南人民出版社1990年版,第272、274页。
⑤ 广东革命历史博物馆:《黄埔军校史料》,广东人民出版社1985年版,第6页。

表 1-3　　　　　　　　　黄埔军校史学教育科目表

教育课程科目		专题讲演科目	
中国国民党史	中国政治经济状况	国民革命运动之过去与现在	海丰农民运动之成绩
帝国主义侵略中国史	世界政治经济状况	中国革命战略战争史	广东的农民运动之经过
中国近代史	中国民族之革命问题	最近世界之经济状况	香港罢工之经过
帝国主义	中国近代民族革命史	革命运动发生之原质	本党组织概要
社会进化史	各国政党史略	全国青年运动概括	中央各省联席会议之经过
社会主义史	各国革命史略	华侨与革命运动	廖仲恺先生之革命事略

资料来源：广东革命历史博物馆编：《黄埔军校史料》，广东人民出版社 1985 年版，第 188—200 页。

黄埔军校设置的上述科目，重要特点首先是详今略古，注重对当时革命运动史的讲解，其次是注重国情教育，使学生了解中国的基本情形，同时也要注重对世界国情与世界革命运动的了解。这样的课程设置，其最主要的目的就是要使学生"彻底了解他自己的责任"，能够在毕业时达到国民革命军的水平标准，"渐进而成为真正的国民之武力"；是使学生彻底了解"中国革命是世界革命的一部分"，中国的国民革命"一定要与世界反抗资本帝国主义的革命势力联合起来，不妥协的打倒资本帝国主义与国内他的走狗（军阀与买办阶级）"；是使学生"彻底了解各种与革命运动有密切关系的社会科学常识，使他们因此更能了解党的主义与政策的意义"。同时"可以洗刷学生在入校以前所受许多流俗传统的错误见解的影响，以养成他们的确定的人生观"；是使学生彻底"了解世界与中国政治经济方面各种重要的现象与问题，同时亦注意中国重要各省都市与乡村政治或社会经济情形"，进而"使他们能了解客观的事实与其因果关系，然后对于各种政治问题，能够有很正确的观察与合当的宣传"；是使学生彻底"了解革命运动是起于农工群众的物质要求，革命的胜利，亦必须靠农工群众的努力参加始能有所保障"。要使学生知晓中国革命"不仅是靠一部分同志个人的勇敢奋斗；而是在有这种领袖能够领导同志深入群众，有这些勇敢的同志能够在各种群众中发生影响，这样才可以用党的主义在下层阶级造成民众的实力，以求贯澈（彻）党的一切主张"①。

毫无疑问，黄埔军校以历史为载体开展的政治教育，其效果是非常明显的。据曾在黄埔就学和任教的师生回忆说，恽代英讲授历史唯物论与辩证唯物论的综合科学，本是富有哲理的课程，文化程度低的，是不容易听懂的：

> 可是恽老师一上台，经过深入浅出的一番讲解，几乎没有一个不懂的。他讲课的本领并不背诵讲义，而是善于联系实际，善于对比，善于批判资产阶级学者的观点，有时也饶有风趣，令人一听不忘，百听不厌，记起笔记来，也是令人毫不吃力的。另外，他每讲完一节，容许大家用口头或书面向他提出疑难的问题，然后将问题集中整理，一个个的来解答。

学生对恽代英的评价，认为这位老师"不愧为青年运动之师"。对于李合林教官讲授的《法国大革命史》，学生认为他"联系到中国革命的实际，认为孙中山先生倡导民主主义革命，是深受法国大革命初期启蒙思想——自由、平等、博爱的影响的"。由于他"知道政治科的学生有的年龄比他大，有的受过国内外大专学校的教育，有的是任过大专院校的教授多年"，所以"他每次讲课时，态度是很谦虚的"，讲得"很生动"②。

许德珩曾三次到黄埔军校讲演，总题目是《社会主义史》，内容讲的是社会主义历史的发展，其中讲得最引人入胜的是巴黎公社——

> （他）将巴黎公社的前前后后，以及反动派怎样，工人怎样，梯也尔怎样，讲得清清楚楚。学生们听了，对巴黎公社的工人斗争印象最深，最受感动。这是第一课。第二讲是十月革命，讲列宁从二月革命到十月革命，这一段也讲得很精彩。第三讲是德国革命，斗争也十分尖锐，讲到卢森堡、李卜克内西如何牺牲的情况等等。

---

① 广东革命历史博物馆：《黄埔军校史料》，广东人民出版社1985年版，第189—191页。

② 《广东文史资料》第37辑，广东人民出版社1982年版，第174—176页。

这三段历史在无产阶级斗争史上很重要，题目抓得准，对学生的教育很大，影响深远。我听了，也深受教育。这些革命的道理，听讲的无论是共产党员或国民党左派都容易接受。尤其是讲巴黎公社……讲得激昂慷慨，有声有色。还讲到巴黎公社社员战斗到最后的那堵著名的巴黎公社墙等。①

不仅青年学生认可，即便后来蒋介石对共产党越来越不满，他也不得不承认，如果逼走共产党人，必然会削弱部队的战斗力，"不惟革命前途上受一莫大之损失，即我诸同学凡为革命分子者之个人，无形中亦皆受极大之损失。而我团体之损失固不待言矣"。于是难免感怀"损失莫大焉"，"军队政治工作无人"了。②但是无论如何，蒋介石最终还是发动了"四一二反革命政变"，开始大肆屠杀共产党员和革命群众，中共革命走向了低潮。在生死存亡的紧急关头，中共又通过武装斗争和土地革命，终究建立起大大小小十几块革命根据地，由此又开启了苏维埃时期的革命教育。

苏维埃时期的教育，其办学宗旨并非为少数人服务，而是为普通民众服务。故而，从实际出发，根据革命战争的需要与可能，创建新的教育体系，以改变客观社会条件，这是苏维埃时期教育工作的基本特点。正如马克思所说："一方面，为了建立正确的教育制度，需要改变社会条件；另一方面，为了改变社会条件，又需要相应的教育制度，因此，我们应该从现实情况出发。"③因此，革命根据地的教育，应当从战争与革命的实际出发，创造新的教育方针、教育体系和教育方法。苏维埃时期的教育方针，就是"在于以共产主义精神来教育广大劳苦民众，在于使文化教育为革命战争与阶级斗争服务"，中心任务是"厉行全部的义务教育，是发展广泛的社会教育，是努力扫除文盲，是造就大批领导斗争的高级干部"④。教育方法则是要做到"三统一"：即理论与实践统一、书本知识和实践活动统一、课堂教学与课外校外活动统一。

---

① 《广东文史资料》第37辑，广东人民出版社1982年版，第286页。
② 杨奎松：《蒋介石从"三二〇"到"四一二"的心路历程》，《史学月刊》2002年第6期。
③ 《马克思恩格斯全集》第16卷，人民出版社1964年版，第654页。
④ 陈元晖等编：《老解放区教育资料》（一），教育科学出版社1981年版，第20页。

苏维埃时期的历史教育，是以马克思主义思想为基础来具体开设的。其中苏维埃运动史、中共党史、中国职工运动史、少共史、西方革命史、社会发展史、中国革命史、苏联革命史等课程，是苏维埃时期开设的主要课程。这些课程多半是统辖在政治教育这一范围之内的。这也是教育要为政治、为革命战争服务的具体体现。需要说明的是，由于处在革命战争的艰苦环境中，苏维埃时期还尚未形成专门的历史研究机构，也没有专门编写适应客观环境和革命根据地的历史教材，也没有相对固定的课时规划。再加之一段时间内，对知识分子形成的"左"的政策，其时的历史教学并未完全展开。尽管苏维埃时期的教育方针、任务和方法，以及注重干部教育、社会教育和普通教育为主的教育体系逐渐形成，但是具体的实施与开展，还是到抗日战争时期才逐步成熟并日臻完善。

（二）革命激荡下的社会实践

重视社会实践，"养成健全之国民"，是近代中国一些有识之士的基本共识，也是五四以来先进人士竭力倡导的基本理念。吴玉章在担任国立成都高等师范学校（四川大学前身）校长之时，就是坚持了这样的主张。

1922年，吴玉章担任国立成都高等师范学校校长。吴玉章认为，高等师范学校"学生一经毕业，即服务学校，故在修学期中，宜多予各生以研究之机会"[①]。为此，他先后审定了《国立成都高等师范教育参观团组织及进行办法》《国立成都高等师范学校各部学科编制大纲》等文件。《国立成都高等师范教育参观团组织及进行办法》要求学生"于三年级毕业前派员率赴日本及长江各地考察教育"，其目的是"考察国内外教育状况及其主义，以贡献于社会而求教育之改良"。教育考察的主要内容包括：（1）关于新学制之实施概况；（2）关于教育行政之改革事项；（3）关于各级学校之新制课程标准及教材之选择；（4）关于学校之组织系统；（5）教育上之特别问题及事件的处理（男女同校、试验、学生自治、选科制等）。在吴玉章担任校长前后，共有两批学生先后去重庆、

---

① 中国高等教育学会组编：《共和国老一辈教育家传略》，高等教育出版社2008年版，第17页。

武汉、南京、上海、北京等地和日本的大阪、京都、东京等地，前后进行了一百余天的考察。"各生考察回川，学业增进，服务成绩愈益优良。"①吴玉章还要求学生到成都的工厂、作坊以及农村去宣传社会主义思想，组织工会和农会，发动罢工和抗租斗争。为了开拓学生的实践能力，学校一方面支持学生按学科组织和加强国文学会、英文学会、数理学会、博物学会、音乐学会、体育学会、教学研究会等学术团体的活动，支持他们出版学术杂志、开展学术交流；另一方面采取"自治辅导主义"，"分股办事，由学校予以指导，一面养成自治，一面接近社会，成绩至为可观"②。高年级学生在课余还担任国立成都高等师范学校附设平民夜课学校的教员，同时进行教学方法的实习。

上海大学自邓中夏主持校务以来，就指出"以所学从多方面企图建国目的的完成则一，只此一片耿耿孤忠，是我们大多数教职员和学生所不能一日忘的，所努力从事的，这便是和别的大学不同的地方，也便是上大的使命"③。因此，上海大学的基本要求就是读"活的书"。

一方面，学生的学习不仅仅在课堂上，而且还要在课外读书。据茅盾回忆说，当时上海大学有个书摊，卖《新青年》《向导》《中国青年》和其他社会科学的书，还有个学生墙报。这都是上海其他大学所没有的。特别是活泼民主的校风，"以及社会学系的学生经常由老师带领去参观工厂和农村，这也是上海别的大学所没有的"④。薛尚实也说，当时上课的时间少，而在课外看参考书的时间多。在上大"自觉认真读书，提出问题，讨论问题，成为一种风气"。此外，"同学们按照各年级自己组织学习会，由自己班级的同学主持。开会时大家随便提问题随便谈，问生字、问名词概念、问老师讲课中的疑问，只要提出来，就交大家讨论、研究并作解答。有时谈谈报上看来的政治消息，有时介绍期刊中某篇文章的内容。总之，有啥谈啥，会议开得非常活跃。"⑤"上海大学的学生，大多数是有政治觉悟的青年。"因为上海大学"不仅教授马列主义理论，而且让学生参加各种政治活动，让学生亲身参加实

---

① 《吴玉章与国立成都高等师范学校》，《成都党史资料通讯》1988年第5—6期。
② 《吴玉章文集》（上册），重庆出版社1987年版，第367页。
③ 黄美真编：《上海大学史料》，复旦大学出版社1984年版，第184页。
④ 《茅盾回忆录》（上），华文出版社2013年版，第200页。
⑤ 《文史资料选辑》第2辑，上海人民出版社1979年版，第67页。

践。"上海大学学习理论"不同于其他学校,它不是关门读书,而是把所学的理论用于实践,这在当时可说是全国第一。由于学生有一定的政治觉悟,所以不图安逸,不懒惰,有政治运动积极参加,没有政治运动时认真读书。"这就是上海大学读"活的书"的一个方面。①

另一方面,上海大学的青年学生经常去参观工厂和农村,他们在工厂区去参观实习后,甚至到了上课时间来不及换衣服就匆匆而来,"课堂里时有穿工装蓝布褂的人"②。据茅盾说"这也是上海别的大学所没有的"③。除此之外,上大同学在入学前都是为想学点革命知识和救国的道理而来,大多数人都有一定的政治觉悟。除了上课学习革命理论之外,"都关心政治形势的发展,面对当时北伐军的进展,几乎每天都有谈论,读报纸、读《向导》、读《新青年》更是普遍现象"④。特别是在革命运动中,上海大学的青年学生更是有着突出的表现。上大学生在邓中夏带领下,积极参加支援罢工斗争,他们到各工厂进行宣传。宣传时在群众集会上轮流演讲,揭露日本资本家对中国工人的压迫和剥削,提高工人群众的阶级觉悟,还深入工人居住区和工人家庭讲演有关团结一致、行动一致、斗争到底、争取胜利的宣传。五卅运动中,上海大学的学生不仅在学生运动这一条战线起了带头作用,而且在整个运动中都起了骨干作用。1925年爆发的五卅运动,上海大学学生在中国共产党的领导下,几乎是倾校出动,参加了社会各方面的工作,在这场空前规模的反帝爱国运动中发挥了重要作用。正如有人所说,五卅运动中上海大学学生的表现"正是书本理论与实际工作的试验机会。所以,首先为国捐躯死于南京路的何秉彝⑤,是上大的学生。领导各队到租界上演

---

① 上海市委党史征集委员会编:《上海大学(1922—1927年)》,上海社会科学院出版社1986年版,第102页。
② 黄美真编:《上海大学史料》,复旦大学出版社1984年版,第105页。
③ 《茅盾回忆录》(上),华文出版社2013年版,第200页。
④ 黄美真编:《上海大学史料》,复旦大学出版社1984年版,第95页。
⑤ 何秉彝(1902—1925),四川彭县人,1922年毕业于彭县中学。1923年秋来沪,就读于上海大同大学。1924年,转入上海大学社会学系,学习马克思列宁主义,积极参加中共领导下的校内外社会活动。1925年加入中国共产党。曾任共青团上海地委组织主任。5月30日,参加南京路反帝示威游行,担任联络员,负责指挥演讲队的活动。当老闸捕房下令逮捕工人、学生时,他指挥演讲队到老闸捕房,带领会说英语的演讲队员,向西捕质问、抗议,要求释放被捕人员,还在人群中演说,抗议外国巡捕打人的野蛮行为。被巡捕开枪击穿肺部,次日因伤势过重身亡。

讲的多数队长，是上大的学生。捕房拘押援助罢工的大部分人员，亦是上大的学生。五卅时代的上大，上大的影响五卅"。① 这样的评论正是上海大学读"活的书"的具体体现。

近代以来，特别是五四运动以来，青年学生的社会实践活动最为丰富、最有成效。尤其是中共建党以来，在革命浪潮的激荡下，青年学生在民族危机的关键时刻，在如火如荼的社会实践中，彰显着他们的责任与担当。

还在1915年，陈独秀就指出，真正的"新青年"是"自主的而非奴隶的""进步的而非保守的""进取的而非退隐的""世界的而非锁国的""实利的而非虚文的""科学的而非想象的"②。1916年，他再次指出，新青年与旧青年"有绝对之鸿沟"，因此"慎勿以年龄在青年时代，遂妄自以为取得青年之资格也"，只有"头脑中必斩尽涤绝彼老者壮者及比诸老者壮者腐败堕落诸青年之做官发财思想，精神上别构真实新鲜之信仰，始得谓为新青年而非旧青年，始得谓为真青年而非伪青年"③。自此开始，"新青年"不仅成为五四时期的一种口号，而且也是实实在在的行动，并因此成为一种符号和象征。同时期的李大钊，更是呼吁青年"到农村去"。李大钊说："我们中国是一个农国，大多数的劳工阶级就是那些农民。他们若是不解放，就是我们国民全体不解放；他们的苦痛，就是我们国民全体的苦痛；他们的愚暗，就是我们国民全体的愚暗；他们生活的利病，就是我们政治全体的利病。"为此，"我们青年应该到农村里去，拿出当年俄罗斯青年在俄罗斯农村宣传运动的精神，来做些开发农村的事，是万不容缓的。"他最后呼吁："青年呵！速向农村去吧！日出而作，日入而息，耕田而食，凿井而饮。那些终年在田野工作的父老妇孺，都是你们的同心伴侣，那炊烟锄影、鸡犬相闻的境界，才是你们安身立命的地方呵！"④ 在陈独秀、李大钊等人影响下，大批青年备受鼓舞。青年毛泽东在读到陈独秀的《新青年》之后，集合了一些志同道合的青年学生，"这是一小批态度严肃的人，他们不

---

① 黄美真编：《上海大学史料》，复旦大学出版社1984年版，第142页。
② 陈独秀：《敬告青年》，《新青年》第1卷第1号，1915年9月15日。
③ 陈独秀：《新青年》，《新青年》第2卷第1号，1916年9月1日。
④ 朱文通等整理编辑：《李大钊全集》第3卷，河北教育出版社1999年版，第179—183页。

屑于议论身边琐事。他们的一言一行，都一定要有一个目的，他们没有时间谈情说爱，他们认为时局危急，求知的需要迫切"，只愿意"谈论大事——人的天性，人类社会，中国，世界，宇宙！"① 正是在《新青年》的影响下，学生以其激昂的热情，展开了轰轰烈烈的五四运动。

1924年6月，萧楚女再次提出"革命中学生应持的态度"。他指出，青年学生应"切实地以民众为中心，对于民众表示着'我是为他们而革命'，而且还叫他们知道他们自己亦只是为自己而革命——我不是一个革命的知识者，我只是一个革命的'你们民众底仆人'；这便是我们革命中青年在今日所应持的唯一态度！"② 于是在随后的社会实践中，青年学生又投入广阔的社会生活中，展开更为深入的社会实践活动。

青年学生走入民间开展社会实践活动，在随后不久便得到了响应。一位青年学生如是说道："时代的青年们，自然不以罢课作目的，更不把游行示威为满足，他们要深入民间，亲自来武装困馁交迫中的贫苦大众，来挽救民族的最后危机，来争取民族的光明生路！"于是青年学生深入乡村，在"乡人惊奇的聚集着的人丛中"开展社会实践活动。从此以后，在"成人群里，有几个青年在激昂的报告着国事；妇女群里，有几个女生谈论着家计和生活，儿童队里，也正有年幼的团员，实施他们的感化和训练。他们——乡农们——也都深感着，家计的窘迫，境遇的险恶；有的义愤的报告他们的苦痛，内心里转变着听天由命的谬误心理。有的嘹（了）解到自己的伟大（中国的主人）而欢悦，觉悟到职责的严重（民族解放的斗争者）而振奋！他们象难离难舍似的，跟送到遥远的村边，详示你路途的艰险，祝颂你征途的安全！"③ 从此时开始，青年学生和人民特别是农民结合起来，开辟了青年学生走与工农相结合的道路。但是，只谈救亡而忽视青年生活问题，"是难以想象的"。于是在白区指导学生运动的刘少奇，为使学生的社会实践继续坚持下

---

① ［美］斯诺：《西行漫记》，董乐山译，解放军文艺出版社2002年版，第109—110页。

② 中共中央文献研究室、中央档案馆编：《建党以来重要文献选编》第2册，中央文献出版社2011年版，第84页。

③ 《一二九运动资料》第1辑，人民出版社1981年版，第422、424页。

去，在抗日救亡运动中担当更大的责任，提出了"生活路线"的口号。①

"生活路线"，简言之就是新的社会实践形式，它既能符合当时青年学生的共同愿望，符合青年学生的特点和兴趣，能让青年们易于接受，也能为学校当局和师长所承认，活动的形式趋于多样化。其时，北大的青年学生活动在学联的指导下开展得有声有色。他们首先开展"学术周"加强学术研究，特别是加强与现实有密切关系的研究；其次是开展"劳动服务周"，主要是平整操场，修建各宿舍甬道，并进行春季植树。当时男女同学一齐动手，大家唱着《拉犁歌》《大路歌》等。"背起重担朝前走，自由大路快筑完！"精神抖擞，情绪欢快。有些同学是生平第一次体验这种体力劳动的快乐。②最后是开展"卫生周"，要求青年学生清扫室内外，检查食堂卫生，并向附近各饭馆作卫生宣传。北平市学联为抵制日本私货运销，还倡议举办"服用国货宣传周"。北大学生会号召师生服用国货，拒用私货，检举私货，协助缉私，宣传拒私等。除此之外，学生们还开展演出赈灾活动，当时川、陕、甘、豫四省旱灾严重，灾民亟待救济。北大学生通过演出赚取门票，将所获经费寄往灾区。当时的社会实践活动最丰富多彩的是春游和新式队员生活。

北大第四届学生会成立时，正值春季，学生会在春假前后组织同学春游。随后北平市学联举办第二次全市旅行，人数当在五千以上。在这次集体旅行中，全市各学校都向大会提供了精彩的游艺节目，其中以中国大学等校学生演出的《审讯救国会七领袖》的话剧最为有名。同时，中华民族解放先锋队（简称民先队）还组织了一次露营活动。其中每早吹号升旗、爬山比赛是固定的项目，练歌、行军、座谈、听报告、游击演习、演剧等是随时安排的项目。放暑假期间，"民先队"决定利用暑假举办夏令营，培养队员学习军事。军事活动按大队编制行动，其他活动划分为若干小组，有时事研究组、军事研究组、话剧组、歌咏组、新文字组等。营地由十几座帐篷组成，"这群久住城市的青年学生，每

---

① 杨述：《一二·九漫语》，生活·读书·新知三联书店1981年版，第44页。
② 孙思白编：《红楼风雨·北大"一二九"历史回顾》，北京大学出版社1988年版，第203页。

天在这里列队、爬山、座谈、唱歌，真是严肃紧张、生动活泼，过着一种有意义、有理想的新鲜生活"。营地上除了听报告和小组讨论的时候安静一阵外，经常是回荡着连绵不断的歌声。①

除北大之外，清华大学也积极开展"生活路线"的实践活动。当时清华救国会学生单独组织了去房山等地的旅行，朱自清等爱国教授也参加了旅行，他们与同学并肩同行，与大家促膝交谈，"促进了师生合作、共挽时艰的良好气氛"。与此同时，清华学生在清华救国会的组织下，在校内还积极组织了民众学校、求知学会、清寒食堂以及各文艺社团的活动，为周围村民和校工子弟开办了民众夜校和识字班，由单纯的识字学文化，发展为宣传抗日救亡。四位女同学还为校内洗衣工人的女孩子办了妇女识字班，并进行抗日救亡的宣传，不少学生最后成了抗日积极分子。②

北大和清华尽管不是共产党创办，但是北平学联和清华爱国学会却是中国共产党领导下的青年组织。青年学生在此时开展的社会实践活动，也是大革命失败后，青年学生在中共领导下再次展开的。刘少奇曾指出："自从一九二五年至一九二七年的革命失败后，中国历史上就出现了一个黑暗反动的时期"，而"'一二九'是中国学生革命运动的来潮"，从"一九三五年十二月九日北平学生运动所直接引起的全国抗日救国运动。这些运动都是在中国共产党领导之下进行的。"一二九运动中的革命学生所走过的这种道路，"是一切革命青年学生在民族危险中争取民族解放的正确道路"。但是"单纯的学生革命运动，是不能获得胜利的，而且也不可能在反动统治之下长期坚持。革命的青年学生必须与广大的工农兵相联合，必须在共产党的领导之下，才能达到革命的目的。"③ 这也正是青年学生在抗战前夕，能够冲破黑暗开展社会实践活动的重要原因。当年清华的四位女生，面对她们所钟爱的四位老师离开时，赶绣了四只枕套送给四位老师，枕套上绣着四只飞去的大鸟，后边

---

① 孙思白编：《红楼风雨·北大"一二九"历史回顾》，北京大学出版社1988年版，第208—209页。

② 清华大学校史编研组编：《战斗在"一二·九"运动的前列》，清华大学出版社1985年版，第78—79页。

③ 刘少奇：《和广大的工农兵相结合——一九四四年在延安青年纪念"一二·九"运动大会上的讲话摘要》，《人民日报》1950年12月9日。

站着四只恋恋不舍的小鸟。她们说:"四只大鸟飞了,我们四个小鸟没人带了。"殊不知在她们之中,已有一位入了党,"正在带领着伙伴们展翅飞翔"[①]。随后的延安时期,则更成为全国青年学生所向往的革命圣地,当源源不断的青年学生奔向延安时,更加深入的社会实践活动,将成为他们发挥聪明才智、大显身手的广阔舞台。

---

① 清华大学校史编研组编:《战斗在"一二·九"运动的前列》,清华大学出版社1985年版,第78—79页。

第二章 延安时期青年学生的史学教育

还在抗战爆发前，一些有识之士就呼吁："中国的青年迫切地需要教育，需要最健全最有效能的教育。"① 抗战爆发后，延安成为不少青年人热切向往的地方，大批青年开始涌入延安。于是针对奔赴延安的抗日青年开展相应的教育也就势在必行。而延安时期的史学也在社会变动的大背景下，与中华民族的历史命运紧紧连接在一起，进一步激活了史学经世致用的传统作用。以史学为载体的政治教育功能，也在民族危机的最紧急关头，彰显着它的精神动力和价值张力。延安时期的史学，也因此成为民族危亡的紧急关头激励民族情绪、唤醒民族意识、彰扬民族精神的巨大文化力量，并在社会变动与时代的助推之下，成为延安青年不断成长壮大的重要精神养料。

一 战争中兴盛的延安史学

从"九·一八"事变开始，日本就对中国使用"从武力以至于文化的一切力量"进行侵略，其中"作为文化部门之一的历史学，自然也被积极地动员了"②。中华民族面临生死存亡之际，一些有良知的史学工作者与广大爱国学人，自觉地把历史和现实结合起来，通过历史研究回应时代的需求。

著名史家钱穆在"九·一八"事变之后，就将"考史"的研究取径转到阐扬中华民族生生不息的历史精神这一研究视野中来。他撰写《中国近三百年学术史》时，正值"九·一八"事变骤起，其目的就是

---

① 《一二九运动资料》第2辑，人民出版社1982年版，第348页。
② 叶蠖生：《抗战以来的历史学》，《中国文化》1941年第2、3期合刊。

"将以明天人之际,通古今之变;通古今之变,以求合之当世,备一家之言。虽不能至,心向往之"①。张荫麟撰写《中国史纲》一书,其宗旨正如他自己所说:"在种种新史观的提警之下,写出一部分新的中国通史,以供一个民族在空前大转变时期的自知之助"②。蒋廷黻的《中国近代史大纲》,亦是为抗战而作。他说:"现在我们要研究我们的近代史,我们要注意帝国主义如何压迫我们。我们要仔细研究每一个时期内的抵抗方案。我们尤其要分析每一个方案成败的程度和原因。我们如果能找出我国近代史的教训,我们对于抗战建国就更能有所贡献了。"③与此同时,中共所在的陕甘宁边区,一方面高扬抗战爱国的旗帜,另一方面开始大量吸收知识分子,倡导开展史学研究工作,进而使得延安史学逐渐发展兴盛起来,成为抗战时期的一种重要文化力量。

延安史学的发展与兴盛,离不开广大知识分子。曾几何时,中共在知识分子政策上经历过不少曲折。毛泽东在谈到中共此前的革命运动时就反思说,过去对知识分子没有大量吸收吃了亏。当时我们"要是不犯这些错误,情况也许会好一些"④。他还强调说:"我们党在土地革命时期,许多地方许多军队对于知识分子的不正确态度,今后决不应重复"⑤,"要保护革命知识分子,不蹈过去的覆辙"⑥。1935 年 12 月召开的瓦窑堡会议就提出,目前政治形势已经发生了重大变化,在中国革命史上是一个新的时期,一切同情反日反卖国贼的知识分子,都要给予他们施展才华的机会和一切政治权利。"一切战区的党和一切党的军队,应该大量吸收知识分子加入我们的军队,加入我们的学校,加入政府工作。"只要是愿意抗日的、比较忠实的、比较能吃苦耐劳的知识分子,都应该多方吸收,加以教育,使他们在战争中、在工作中去磨炼,使他们为军队、为政府、为群众服务,并按照具体情况将具备了入党条件的一部分知识分子吸收入党,分配适当的工作,同时应"教育他们,带领他们,在长期斗争中逐渐克服他们的弱点,使他们革命化和群众化,

---

① 钱穆:《中国近三百年学术史》,商务印书馆 1997 年版,第 4 页。
② 陈润成、李欣荣编:《天才的史学家:追忆张荫麟》,清华大学出版社 2009 年版,第 407 页。
③ 蒋廷黻:《中国近代史大纲》,东方出版社 1996 年版,第 4 页。
④ 《毛泽东文集》第 2 卷,人民出版社 1993 年版,第 424 页。
⑤ 《毛泽东选集》第 2 卷,人民出版社 1991 年版,第 620 页。
⑥ 《毛泽东文集》第 2 卷,人民出版社 1993 年版,第 233 页。

使他们同老党员老干部融洽起来，使他们同工农党员融洽起来。"对于党外知识分子，"应该同他们建立适当的联系，把他们组织到抗日和民主的伟大斗争中去，组织到文化运动中去，组织到统一战线的工作中去"①。

抗战之时，中共中央专门发出指示规定："应该用一切方法在精神上、物质上保障文化人写作的必要条件，使他们的才力能够充分的使用，使他们写作的积极性能够最大的发挥"；除一般的给予他们写作上的任务与方向外，党的领导机关要"力求避免对于他们写作上人为的限制与干涉。我们应该在实际上保证他们写作的充分自由"；对"文化人的作品，应采取严正的、批判的，但又是宽大的立场，力戒以政治口号与褊狭的公式去非难作者"，要尽量给他们营造较为宽松的创作环境。如果一些知识分子还不能很快适应根据地的艰苦生活，党员干部"应更多的采取同情、诱导、帮助的方式去影响他们进步，使他们接近大众，接近现实，接近共产党，尊重革命秩序，服从革命纪律"，共产党人"应有足够的气量使自己能够同具有不完全同我们一样生活习惯的文化人共同生活，共同工作。对于文化人生活习惯上的过高的苛刻的要求是不适当的"。同时各地要为知识分子发表和宣传自己的成果创造条件。"文化人的最大要求及对于文化人的最大鼓励，是他们的作品的发表。因此，我们应采取一切方法，如出版刊物、公演戏曲、公开讲演、举办展览会等，来发表他们的作品。"各地还要改善知识分子的娱乐和工作条件，"在文化人比较集中的地区，应设立文化俱乐部一类的地方，以供给文化人集会与娱乐之用。此外，为了使作家们有创作的适当场所，可特设'创作之家'一类的住所，使他们能够安静下来，从事他们的创作"②。其时，《解放日报》还专门刊发社论，强调开展自由学术研究。社论指出：

  人类历史上的前进运动，常常和思想自由的开展是分不开的，因为如果思想运动不能自由开展，如果让陈腐的、不合理的独断教

---

① 中共中央文献研究室等编：《建党以来重要文献选编》第 16 册，中央文献出版社 2011 年版，第 763 页。

② 《张闻天文集》第 3 卷，中共党史出版社 1994 年版，第 116—119 页。

义支配着人们的意识,如果不容许人们摆脱既成的死的教条的束
缚,而依据社会发展之新的要求,来从事自由的研究,那就是等于
在现实面前把人们的眼睛蒙上一层黑幕,使他们不可能看清当前社
会发展的正确道路,不可能辨别什么是应该追求的目的,不可能揭
露什么是应该打倒的黑暗势力,因此也就不可能对黑暗势力进行有
力的斗争,不可能正确地推动革命运动。不论中外古今,每当革命
转变的伟大时代,常常伴随着一个文化上的启蒙运动,开展自由研
究的风气,打倒不合时代的因袭权威,驳斥现实中的黑暗事物,启
发新的时代所要求的思想意识。①

特别是在抗日战争时期,要推翻半殖民地半封建的旧中国,建立新
民主主义的新中国,就需要各方面的正确知识,作为前进的引路明灯。
"我们需要关于自己本国的社会历史的知识,也需要关于日本帝国主义
以及世界各国的社会历史知识,在我们决定斗争的战略策略的时候,这
一切社会历史方面的知识对于我们是有很大帮助的。"但是掌握各种各
样的学术上理论上的知识,"就必须一方面积极地号召各种专门家及知
识分子,帮助和鼓励他们从事深刻精密的研究工作,另一方面必须提倡
勇于追求真理而不顾忌一切因袭教条的作风,就必须提倡自由独立的研
究作风。"各派的学者和理论家,"只要他们能认真进行自己的研究,
本着学术的良心来正视现实的问题,他们就能够对于真理的发现有所贡
献,中国共产党不但不轻视,而且非常尊重这些贡献,承认这些贡献对
于中国民族国家的发展有很大的意义。"在陕甘宁边区,"不但要大大
的加强了马克思主义的研究,而且还要团结各派的学者和理论家们,进
行各种各样的科学的研究工作,帮助和奖励这一切自由研究的活动。必
须把自由研究的风气大大的开展起来"②。在这些政策的推动下,大量
知识分子涌入延安,他们积极响应党中央的号召,组织各种文艺和学术
团体,极大地推动了延安文化的蓬勃发展。延安史学正是在这一政策之
下发展、兴盛起来的。

---

① 中央教育科学研究所编:《老解放区教育资料·抗日战争时期》(上册),教育科学出版社1986年版,第8页。
② 《鼓励自由研究》,《解放日报》1941年6月7日。

文化的发展繁荣必然带动史学的发展与繁荣，而史学的发展与繁荣又在抗日战争中起着不可替代的作用。在毛泽东看来，中华民族是一个有着光荣的革命传统和优秀历史遗产的民族，"今天的中国是历史的中国的一个发展；我们是马克思主义的历史主义者，我们不应当割断历史。从孔夫子到孙中山，我们应当给以总结，承继这一份珍贵的遗产。这对于指导当前的伟大的运动，是有重要的帮助的"①。近代以来的中国历史更要研究，但是"近百年的经济史，近百年的政治史，近百年的军事史，近百年的文化史，简直还没有人认真动手去研究"。因此要高度重视近代史研究，"对于近百年的中国史，应聚集人材，分工合作地去做，克服无组织的状态。应先作经济史、政治史、军事史、文化史几个部门的分析的研究，然后才有可能作综合的研究"②。吴玉章也说："历史科学是为民族和社会革命而斗争的有力工具。我们应该知道人类真正的历史，劳动者奴役和解放的历史，应该知道我们从哪里来到哪里去。因为，这能十倍地坚强我们奋斗的信心和给我们这种胜利条件的知识"。历史科学还能激发民族自尊心与自信心，"我们要提高民族的自尊心和自信心，就须要知道自己民族底历史，因为一切有生物都能够爱护他自己的本身和自己的根本。因此我们相信，民族的自尊心和自信心，常常是从历史中动人的事迹得来"③。特别是在抗日战争"这个很需要发扬爱国热忱，继承革命传统的时候，研究自己民族的历史，有特别重大的意义"④。这是因为"光荣史迹足以激起爱国心的作用"⑤。在中共的大力推动下，延安史学得到了空前的发展。何干之、吕振羽、杨松、陈伯达、吴玉章、尹达、范文澜、佟冬、金灿然、刘芝明、李纶、许立群、谢华、唐国庆、杨绍萱等一大批史学工作者聚集于延安，从事史学研究。其时还组建了专门的历史研究机构。

1937年3月，由张闻天组织建立的"中国现代史研究委员会"，可谓是延安时期最早的史学研究机构，刘亚楼、张爱萍、莫文骅、杨兰史、郭全等人是这一研究机构的主要成员。"中国现代史研究委员会"

---

① 《毛泽东选集》第2卷，人民出版社1991年版，第533—534页。
② 《毛泽东选集》第3卷，人民出版社1991年版，第533—534页。
③ 吴玉章：《研究中国历史的意义》，《解放》1938年第52期。
④ 吴玉章：《中国历史教程绪论》，新华书店1949年版，第1页。
⑤ 叶蠖生：《抗战以来的历史学》，《中国文化》1941年第2、3期合刊。

的成立宗旨就是编写教材、培训学员。1938年5月，马列学院在延安成立，张闻天兼任院长。马列学院下设历史研究室。8月，马列学院改名为中央研究院，以加强中国历史与现状的研究。范文澜任中国历史研究室主任。研究室分设三个组：近代史组、农民土地组和民族组。与此同时，中央研究院的其他研究室也结合各自的学科特点，开展专门史研究。如中国政治研究室，注重"以中国革命问题为研究的主要内容，同时配合研究马列主义、中外历史等"问题的研究。当时的中外历史包括联共党史、中国通史、西洋史等；中国经济研究室，运用唯物主义观点批判过去的各种错误经济思想；中国文化思想研究室的研究内容中，包括"搜集及编辑中国文化思想史料""写成中国近代思想史""编成中国哲学思想史"等；中国教育研究室，注重"研究学习一般历史社会知识，特别是中国的历史社会知识"；中国新闻研究室，是"有计划的补充中国历史，中国社会的具体知识"；国际问题研究室则每天安排两小时的历史研究时间。①

不过在1940年以前，延安史学的研究无论是在研究范围还是著述成果上，都还谈不上史学的兴盛与繁荣。这首先表现在研究资料的缺乏。如马列学院历史研究室成立时，参考资料只有一套二十四史。② 艾思奇也说："对于历史和旧的学术的研究，边区所感到的最大困难是研究材料的缺少，而且这方面的研究才是开始，所以虽有一些成绩，而成绩并不大。这是理论研究方面的一个缺点。"③ 毛泽东想搜集中国战争史的材料，"亦至今没有着手。我的工具不够，今年还只能作工具的研究，即研究哲学，经济学，列宁主义，而以哲学为主，将来拟研究近代史"。除此之外，研究力量也是比较薄弱的，受过专门史学训练的研究人员并不多，研究兴趣也并不广泛。毛泽东在致信何干之时即说："我们同志中有研究中国史的兴趣及决心的还不多"④。1941年5月，毛泽东在一次讲话中指出，在历史研究方面"虽则有少数党员和少数党的

---

① 温济泽等编：《延安中央研究院回忆录》，湖南人民出版社1984年版，第265、268、270、272、284页。
② 佟冬：《我的历史》，载《中国当代社会科学家》第4辑，书目文献出版社1983年版，第84页。
③ 艾思奇：《抗战中的陕甘宁边区文化运动》，《中国文化》1940年第2期。
④ 《毛泽东文集》第2卷，人民出版社1993年版，第143页。

同情者曾经进行了这一工作,但是不曾有组织地进行过。不论是近百年史和古代的中国史,在许多党员的心目中还是漆黑一团"。他们"对于自己的历史一点不懂,或懂得甚少,不以为耻,反以为荣。特别重要的是中国共产党的历史和鸦片战争以来的中国近百年史,真正懂得的很少。"① 在毛泽东的推动下,中国革命史和中共党史研究开始全面展开。其时,毛泽东、周恩来、刘少奇、张闻天等领导人,都以自己的方式展开对中共党史的研究。

1942年3月,毛泽东在中共中央学习组上做了《如何研究中共党史》的讲话。这是中共党史研究上第一篇专门探讨党史研究理论的文章。这篇文章对中共党史研究的对象、任务、目的和方法等问题进行了全面阐述,可以说这也是中共党史研究理论的第一篇文献,它不仅奠定了中共党史学科的史学理论和方法论的基础,而且对于中共党史学科体系的建立,具有积极的指导意义。除此之外,毛泽东所撰述的《〈共产党人〉发刊词》《中国革命和中国共产党》《新民主主义论》等有关中国革命的一系列重要学说,代表了这一时期全党理论探索的最高认识成果。这三篇著作中关于中国新民主主义革命基本理论的系统阐述,对中共党史研究的发展产生了深远影响。正如一些国外学者所说,延安时期的史学著作"往往紧跟毛泽东的历史理论和有关历史问题的论断,而毛泽东恰恰是在延安时期确立了他在中共中央的领导地位"②。抗战时期的周恩来,不仅活跃在政治舞台上,在理论探索方面也颇有建树。其在《关于一九二四至二六年党对国民党的关系》《论中国的法西斯主义——新专制主义》《关于党的"六大"的研究》《论统一战线》等著作中,就提出了许多对中共党史研究有参考和指导意义的思想和看法。刘少奇在党内素以较高的马克思主义理论修养著称。在长期的革命斗争实践中,刘少奇也曾发表过大量的理论著述,内容涉及中国革命及社会科学等许多领域。

在研究党史、革命史方面,张闻天堪称是先驱。由他编纂的《中国现代革命运动史》,是一本系统地用马克思主义观点分析研究中国近

---

① 《毛泽东选集》第3卷,人民出版社1991年版,第797—798页。
② [德]罗梅君:《政治与科学之间的历史编纂——30和40年代中国马克思主义历史学的形成》,孙立新译,山东教育出版社1997年版,第158页。

百年历史的书,也是用马克思主义观点研究和编写中国革命史、中共党史的开创之作。叶蠖生[①]在抗战时期撰写的《中国苏维埃运动史稿》,是列入历史研究室计划的一部著作。当时,由于各解放区负责人正集中在延安学习,叶蠖生便"利用这个大好机会分头访问,搜集资料,并同《红色中华报》和《向导》杂志上的材料相印证,编成初稿"[②]。这部书稿,首先是史料丰富,有些资料,尤其是一些回忆资料很有价值,同时亦是中共党史研究发展史上第一部比较全面地反映内战期间中国共产党所领导的革命运动的著作,也是第一次较详细地介绍了中国苏维埃运动的产生与发展、巩固与扩大及苏维埃政策之转变的全过程的著作。1942 年至 1943 年,随着整风运动的深入,讨论党的历史的范围扩大到党的高级干部,为适应广大党员干部学习和研究党的历史的需要,中共中央编印了《六大以前》和《六大以来》,毛泽东亲自主持了《六大以前》和《六大以来》的编辑工作。《六大以前》和《六大以来》所收文献内容丰富,题材广泛,从中国共产党成立到抗日战争中期,时间跨度长达 20 年,从不同侧面充分反映了这一期间中国共产党历史的基本状况,有力地促进了党史研究的发展。

  除此之外,延安史家在中国传统文化、中国古代史、中国近代史方面的研究也取得了极大的发展。出生于浙江绍兴的范文澜,早年曾治经学和中国古代史。1940 年 1 月,范文澜辗转到达延安,开始用历史唯物主义观点阐明中国历史,由此也成为"用马克思主义立场、观点、方法研究中国历史最有成就、最早的历史学家之一"[③]。他通过运用马

[①] 叶蠖生(1904—1990),江苏沭阳人,历史学家。青年时代曾就读于南京中央大学,毕业后去上海,开始接触中共地下组织,后在上海担任黄包车工会负责人,中共上海法南区委代理组织部长,南市分区区委常委兼组织部长。其间由于叛徒告密而被捕,1937 年 9 月获释,随即奔赴延安。之后的十年间,先后在延安新华社、马列学院、中央研究院、党校三部和中央宣传部工作,曾任编辑、历史教研室秘书、研究员等职。1947 年带领晋冀鲁豫干部工作队,随刘邓大军南下,任支队政委。10 月,改任中共固始县委书记,在大别山开展游击战争。1948 年 10 月至翌年 2 月,历任中共郑州市委常委兼宣传部长、开封市委常委兼宣传部长、《开封日报》社社长等职。1949 年 3 月至 1952 年 7 月,任北京教科书编审委员会委员,出版总署编审处处长,党组书记。8 月,调任马列学院第一分院党史教研室主任、教育长。1957 年 3 月任中共中央对外联络部苏联、东欧司处长,从事外交工作。"文化大革命"中受到迫害。1967 年,进"五七"干校。1972 年恢复工作,任中联部六组组长(局级),并曾兼任北京大学教授。1990 年 3 月 14 日逝世,终年 86 岁。
[②] 温济泽等编:《延安中央研究院回忆录》,湖南人民出版社 1984 年版,第 75 页。
[③] 戴逸:《时代需要这样的历史学家》,《近代史研究》1994 年第 1 期。

克思主义的立场、观点、方法，对中国传统经学的研究作了首创性的系统总结。尤值得一提的是，由范文澜撰述的《中国通史简编》，是在新史观指导下编纂的一部新型通史。

与此同时，延安史家对中国古代社会问题的研究，在此前社会史论战的基础上，有了进一步的延伸。其中郭沫若的《中国古代社会研究》，就是第一部用唯物史观阐释中国古代社会的著作。正如吕振羽所说，郭沫若对中国社会史研究的功绩，"不在于其见解是否完全正确，而在于他首先应用历史唯物论来系统地研究中国史，其开创的功绩，是不能否认的"[1]。由于《中国古代社会研究》开辟了马克思主义史学研究的新天地，因而产生了广泛而深远的社会反响。延安青年史学工作者尹达[2]，也对原始社会史进行了新的探索，著成《中国原始社会》一书。《中国原始社会》一个重要特点，如他自己所说："在目前国内外关于中国原始社会的著作大都还未能及时吸收大批新的材料和学术界之新的成果；在这里我把新的材料贡献给同好的学人，也许还会有一点益处。"[3] 大量吸收学术界的新材料和新成果尤其是考古学新材料，在翔实的史料基础上立论，是该著的一个重要特点。在中国近代史方面，陈伯达对中国社会经济转型的研究，何干之对中国社会经济结构的研究，都是非常有益的探索。特别是何干之于1937年撰写的《近代中国启蒙运动史》，是我国较早系统地研究中国近代思想史的著作之一。他将思想运动、社会经济与政治形态联系在一起展开研究，通过"历史的眼光"对近代思想文化运动进行了具体阐述。在近代通史方面，由范文

---

[1] 《吕振羽史论选集》，上海人民出版社1981年版，第339页。

[2] 尹达（1906—1983），原名刘耀，字照林，又名虚谷。河南滑县人。1925年就读于开封中州大学预科，1928年升入国立河南大学哲学系本科，后转国文系。1932年毕业后任中央研究院历史语言研究所考古组助理员，1933年在该所读研究生。1937年赴延安，入陕北公学、马列学院学习。1938年加入中国共产党，并在陕北公学分校讲授历史课程。1939年任马列学院历史研究室研究员兼陕北公学总校教员。1941年任中央出版局出版科科长。1946年任张家口北方大学教员兼图书馆馆长。1947年任华北大学教务长。1949年任北平军管会文化接管委员会文物部部长。1950年任中国人民大学研究部副部长。1953年任北京大学副教务长。1954年任中科院历史研究所副所长、研究员，《历史研究》《史学译丛》主编。1955年入选中国科学院哲学社会科学学部委员。曾兼任全国高等学校文科教材历史教材审编组副组长、国家文物委员会委员、国家地名委员会委员、中国史学会常务理事、中国考古学会常务理事，曾当选全国人大代表、全国政协委员。著有《中国原始社会》《中国新石器时代》《尹达史学论著选集》《中国史学发展史》等教科书和著作。

[3] 《尹达史学论著选集》，人民出版社1989年版，第222页。

澜编写的《中国近代史》上编,以西方帝国主义的侵略、统治阶级的卖国和人民的反抗为主线,紧紧围绕这三股力量的各自动态和相互之间错综复杂的关系展开。该著不仅在思想内容方面具有显著的特色,体现了科学性与革命性的两度结合,而且由范文澜所奠定的中国近代史基本框架,影响近代史研究达数十年。①

总之,抗战时期的延安史学,在抗战文化发展繁荣的大背景下获得了巨大的成就,特别是在鼓励自由研究的政策之下,延安史家大大加深和推动了近代以来的中国历史研究,为马克思主义史学体系的建立和发展作出了杰出贡献。1943年3月,重庆国统区也成立了中国史学会,重庆史学会的成立意图多半是借此与延安史学抗衡。关于此,顾颉刚如是说到,重庆"中国史学会之召集出于教育部,电滇、黔、粤各校教授前来,花费殆十余万。说教部提倡学术,殆无此事。有谓延安正鼓吹史学,故办此以作抵制,不知可信否。"② 由此足见延安史学的发展繁荣与影响之大。

二 延安时期的历史教员与青年学生

还在陕北保安时期,毛泽东就指出,一个学校最重要的问题"就是选拔校长教员和规定教育方针"③。可以说,延安时期的教员堪称一流,既有毛泽东、周恩来、刘少奇、张闻天等领导人不定时的兼职授课,也有党内外知名的学者和专家从事教学工作。

抗战时期的毛泽东,尽管工作繁忙,但是总会到马列学院(中央研究院)、中国人民抗日军事政治大学(简称"抗大")、陕北公学(简称"陕公")、鲁迅艺术学院(简称"鲁艺")、中央党校等学校开展专题报告与演讲。如在抗大,他每周二、四上午讲两次课,每次讲四个小时。讲完课后,他还亲自参加学员们的讨论会。毛泽东在抗大讲课,从1937年5月一直讲到了7月,历时三个多月,共讲授110多个

---

① 陈其泰:《范文澜——中国马克思主义史学的杰出开拓者》,《近代史研究》1994年第1期。
② 上海图书馆历史文献研究所编:《历史文献》第4辑,上海科学技术文献出版社2001年版,第221页。
③ 《毛泽东选集》第1卷,人民出版社1991年版,第177页。

学时。他以马克思列宁主义的唯物论辩证法，总结了党的历史经验和教训，揭露"左"、右倾错误，用辩证唯物主义的世界观和方法论武装学员的头脑，使学员自觉地认清教条主义思想方法对革命的危害，端正思想路线，提高思想水平和工作能力。同时，抗大还请朱德讲授党的建设，董必武讲授中国现代革命史，张闻天讲授中国革命问题，秦邦宪讲授马克思列宁主义基础，萧劲光讲授游击战术等。张闻天主持马列学院期间，也亲自约请毛泽东到学院做报告。毛泽东的《战争和战略问题》《反对投降活动》《新民主主义论》的部分内容，都是在马列学院作过的讲演。同时还有刘少奇《共产党员的修养》、陈云《怎样做一个共产党员》、周恩来《国内外形势与大后方统一战线》、朱德《形势与华北抗日游击战争》、彭德怀《华北战场》、邓小平《华北抗战形势与敌后根据地建设》、彭真《关于晋察冀形势》、董必武《关于大后方形势》以及贺龙、张鼎丞等的报告，都是在马列学院所作的演讲报告。他们的演讲报告给了学员们很大的启发和教育。

  杨松[①]是马列学院、陕北公学的专职教师，他主要讲授中国现代革命运动史、民族问题和联共（布）党史。有时还教学员唱歌，给他们讲革命斗争故事。据当年在延安工作过的同志回忆："杨松岁数不大，但博学多才，懂英语、俄语，能讲政治经济学、古典哲学、中国历史和联共党史，既有理论，又有实际，我们都很羡慕他！"[②] 杨松在讲课之余，还致力于研究工作。他发表了7万多字的《论民族》一文，同时还撰写了《论鸦片及其对于目前我国民族战争的教训》《论第一次中日战争》《论太平天国十五年革命战争的经过及其战略上的错误》《论第二次鸦片战争》《论法安战争与中法战争》等。还与邓力群合编近百万

[①] 杨松（1907—1942），中国共产党的报刊活动家。原名吴绍镒，湖北大悟人。1922年至1926年在武昌师范大学附中学习，曾与同学发起组织"现代少年协社"，开始革命活动。1926年加入中国共产主义青年团，曾肄业于武昌中华大学。大革命时期，任武汉"血光通讯社"编辑和记者。1927年初赴莫斯科中山大学学习，加入中国共产党。后任海参崴太平洋职工会中国部主任，并负责编辑《太平洋工人》杂志。后又调莫斯科职工国际东方部工作，主编《全民》杂志。1934年7月后到东北做党的工作。1938年2月到延安，历任中共中央宣传部秘书长及宣传科科长等职。1941年5月《解放日报》创刊，担任第一任总编辑，报纸发刊一个月，他一人就撰写了29篇社论。由于废寝忘食地工作，肺病复发并加重，于1942年11月23日在延安病逝。

[②]《杨松纪念文集》，信阳市政协文史资料委员会等2002年编，第14页。

字的《中国近代史参考资料》。

何干之作为陕北公学的教员，主要讲授中国问题、中国革命运动史、统一战线、三民主义研究等课程。同时，设有何干之主持的中国问题研究室，并带领刘春、季凯等青年教员开展中国革命问题的研究。据廖盖隆后来回忆说，何干之"一直讲授中国现代革命史。他的讲授观点鲜明、逻辑严密而又要言不烦，听后使人印象深刻。我曾看到他反复修改过的讲稿，从中体会到他对党对人民极端负责任的态度和严谨的治学精神。"[1] 何干之在陕北公学任教期间，"他的窑洞里经常灯光彻夜，教学工作之余，奋力著述，先后出版了《中国社会经济结构》和《三民主义研究》两本书。他还准备写《中国民族史》，并就教于毛泽东，受到毛泽东的鼓励和支持。"[2]

何定华[3]也是讲授中国革命运动史的教员。他从鸦片战争、太平天国、戊戌政变、八国联军、辛亥革命、五四运动、北伐战争、土地革命一直讲到抗日战争。这门课当时大家听起来是很新鲜的。很多学员说是第一次听到用马克思列宁主义观点分析中国社会和中国近代历史，从而对中国革命有了正确的了解。[4]

吴亮平[5]，在马列学院讲授中共党史和联共（布）党史等课程。在学员们的印象中，吴亮平"知识渊博，翻译过不少马列经典著作，对

---

[1] 刘炼编：《何干之纪念文集》，北京出版社2006年版，第524页。

[2] 《胡华文集》第5卷，中国人民大学出版社2013年版，第386页。

[3] 何定华，原名方瀚，又名方天逸、林渊，湖北蕲春人。曾参加过国民大革命。1929年留学日本，涉猎左翼书刊和马列主义著作，想从中寻到政治方向，逐步加入日本反帝大同盟，1932年冬加入日共。1933年3月被捕入狱。1934年春，经法庭审讯判处徒刑被驱逐出境，回上海。1938年到达延安，在党内、解放区的生活、学习和工作达数十年之久。按照党组织的安排，他先后做过宣传、统战、敌工、政法、秘书行政、高等教育、党史工作等。1981年开始参加湖北省委的党史研究，写地方史或专题，编党史人物传略，是一位名实相符的党员知识分子。

[4] 成仿吾：《战火中的大学》，人民教育出版社1982年版，第28页。

[5] 吴亮平（1908—1986），又名黎平、理屏等。浙江奉化人。马克思主义理论家、翻译家。早年就读于上海南洋中学。1922年考入厦门大学经济系，后转学上海大夏大学。1925年参加五卅运动，任上海学生联合会总务部长。同年秋，留学苏联莫斯科中山大学。1927年加入中国共产党。1929年回国。次年奉派任教于上海大学。年底被捕，1932年出狱。旋赴中央苏区。任红军学校宣传部长、政治总教员。1934年参加长征。1936年起，任中央宣传部副部长，与艾思奇合著《唯物史观》；任教于抗日军政大学、中央党校、马列学院、陕北公学，讲授马列主义课程。1949年后，任化学工业部副部长、国家经委委员等。译有《反杜林论》，著有《社会主义小史》《从资产阶级性民主革命到社会主义革命》《辩证唯物论与唯物史观》等。

一些问题的基本论点极熟,不用讲稿提纲,出口成章,很有条理,给人很大启迪"。而且他的"坚定的阶级立场,强烈的党性观念,严格的纪律生活,艰苦朴素的作风",都使学员们"受到感染,得到教益"①。

陈昌浩是马列学院、抗大和陕北公学讲授世界革命史的教员。关于陈昌浩此时的授课情况,魏晨旭老人在回忆中写道:他有很高的理论天赋和研究能力,又能广泛收集有关的中外文史资料,刻苦地进行钻研。虽然只有短短几个月时间,却能够边研究边写讲义进行讲授。他的讲课,受到了新参加革命的青年知识分子学员的热烈欢迎。② 陈昌浩在教学之余,同样开展理论研究工作。他首先是编写和出版了《近代世界革命史》专著,并参与了杨松主编的《社会科学概论》的编写工作,同时还对战时财政经济问题进行过探讨。

当时的历史教员中,还有不少青年才俊。如尹达、荣孟源、温济泽、田家英等。田家英当年在延安马列学院学习,毕业后就在马列学院任教,先后担任中国问题研究室研究员、学院教育处干事和中国现代史教员。当时他年仅十八九岁,是最年轻的教员,大家都亲切地叫他"小教员"。后来他转入中央政治研究室工作。他边研究,边写文章,在延安《解放日报》上写了《奴才见解》《从侯方域说起》《沙漠化的愿望》等文章。其中《从侯方域说起》一文,曾引起毛泽东对他的注意。24岁的温济泽初到延安后即在陕北公学当教员,编写过《自然发展史提纲》和《社会发展史讲义》等讲义。年轻教员孙力余在陕北公学讲授《社会发展史》,"许多学员是第一次听到资本主义剥削的秘密,认识到资本主义必然灭亡和社会主义必然胜利的科学道理,认识到中国革命青年的使命不仅要求得民族解放,而且要求得社会解放,要在全世界消灭一切剥削制度"③。

除了上述领导和学者担任教员之外,当时学校也十分注重自己培养教师队伍。当时抗大解决师资问题主要采取两个办法:一是办教员训练班,抽调一批适合教员条件的毕业学员参加教员训练班,训练班为期六个月;二是建立教育干事编制,其目的就是从教学实践中培养教员。教

---

① 《延安马列学院回忆录》,中国社会科学出版社1991年版,第95、314页。
② 范青、陈辉汉编著:《陈昌浩革命生涯》,中共党史出版社2002年版,第417页。
③ 成仿吾:《战火中的大学》,人民教育出版社1982年版,第27页。

育干事的主要工作是：听主任教员讲课，参加学员的讨论会，做些辅导报告，先讲文化课或讲些浅易的课程等。据统计，到1938年4月，抗大的教职员队伍已发展到1386人，其中绝大部分是留校的毕业学员。①陕北公学亦是如此。如在陕北公学学习的李绵，毕业后分配到青年训练班工作，既搞教学管理工作，又任马列主义研究室的教员，讲授"中国革命史""中国革命基本问题""革命的三民主义"等课程。李绵在历史课教学中，着重讲述鸦片战争以来，中国人民反抗帝国主义侵略史实，同时结合抗日战争，使同学们很受教育和启发。②安吴堡战时青年训练班（简称"安吴青训班"）的教员，基本上是西北青年救国会的会员。据教务长刘瑞龙③说：这里没有所谓"名教授"，大多数是西北青年救国联合会的会员，大都曾经过现实斗争和社会生活的锻炼，并且全部经过教务处负责的挑选。这些教员凭着为民族解放奋斗的热情，"他们不敢辜负许多远道来学的青年，他们始终忠实于自己的教学，实事求是，不苟且，不敷衍，永远和学生一样"，某些大学教授"夜郎自大"的习气，在这里是找不到的。"学员在学习，教员也在刻苦虚心研讨，在这里教员和学员都是同志的关系，教员以帮助同志的态度去教学员，而学员则把教员看成他们自己学习的同志，部分优秀的学员被学校留下来，作为培养成新教员的对象，除掉专门从事听讲外，并实际帮助教低级班的功课——他们在日益成长中。"④

另外，当时还聘请其他文化人担任兼职教员。如著名的女文学博士陈学昭，就担任中央党校教员，具体帮助学员提高写作能力，做

---

① 张腾霄主编：《中国共产党的干部教育·抗日战争时期》，中国人民大学出版社1988年版，第145页。

② 王云风主编：《延安大学校史》，陕西人民教育出版社1994年版，第304页。

③ 刘瑞龙（1910—1988），江苏南通人。1927年加入中国共产党。早期担任中共南通县委书记、江苏省委委员、通海区特委书记，曾参与创建和领导红十四军。1930年后，任中共江苏省委农委书记，红二十九军政治部主任，中共川陕省委宣传部长，红四方面军宣传部长。参加过长征。抗日战争时期，任豫皖苏区党委副书记，新四军苏皖军政委员会书记，淮北行政公署主任。解放战争时期，任中共中央华中分局民运部长，苏皖边区政府第一副主席，华东野战军第二副参谋长兼后勤司令员，第三野战军后勤司令员兼政委，在淮海战役和渡江战役中，参与动员和组织几百万民工支前。新中国成立后，历任中共上海市委秘书长，华东局农委书记，农业部副部长，全国政协常委，全国人大常委。

④ 共青团中央青运史研究室等编：《安吴古堡的钟声：安吴青训班史料集》，中共党史资料出版社1987年版，第77页。

"理发员"。刚开始工作"心情非常紧张,摸不到头绪。我没有一点教学经验"。后来她决心向工农兵干部同志学习,虚心听取他们的各种意见,"仔细改每本作文卷,每夜都要工作到深夜。改完后,还给他们。但这样做,大家意见却不少。因为有的卷子,是我没有很好理会作者所要表达的原意,改错了。后来,改完作文卷,我找每一个同志交谈,了解他们写这篇东西所要表达的主要方面是什么;在我,则谈了为什么这样改而不那样改。这样做,意见少了些,但仍旧有。"随后,她把他们每个人的卷子改过以后,仔细地比较着看,找出他们中间共同的毛病,或是突出的毛病,把这种段落摘出来。上课时,写在黑板上,请大家讨论,进行修改。"同志们热烈地发表意见,这个说应该这么修改,那个说应该那么修改,最后进行比较,然后定稿。这么试做了多次后,同志们表示这样的修改办法,对他们较有收益。这给了我很大的鞭策和鼓舞。"[①]

总之,延安时期的教员队伍和师资力量是非常强大的。既有中央领导,又有丰富革命斗争经验的长征干部;既有文化底蕴深厚的知识分子,也有崭露头角的青年才俊。邵式平在评价陕北公学的师资力量时说道:"陕公的教员都是在革命战斗中的领袖和优秀分子。他们中间,有的是全国敬仰的领袖,毛泽东、洛甫、李富春……有的是新启蒙运动中的健将(如何干之、李凡夫、王若飞、徐冰、杨松、艾思奇、何定华、李唯一诸先生等),有的是二万五千里身经百战的长征英雄(如成校长、罗校长、周纯全、陈昌浩、吴亮平诸先生),他们确实是学生的导师。他们为了国防教育的创立,为了陕公的发展,建立了极大的永远不可磨灭的功绩。"[②] 实际上即便是一些普通教员,他们的作用同样也不容低估。教员们的生活"一般都要比同学更辛苦些,同一时间起床,却常常不能午睡,晚间也要睡得迟些,在修路割麦一类的劳动中要做先锋,在军事政治的学习、体育娱乐和其他集体生活方面也不能脱离群众和掉队落伍。工作人员的食宿和同学一样,许多还在一起,而服装多数却是更朴素,以至新来的同学常把我们看做是火夫马童"[③]。这就是延

---

① 陈学昭:《延安访问记》,广东人民出版社2001年版,第259—260页。
② 《邵式平教育文选》,江西教育出版社1989年版,第7页。
③ 李智主编:《熔炉·丰碑:安吴青训班文献集》下册,中共党史出版社2006年版,第523页。

安时期学校教员的基本情形。

抗战时期的青年学生，同样备受各方关注。其时"各方面都在抢知识分子，国民党在抢，我们也在抢，抢慢了就没有了。日本帝国主义也在收买中国的知识分子为它服务。"① 中央红军长征入陕之后，也开始调整自己的政策，以期吸收大量青年知识分子。毛泽东专门发出指示要"放手吸收青年来延安学习"②。抗大教育长罗瑞卿也说，不要害怕混入坏人，要求多招些青年。在国统区，一些地下党组织也开始秘密组织青年学生到延安学习。

西安八路军办事处作为沟通延安的"红色桥梁"，接待得最多的就是从国统区、沦陷区辗转而来的爱国青年。特别是1938年上半年，通过西安"八办"而来的青年学生更是络绎不绝，接待队长不得不"亲自坐在门口接待"。1938年上半年，八路军西安办事处在给中央的报告中说："延安学生总数将近万余，差不多完全经过西安。"当时去延安的青年有以下五种情况：一是已经参加革命工作，持有当地中共地下党介绍信的；二是持有当地救亡团体介绍证件的；三是社会著名人士推荐的，不少人就是斯诺介绍的；四是南京、武汉、重庆等地八路军办事处介绍来的；五是什么介绍都没有，自己跑来的。在西安通往延安的公路上，到处是来自全国各地步行去延安的男女青年，他们欢快地高唱抗日歌曲，兴致勃勃地讨论革命问题，不顾疲劳和艰辛，奔向革命圣地延安。③ 抗战时期的1937年、1938年、1939年，是知识青年奔向延安的高潮，其中1938年最多，故而当时有一个专门的称号——"三八式"青年。1941年以后，由于国共之间摩擦不断，去往延安的交通受到封锁被迫中断。根据相关资料显示，1942年前三个月，仅有15名青年来到延安。④ 据毛泽东等人给刘少奇的电报也称："因西安交通被国民党严密封锁，知识分子来源已断，不但抗大三分校教育行将停顿，即军委机关及留守兵团亦得不到知识分子的补充。"因此"提议由苏北以至安徽各根据地招收政治纯洁、体格强健、有中学程度之知识青年"，不分

---

① 《陈云文选》，人民出版社1995年版，第181页。
② 中共中央党史资料征集委员会征集研究室编：《中共党史资料专题研究集·抗日战争时期》（二），中共党史资料出版社1989年版，第16页。
③ 同上书，第15—16页。
④ 《交际处热忱招待来延青年》，《解放日报》1942年4月7日。

男女经初步审查之后,"经华北分批送达此间"①。

　　大批青年奔赴延安,其数量极其可观。其中安吴青训班从创办到奉命撤离共两年半时间,就培训了12000多名学员。加上此后陆续到往延安的青年,据任弼时说:"抗战后到延安的知识分子总共四万余人。"②从年龄来看,14—30岁的青年占据着绝大多数比例。根据陕北公学在1938年的统计,14—20岁的有45人;21—25岁的有57人;26—30岁的有19人;31—35岁的有19人。③1938年的抗大同样体现了这样的特点。

表2-1　　　　　　1938年7月底抗大学员年龄结构统计

年龄	人数	年龄	人数	年龄	人数
14	8	26	230	38	10
15	17	27	198	39	5
16	53	28	166	40	1
17	115	29	87	41	1
18	296	30	74	42	2
19	393	31	30	43	2
20	491	32	59	44	0
21	446	33	30	45	5
22	443	34	25	46	1
23	399	35	20	47	1
24	328	36	9	总计	4271
25	313	37	13		

资料来源:吴志渊:《西北根据地的历史地位》,湖南出版社1991年版,第323页。

　　就地域来看,青年学生几乎来自全国各地。根据抗大的统计,"他们中间的籍贯包括了中国二十七个省份,除青海与西藏外,任何一省,都有学员在这儿学习。"④其中陕西籍人数最多,为526人,四川籍为

---

① 《毛泽东军事年谱(1927—1958)》,广西人民出版社1994年版,第368页。
② 《胡乔木回忆毛泽东》,人民出版社1994年版,第279页。
③ 舒湮编:《边区实录》,国际书店1941年版,第46页。
④ 罗瑞卿:《"抗大"的过去与现在》,《解放》周刊第48期。

439 人，山西 418 人，河南 362 人，河北 331 人，江苏 307 人，山东 292 人，湖北 214 人，湖南 212 人，安徽 194 人，浙江 193 人，辽宁 181 人，黑龙江 181 人，广东 172 人，江西 107 人，国外华侨 42 人。① 陕北公学的学生也几乎来自全国 25 个省，其中江苏、陕西、河北、浙江、山东等地区所占人数最多。不过就总体而言，延安青年大体是由两部分组成，一部分是陕甘宁边区和其他革命根据地的青年，另一部分是从战区、沦陷区、国统区、少数民族地区及海外来延安的知识青年。一位曾到过延安的青年如是说道：

> 一大群新从内地城市来的，或者从海外回来的华侨，他们有的穿着藏青学生服，还戴着校徽；有的是国民党军校的学生或下级军官，穿着黄色的军装；有的是教师，穿着黑色长袍；有的是教授先生，西装革履，围着白色围巾。特别是女学生、女教师、女职员，穿着五颜六色的旗袍，套着外衣和毛衣，穿着各样的皮鞋、皮靴，像是刚从家里匆匆出来，耳环、戒指都没来得及摘下。他们之中，有张学良的弟弟张学思，有杨虎城的儿子杨拯民，有知名的学者教授周扬、陈伯达、何干之、艾思奇，有文艺界的徐懋庸、柯仲平、何其芳，知名的演员崔嵬、王震之、陈波儿、江青、孙维世，有丁玲带领的西北战地服务团，救亡演剧队第五队和第一队的导演和演员，以及由吴印咸组成的电影队。②

由此可以看出，延安青年的社会成分结构是比较复杂的。据 1938 年 7 月抗大的统计，体现出这样的特点。

表 2-2　　1938 年 7 月底抗大学员家庭成分及本人职业统计

家庭成分	人数	家庭成分	人数	家庭成分	人数
工人	157	富农	306	贫民	105
雇农	171	地主	134	商人	457

---

① 吴志渊：《西北根据地的历史地位》，湖南出版社 1991 年版，第 323 页。
② 王仲方：《延安风情画：一个"三八式"老人的情思》，中国青年出版社 2010 年版，第 2 页。

续表

家庭成分	人数	家庭成分	人数	家庭成分	人数
贫农	838	官宦	52	职员	291
中农	1263	资本家	64	其他	431

学员个人职业统计					
工	403	军	657	其他	62
农	291	政	248	总计	4239
商	225	自由职业	120		
学	615	学生	1618		

资料来源：吴志渊：《西北根据地的历史地位》，湖南出版社1991年版，第325页。

可见，延安青年的家庭成分既有工人、农民，也有地主、商人、资本家，不过学生无疑是占据绝大多数。就文化程度而言，也是参差不齐。据高沂回忆说，自己先前"也就三天打鱼两天晒网地跟着学一些东西。当时已是辛亥革命以后十多年，私塾里的老教材已经不再使用，小学校用的课本都是白话的民国教材，由上海商务印书馆印制。我没有学过《三字经》《百家姓》、'四书''五经'这类书，只是后来在中学的语文课上读过其中的一些片段。"[1] 不过从总体来看，初中和高中学历的青年是主要的构成。据任弼时说，延安青年中，初中以上占71%，其中高中以上占19%，高中占21%，初中占31%，初中以下约占30%。[2] 根据陕北公学1938年的部分统计显示，高中有43人，初中有34人，专科20人，大学16人，小学10人，自修5人。[3] 据1938年7月抗大的统计，同样体现出这样的特点。

从陕北公学和抗大学员的文化程度来看，初中以上学历的占据绝对多数。应该说在当时情况下，特别是与陕甘宁边区长期处于文化沙漠的落后现状相比，他们已经算是有相当文化水准的知识青年。当然，奔赴延安的青年群体中，不乏一些知名的文化人士。

---

[1] 高沂：《沂水流长：我的往事忆语》，人民教育出版社2008年版，第11页。
[2] 《胡乔木回忆毛泽东》，人民出版社1994年版，第279页。
[3] 舒湮编：《边区实录》，国际书店1941年版，第46页。

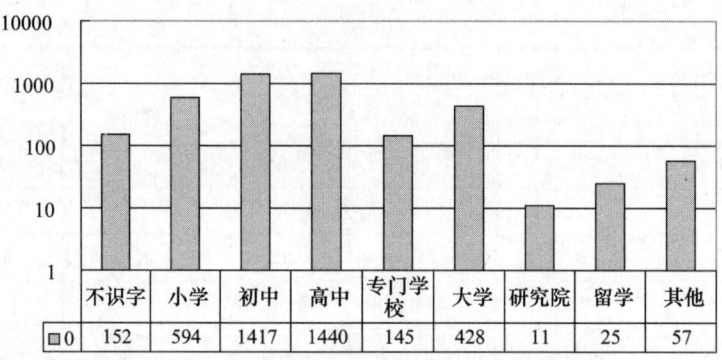

图 2-1　1938 年 7 月底抗大学员文化程度统计

资料来源：吴志渊：《西北根据地的历史地位》，湖南出版社 1991 年版，第 325 页。

　　毛泽东《临江仙》曰："壁上红旗飘落照，西风漫卷孤城。保安人物一时新，洞中开宴会，招待出牢人。纤笔一支谁与似？三千毛瑟精兵。阵图开向陇山东，昨日文小姐，今日武将军。"这首破例用电报发出去的词，正是写给"文小姐"丁玲的。此时的丁玲，就是怀揣宋庆龄赠送的路费，冲出国民党的牢笼之后，刚刚奔向延安并且有着很大影响的女作家。继丁玲之后，诗人艾青、严辰，小说家罗烽、逮斐，画家张仃，冲破国民党设置的几十道关卡，行走了一个月的路程，结伴化装来到延安；著名音乐家冼星海，也经再三思考之后来到了这个"有着无限的希望和光明"的地方；延安唯一的文学博士陈学昭也来了；画家蔡若虹，绕道香港、河内、昆明，辗转费时七个多月到达延安这个理想之所；著名文学家茅盾更是携带妻小也到了延安。与贺绿汀同行的邹韬奋，不幸病逝在新四军开赴延安的途中，临终前留下遗书，请求党中央追认他为中共党员，并将骨灰运往延安。甚至是国民党内部的进步军官及抗日志士也来了，张学良的弟弟张学思，杨虎城的儿子杨拯民，国民党师长赵寿山的儿子赵元杰，也都来到了延安。延安就像一颗光芒四射的红星，影响和吸引着国统区和沦陷区的广大革命青年。他们中有的身着翻领西服，有的穿旗袍、高跟鞋，三三两两，男男女女，背着行李，拎着小包，日夜不停地奔向延安。

　　我们不禁要问：为什么如此众多的青年学子，要离开大城市而跑到小山沟，不住在宽敞的楼房，不走宽阔的柏油马路而要走坑坑洼洼的陡坡，情愿脱掉高跟鞋而绑上麻草鞋，甚至有人还满怀激情地说："割掉我肉还有筋,打断骨头还有心;只要我还有口气,爬也爬到延安城!"这些青年到延安又有什么样的动机呢?

据王仲方老人说:"到延安来的人,成分不同,动机也不同。有些人是怀着好奇来看看共产党是什么样子,有的是不满国民党的黑暗弃暗投明的,有的是旧社会走投无路来找出路的,有的是不满包办婚姻逃离家庭的。动机和出发点多种多样,甚至是奇怪的。但绝大多数是青年学生,他们是人群中的主流,是怀着热情和理想真心奔向共产党干革命的。"① 作为第一个来延安的著名作家,丁玲的选择可能更能说明这个问题。就在1936年10月初,丁玲见到了中共派往南京去和国民党进行国共合作谈判的代表潘汉年。见面之后,潘汉年却出人意料地向丁玲提出了先不要去陕北的建议。潘汉年认为,丁玲被国民党逮捕关押期间曾经引起国内外的强烈关注,已有一定的国际影响,现在出狱后如能去国外(比如去法国,那里的左翼势力较大),不仅可以宣传中国革命,而且可以进行募捐活动。但是尽管潘汉年认为丁玲暂不去陕北而去法国可能对革命更有利,可是丁玲还是拒绝了他的建议。她对潘汉年说:法国当然是个好地方,也是好多年前就很向往的地方。可是现在她只有一个心愿,"我要到我最亲的人那里去,我要母亲,我要投到母亲的怀抱,那就是党中央。只有党中央,才能慰藉我这颗受过严重摧残的心,这是我三年来朝思暮想的。请你一定答应我,让我去陕北去保安。"② 这就是当年丁玲斩钉截铁的回答。当时和丁玲同行的还有一位左翼作家聂绀弩,他听从了潘汉年的建议立即返回了上海,而丁玲则如愿以偿到达了革命圣地延安。

何满子去往延安的心态也颇具代表性。他说:"如果时世太平,我是绝不会在十七八岁刚跨入青年时期就踏进社会的。然而时代命运注定了,抗战爆发,一切打破常规,人的精神和生活都进入另一种状态。"而"抗战的凝聚力,是面对敌人的入侵,关系全民族生死存亡的自卫与奋发,它是神圣的、真诚的,没有丝毫人为的矫饰"。他在读过斯诺的《西行漫记》的中译本之后,"很是激动"。以前读过的一系列马克

---

① 王仲方:《延安风情画:一个"三八式"老人的情思》,中国青年出版社2010年版,第3页。

② 张炯主编:《丁玲全集》第6集,河北人民出版社2001年版,第210页。

思主义书籍"也深深地在我脑子里留下印象。我很想去看看延安,是怎样把共产主义理论运用到实际的。我想,那边一定和国民党统治的天下两样。"于是他便认为延安是自己"安身立命的地方"①。如果用一句话来概括,那就是:延安是中国光明与希望的象征!这群热血青年,正是抱着对革命的坚定信念和对中国前途的无限向往而从祖国的四面八方来赶来的!正如"狂飙诗人"柯仲平②在一首诗中写道:"青年,中国青年!延安吃的小米饭,延安穿的麻草鞋,为什么你爱延安?我们不怕走烂脚底板,也不怕路遇'九妖十八怪',只怕吃不上延安的小米,不能到前方抗战;只怕取不上延安的经典,不能变成最革命的青年!"③如果用这些革命青年自己的话来解释,可能更会有一种满怀豪情的革命壮志。

冼星海:"中国现在成了两个世界,一个是向着堕落处下沉,另一个就是向着光明有希望地前进,延安就是新中国的发祥地,那里,延安窑洞暖、小米香,是最理想的施展才能的地方。"

陈学昭:"我们像暗夜迷途的小孩,寻找慈母的保护与扶持,投入了边区的胸怀!众多名家,都怀着一个希望,选择一条道路——延安光明之路。"

何其芳:"党呵,母亲,你的儿女回来了。世界上哪有这样美的城市?我在这里喝一口水,都是甜滋滋的;我在这里抓一把土,都是香喷喷的。这里有英雄们的血汗,有革命的指挥部,有祖国的心脏!"

高士其:"哦,我是一个不能走路的人!不能走路,也来到延安,也要在路上助威呐喊:赶走日本鬼子,还我中国河山!"

但是去往延安谈何容易!一方面是日军的封锁与阻滞,另一方面是国民党的百般阻挠。他们加强宣传攻势,说延安是"共产党共产共妻";"延安到处沟沟岔岔,穷得很,几个人穿一条裤子,你们何必要到哪里找苦吃?"一位归国华侨青年就碰到一位自称是延安抗大的教

---

① 《跋涉者:何满子口述自传》,北京大学出版社1999年版,第9、14页。
② 柯仲平:(1902—1964),中国现代诗人。云南广南人。20年代开始写诗,出版过抒情长诗《海夜歌声》、大型诗剧《风火山》,1930年加入中国共产党,1937年到延安,写过叙事诗《边区自卫军》《平汉路工人破坏大队》等。解放后担任过作协副主席等职,作品还有诗集《从延安到北京》、大型歌剧《无敌民兵》等。
③ 《柯仲平文集·诗歌卷》(二),云南人民出版社2002年版,第76页。

授，说他"刚从延安逃跑出来。说延安实行共产共妻，没有饭吃，无法生存；对华侨青年更是百般虐待，劝我们千万不要去延安；而竭力拉我们参加国民党中央军校，还保证给我们以优厚的地位和待遇。"[1] 甚至"有很多青年因要奔延安而惨遭杀害"[2]。面对国民党的百般阻挠，中共采取了灵活多样的应对措施，帮助这些青年顺利到达延安。

首先是通过政治斗争，展开宣传反击。针对国民党的阻挠与破坏，中共利用报刊等方式展开政治斗争与宣传。如毛泽东起草的对国民党通电就指出，国民党在"西安附近有集中营之设，将西北、中原各省之进步青年七百余人拘系一处，施以精神与肉体之奴役，形同囚犯，惨不忍闻。青年何辜，遭此荼毒？夫青年乃国家之精华，进步青年尤属抗战之至宝。信仰为人人之自由，而思想乃绝非武力所能压制者。过去十年'文化围剿'之罪恶，彰明较著，奈何今日又欲重蹈之乎？政府宜速申令全国，保护青年，取消西安附近之集中营，严禁各地侮辱青年之暴举。"[3] 同时，中共采取了灵活多样的应对措施，帮助这些青年顺利到达延安。比如对于南方的学生，只要他们愿意来延安，可以不考试，也不必开介绍信。各地八路军办事处、共产党部、左翼团体、左翼同情者向外宣传，"凡纯洁、坚决、吃苦劳动者不拘年龄、性别、职业、学历均可自动北来入学"。这种自由来学办法，虽有可能会混入一些坏分子，但"不足虑。并告以保障入学，来此不拒，一律收容。"学习时间三个月至六个月。毕业后工作可自由选择，愿回家者，路费由学校发给。[4] 当时，中共中央南方局为了躲避国民党军警宪兵的盘查，还让去延安的人员穿上八路军军装，改名换姓，或作为随车押运人员，或以八路军家属的名义，坐上办事处的军车公开走。这样，国民党的关卡就不敢过分卡了。因为八路军驻重庆办事处是得到国民党政府军事委员会承认的公开合法机构，军人家属和押运军需物资人员去延安是合理合法的。因此，尽管国民党千方百计地阻挠，而且步步加紧，还是没有能阻止南方局输送青年、医生和技术人员去延安，还是没有能阻止党的干部

---

[1] 《文史资料存稿选编》第25辑，中国文史出版社2002年版，第162—163页。
[2] 同上书，第141页。
[3] 《毛泽东选集》第2卷，人民出版社1991年版，第723—724页。
[4] 张培森主编：《张闻天在1935—1938年谱》，中共党史出版社1997年版，第298—299页。

往返于渝延之间。①

于是，在这座原本并不繁华的黄河之滨——延安，集合着一群中华民族的优秀子孙。他们脱下高跟鞋，换上草鞋，脱下西装，换上军装，住窑洞，睡禾草，吃一锅饭，朝气蓬勃，精神奋发，在这座革命的大熔炉里，谱写着一曲曲高亢激昂的青春之歌。

三 凸显革命与时代的课程设置

大批青年学生从祖国各地奔赴延安，表明了他们要求抗战的决心。"延安没有升官发财的机会"，青年奔赴延安"一不为升官，二不为发财，那末远道来此，究竟为什么呢？无疑的是为了抗日救国，所以你们是有抗日救国的决心的。"但有些人是只有一个"大概的"决心，所谓"大概"，"是说也许有点模糊，不十分坚决彻底。其中也难免有些人是由于看了别人来自己也跟了来的，没有彻底的认识与决心。"也就是说，他们的决心"不是由坚定的政治方向出发的，是没有经过很好的考虑而来的。今天我们在这里爬山吃小米饭，还不是什么了不得的困难，在前方困难要多得多，要知飞机大炮是没有眼睛的。"② 实际上，这也是当时青年学生的实际情况。

尽管大批青年涌进了延安，然而这些青年（甚至是已经加入中国共产党的青年党员），在理论上却没有什么准备。他们奔赴延安寻求共产党，按照他们的说法，是为了"投奔光明"，为了参加抗日战争。至于"共产党究竟是什么？社会发展的前途和规律又是什么？头脑里并不十分清楚。"③ 一位中央研究院的青年学员也说："当时，在我们身上，一方面怀抱着崇高的革命理想和信念，另一方面也还保留着从旧社会带来的形形色色的非无产阶级思想。特别是在抗战出现相持局面，边区经济日益困难的情况下，个人主义、自由主义、绝对平均主义等小资产阶级思想在一些同志中有所滋长。同时，教条主义的毒害在我们队伍中也还有不同程度的表现。刚到中央研究院的时候，大家对于什么是理

---

① 南方局党史资料征集小组编：《南方局党史资料·党的建设》，重庆出版社1990年版，第280页。
② 《毛泽东文集》第2卷，人民出版社1993年版，第118页。
③ 宋平：《张闻天对于干部理论教育的贡献》，《党的文献》1988年第3期。

论，什么是马列主义，什么是教条主义，就存在着许多糊涂认识。有些同志认为，只有那些外国的、大部头的、艰深难懂的东西，才称得上理论，而我们党的一些同中国革命实践相结合的、具体解决中国革命问题的文件、报告等等，就算不得理论。所有这些错误的思想倾向和糊涂认识，都给当时的学习、工作以至整个革命事业，带来了很大的危害。"[1]因此，针对青年学生的这些实际特点，制定切实可行的课程教材也就势在必行了。

延安时期的课程设置，基本上都是具有革命和时代特征的新课程。以陕北公学为例。当时陕北公学有两种学制，一种是普通班（即学员队），一般学习四个月，另一种是高级研究班（即高级队），学习一年，主要是培养师资。普通班与高级班的要求有所不同。普通班开四门课：第一门是"社会科学概论"，第二门是"抗日民族统一战线"，第三门是"游击战争"，第四门是"民众运动"。高级班的课程比普通班要深一些，课程也多一些，主要有"中国革命运动史"（即"中国问题"）、"马列主义"、"辩证唯物主义"和"政治经济学"等课程。后来又逐步增设了"世界革命运动史""科学社会主义""三民主义研究""世界政治""战区政治工作"等课程。此外，不论是普通班还是高级班，还有计划地上党课。这样的课程全是新课程，也是全新的内容，都是旧学校所没有的。由于没有现成的教材，当时完全由教员总结自己在过去革命时期的工作经验和理论研究成果，根据党的文件和政策，结合抗日战争中的新鲜经验进行备课和组织教材。

战时教材的编纂，要坚持"抗日的教育政策，改变教育的旧制度、旧课程，实行以抗日救国为目标的新制度、新课程"[2]。这是教材编写的基本原则。具体来讲，一方面是要改变那些不适合抗战需要，不是启发人民群众觉悟，反而禁锢人民思想，甚至把抗战和学习、抗战和读书对立起来的陈腐东西；另一方面是要增加抗战的教育内容，培养大批忠诚于民族解放事业的青年干部。通过学习这些内容，既能学习抗战需要的知识，又能提高政治觉悟。同时要遵循由浅入深的原则，贯彻学习马

---

[1] 温济泽等编：《延安中央研究院回忆录》，湖南人民出版社1984年版，第111—112页。

[2] 《毛泽东选集》第2卷，人民出版社1991年版，第356页。

克思列宁主义的理论,懂得社会发展的规律,学会分析抗战形势的发展,掌握正确的战略与策略等。

　　就史学教材而言,就是"教材要抗日化",在内容上增加抗日的比重,在教材的组织编排上适应战时的环境,"历史课本的编排是先今后古,中外混合的"①。在历史观方面,要坚持唯物史观,"只有辩证法唯物论,能把唯物论的观点彻底推广起来,能正确把握社会历史发展的客观的规律,能把社会历史严格地当作科学对象来研究,能使我们在社会历史领域上掌握到精密的科学理论,以便于指导我们的革命的实践"②。同时要注意借鉴苏联历史教材的编写经验。师哲曾专门就此撰文指出,历史教材的编写要把马克思主义理论与具体的历史事实相结合。"苏联人民委员会和联共党(布)中央,认为苏联各学校中的历史教授做得不能满意。教科书及教授本身,都带着抽象的和公式的性质,提供给学生们一些社会经济形态的抽象定义,而不用生动有趣的方式和依照年代的次序,讲述最重要的事件和事实,以及历史人物的特点等以教授本国史,这样就以抽象的社会学的规式,代替了本国历史之有系统的讲述"。因此在编纂教材时,要按照历史年代的次序讲述历史事件,且使学生牢固地记忆一些重要的历史现象、历史人物和年代月日,"只有在这样的基础上,正确的分析和正确的总结历史事件(这都是使学生对历史走向马克思主义的认识)才有可能"③。但是在注重事件的同时也要注重论理,"由历史的到论理的",在大纲和提纲的编制中,"在体系上,须使历史的叙述同论理的说明之间,保持有机的辩证的联系"④。

　　中国抗日战争既是民族战争,也是革命战争。因此历史教材的编纂也要注意世界革命运动史。"学习马列主义,必须研究同马克思列宁主义的发生与发展不可分离的世界革命史,特别是联共党史。研究联共党史,是解决精通马列主义任务的最重要的道路。"学习马列主义,"还必须研究共产国际纲领。共产国际纲领,给我们以关于世界无产阶级革命和殖民地半殖民地革命的战略与策略的知识。"当然"我们是中华民

---

① 《辛安亭论教育》,湖南教育出版社1983年版,第130页。
② 艾思奇:《辩证法唯物论怎样运用于社会历史的研究》,《解放》1941年第126期。
③ 师哲:《怎样写历史》,《解放》1941年第134期。
④ 罗迈:《战时干部学校教育——根据陕北公学教育经验的总结》,《中国文化》1940年第4期。

族的儿女,我们的党是中国共产党,我们中华民族已有数千年历史,自然有它自己的发展法则,有它的民族特点和许多宝贵的遗产。我们如果不认识自己的民族,接受它数千年历史的宝贵遗产,就无法领导中国革命走向胜利。"① 所以编纂中国历史教材也是应有之义。更为重要的是,要注意编写中国革命运动史与中共党史。要"把革命的气概和实际精神结合起来,在这种态度下,就是不要割断历史。不单是懂得希腊就行了,还要懂得中国;不但要懂得外国革命史,还要懂得中国革命史;不但要懂得中国的今天,还要懂得中国的昨天和前天。在这种态度下,就是要有目的地去研究马克思列宁主义的理论,要使马克思列宁主义的理论和中国革命的实际运动结合起来,是为着解决中国革命的理论问题和策略问题而去从它找立场,找观点,找方法的。这种态度,就是有的放矢的态度。"②

根据上述原则和方针,延安时期编写出版了供青年干部学习的历史教材,既有通史类教材,也有断代史教材,既有中国革命史教材,也有世界革命史教材。其中颇有影响的教材主要有以下几本。

通史类教材最著名的是由范文澜等人编写的《中国通史简编》。其时毛泽东一再号召全党要注意研究中国的历史实际和革命实际。范文澜受党中央委托,主持编写了这部中国通史读本,便于学习者了解中国历史发展的概貌。实际上编写这部通史不仅是革命与现实的需要,也是学界的呼声。就在范文澜着手编写这一教材之前,翦伯赞就提倡要重视"中国通史"的研究。他指出:"在中国历史科学研究的领域内,还存在着许多荒原区域,需要继起的历史家,从事于历史科学之拓荒运动。因此,我深切地希望我们新兴的历史家,大家用集体的力量,承继着我们先驱者努力的成果,依据正确的方法论,依据中国历史资料的总和,来完成中国史的建设,并从而以正确的历史原理,来指导这一伟大的民族解放的历史斗争,争取这一伟大的历史斗争的胜利。"③ 范文澜也强调说:"我们要了解整个人类社会的前途,我们必须了解整个人类社会

---

① 中央教育科学研究所编:《老解放区教育资料·抗日战争时期》(上册),教育科学出版社1986年版,第208页。
② 中共中央文献研究室等编:《建党以来重要文献选编》第18册,中央文献出版社2011年版,第298页。
③ 翦伯赞:《历史哲学教程·序》,北京大学出版社1990年版,第6页。

过去的历史；我们要了解中华民族的前途，我们必须了解中华民族过去的历史；我们要了解中华民族与整个人类社会共同的前途，我们必须了解这两个历史的共同性与其特殊性。只有真正了解了历史的共同性与特殊性，才能真正把握社会发展的基本法则，顺利地推动社会向一定目标前进。"[1] 于是由范文澜主持，经过众人分工协作，《中国通史简编》上册和中册分别于1941年、1942年在延安出版。这是第一部运用马克思主义观点系统论述中国历史的通史著作，也是唯物史观指导下新的中国通史体系的初步研究。这部教材在史学的诸方面作了开拓性的贡献。首先，否定旧史书以帝王将相作为主人的观点，肯定历史的主人是劳动人民；其次，运用社会发展规律具体解释中国历史；再次，该书对中国封建社会进行分期解读，并说明其发展过程；复次，运用阶级斗争的观点，阐明中国人民有着反对压迫、反对侵略、敢于斗争的伟大传统；最后，该书还收集了不少生产斗争的材料、古代科学发明以及有关农业、手工业生产的材料。该书出版以后立即风行一时。毛泽东给予很高的评价，认为"是我们党在延安又做了一件大事"。他说："我们共产党人对于自己国家几千年的历史，不仅有我们的看法，而且写出了一部系统的完整的中国通史，这表明我们中国共产党对于自己国家几千年的历史有了发言权，也拿出了科学的著作了。"[2] 该书作为一本教材，还兼具文字精练纯熟、通俗易懂、"文史兼通"的特点，从而减少了青年读者阅读的困难。总之，《中国通史简编》既能依据革命与时代的需要，依据唯物史观揭示社会发展的规律，又具有简明扼要、通俗易懂的特点，因此其编著内容与研究方法成为日后编写中国通史的主要参考资料和研究历史的基本原则。

张闻天主持编写的《中国现代革命运动史》，是另一部著名的史学教材。抗战时期，张闻天主持干部教育与宣传工作。在他看来，"供给各地教员、教材、教育计划、研究讨论大纲"是党中央和宣传部的责任。由他亲自编著的《中国现代革命运动史》，就是一部用马克思主义观点系统地分析自鸦片战争以来中国近百年历史的教材，也是用马克思主义观点研究和编写中国革命史、中共党史的开创之作之一。还在江西

---

[1] 范文澜：《中国通史简编·序》（上册），河北教育出版社2000年版，第3页。
[2] 蒋建农主编：《毛泽东全书》第4卷，河北人民出版社1998年版，第170页。

时期，张闻天就出版过《中国革命基本问题》这一教材。1937年，"红军大学"改为"抗大"后，拟开设《中国现代革命运动史》对青年学生开展革命运动和政策路线教育。张闻天遂组织了一个"中国现代革命史研究会"，说明全书的框架，并做了明确分工。张闻天亲自担任这门课程的讲授任务，在抗大第一队从头至尾讲了一遍，最后以他的讲稿为依据进行了加工修改，上下连贯成书，并由其审阅修改定稿。1937年冬，《中国现代革命运动史》以"中国现代革命史研究会"的名义由延安解放社铅印出版。《中国现代革命运动史》全书分七讲，从鸦片战争开始讲到五四运动，对近百年来中国反帝、反封建革命斗争的过程及中国革命发生、发展的原因及历史过程，对中国共产党领导的新民主主义革命的背景、性质和意义，做了清晰完整的阐释。开设《中国现代革命运动史》这门课的目的，就是要通过学习，汲取中国革命运动的经验教训，理解并掌握当前党的路线、方针、政策。因此，这本教材中最精彩的篇章，就是对各次历史运动经验教训的总结，每讲的经验教训总结部分，是该教材最见功夫的地方。这本书虽是教材，但是由于"张闻天深厚的理论功底、良好的文字素养，对中国国情与中国革命历史的深入研究，使得这本中国现代革命运动史著作达到了很高的水平。在中国现代学术史和政治思想史上，张闻天及其《中国现代革命运动史》都有一席之地。"该书出版后，随即产生了很大的社会反响，各地都在相继翻印。延安时期的各类院校，无论是开设"中国革命基本问题"课程，还是"中国现代革命运动史""中共党史"课程，一般都以这本书为教材或蓝本。此后，范文澜等人写的关于中国近代史、中国革命史方面的著作，也是参考了这本书的。从抗日战争到解放战争，它先后出了10多个版本，印行在20次以上。由此足见它是一本深受读者欢迎、适合干部学习的教材。①

中国革命是世界革命的一部分，因此编写世界革命史教材，进行革命史教育也是必须要做的工作。其中陈昌浩编写的《近代世界革命史》同样有着较大的影响。该书共两卷，1939年2月和4月由延安解放社出版。第1卷约16万字，主要记述资本主义发展前期西欧各国的革命运动史，共分三章，分别是讲述英国革命、法国大革命和19世纪上半

---

① 程中原：《张闻天传》，当代中国出版社1993年版，第451—452页。

期欧洲的劳工运动；第 2 卷约 18 万字，也是三章，主要讲述 19 世纪中叶、20 世纪初期，资本主义发展进入帝国主义阶段，欧美各国的革命运动史。陈昌浩在长篇"绪论"中，对该书研究的对象、范围，研究近代世界革命史的方法与理论及其现实意义作了概述。陈昌浩提出，为什么我们今天要来研究近代世界革命史，"简明的答复，就是为了中国今天的革命，同时也为了中国将来的革命"。陈昌浩认为，无论是中国现实的资产阶级民主革命，还是将来的社会主义革命，以至中国社会最终必须走向共产主义社会，都必须借鉴近代世界资产阶级革命的经验教训，这就是研究和学习近代世界史的根本目的。而欧美国家的资产阶级革命有许多经验教训是值得我们去认识、去参考的，"我们的任务就在于善于发掘这些革命中的经验教训以供今天以至将来中国革命之参考"[①]。但是同时，陈昌浩也指出，"中国革命也有中国革命的许多特点"，我们只能根据中国国情，"恰当地运用那些过去各国革命中可以运用的经验教训"。陈昌浩《近代世界革命史》（两卷本）可谓是他在延安时期付出主要心血的著述，也是中国第一部用马克思主义观点写成的近代世界革命史专著。它不仅在革命根据地开创了研究近代世界革命史的先河，而且也为新中国的近代世界革命史的学科建设奠定了最初的基础。

《联共（布）党史简明教程》也是延安时期的一部重要历史教材。这部教材是在斯大林亲自主持下，由联共（布）中央特设委员会编写的一部联共（布）党史，它是世界上第一个社会主义国家执政党的党史教材，也是一部在长时期内具有重大国际影响的马列主义基础理论教科书。它作为社会主义国家写下的一部无产阶级政党的奋斗的成功史，总结了联共（布）党建党、夺取政权、建设社会主义三方面的经验，这对正在奋斗的各国共产党人全面学习苏联共产党的成功经验无疑是具有重大指导作用。在中共看来，这本著作是"苏联共产党（布）党史委员会最近编成的一部最忠实、最完善、最成功的、充满着马克思列宁主义精神的、对全人类有伟大贡献的光辉灿烂的党史，这同时是一部俄国革命胜利及苏联社会主义建设成功的历史。它的内容非常广泛、丰富，它的经验非常值得珍惜；在我们今日争取民族解放的抗日战争中，

[①] 陈昌浩：《近代世界革命史·绪论》，上海书店出版社 1990 年影印版，第 9 页。

想要得到最后的胜利,我们应该知道俄国革命的胜利,是经过怎样艰苦的路程,是怎样地战胜了困难才得到的。"① 于是在1939年5月,延安解放社出版了这一著作的中文本,进而它成为延安青年学生的必读历史教材。当时要求学员必须"学到底",要"不偷、不装、不吹",认真阅读。因为它"既是历史的,又是理论的,又有历史,又有理论",并且"如果有五千人到一万人读过了,并且有大体的了解,那就很好,很有益处"。只要有空余时间,"就读他一遍或者看他一两句,没有味道就放起来,有味道就多看几句,七看八看就看出味道来了"②。在中共的大力倡导之下,这本党史著作,不仅在延安成为抢手货,在其他地区也备受欢迎,当时称给"山东送去一二百本《联共历史》,但是他们只收到了七本,为什么呢,半途上你一本、我一本地被抢光了"③。

不过上述教材具有相当的理论深度,毕竟在一些青年人中还有文化水平较低者。高鲁在日记中就这样写道,读《联共党史》,"许多问题看不懂,名词记不住,弄不清。字都认得,就是不知道其中是什么意思,前后连贯不起来",因此"读一段,得来回看,前后想,才稍能明白点"。有时自认为懂了,"到后面还是很陌生"。以后重读虽比以前稍好点,"但仍然是拦路羊,一群群的。如是拦路虎,总是一两个,而羊则不是一两个"。尽管多次读"也有似懂非懂的,其实还是不懂"④。

针对一些人"难于阅读大型书籍,并且不易获得这类书籍。所以需要为他们编辑一批必要的通俗的小型读本,这样的读本又可作为下级干部的教科书"⑤。于是延安史家还编写了不少通俗化和大众化的历史读物。如许立群的《中国史话》、尹启民的《中国历史讲座》、韩启农的《中国近代史讲话》、曹伯韩的《中国现代史常识》《中国近百年史十讲》、敬之的《中国历史》等。1943年,吕振羽还在《解放日报》开设"历史常识"专栏,先后发表了9个专题的历史常识系列讲话。这些著述,在内容上大多围绕抗战的需要,摘取抵御异族入侵的抗敌素

---

① 《〈联共(布)党史〉书讯》,《解放》1939年第70期。
② 中共中央党史研究室第一研究部译:《共产国际、联共(布)、中国革命文献资料选辑》21,中共党史出版社2012年版,第242页。
③ 《朱德同志在延安在职干部学习周年总结大会上的讲话》,《解放》1940年第110期。
④ 《高鲁日记》,内蒙古大学出版社2004年版,第13、15页。
⑤ 罗迈:《我们要学习什么?怎样学习》,《解放》1939年第79期。

材，在文字上尽可能适应文化较低人群的理解。延安时期的"报纸是人民的教科书，而党报，就还是党的教科书。党报的每一个写作者、编辑者、校订者，就是党和人民所聘请的教师"①。因此，诸如延安出版的报刊，中央领导同志的讲演、报告、论文，《解放》《共产党人》《新中华报》等上刊发的重要文章，都是青年学生的学习材料和教科书。同时，毛泽东的一些重要讲演和著作，如《中国革命战争的战略问题》《抗日游击战争的战略问题》《论持久战》《〈共产党人〉发刊词》《新民主主义论》《在延安文艺座谈会上的讲话》《抗日时期的经济问题和财政问题》《论联合政府》，以及刘少奇的《论共产党员的修养》等，都是他们的学习材料。此外，学校还有计划地上党课。陕北公学就编写了一本《共产主义与共产党》的油印教材，对学员进行党的基本知识教育。

当然，上述教材只是青年学生学习的一个部分，重要的还是青年学生要在课堂之外广泛涉猎，抓住一切机会去学习，去读书，要形成读书的高潮。毛泽东曾建议抗大的青年要开展读书竞赛活动。他说："我们要来一个读书比赛，看谁读的书多，掌握的知识多。只要是书，不管是中国的、外国的、古典的、现代的、正面的、反面的，大家都可以涉猎。但不能一目十行，三国中那个庞统能一目十行，我是从来不信的，那是神话。读书先是粗读，有个大概的印象，然后是复读，重温一下重要章节，也叫精读。在这个基础上再写点读书笔记，问几个为什么，联系实际思考一下周围的事情。这样才能防止教条主义。"②

四 教学原则与学习方法

延安时期的教学原则和方法，必须要根据抗战的环境、任务要求和青年学生的实际特点来展开。但是鉴于各校的教育目的不同，课程设置并不强求一致。各校在教学过程中，可以根据形势的发展和需要，灵活设置必要的教学形式。

对青年学生的教育，要注重学用一致的原则，无论是课程设置还是

---

① 乔木：《报纸是教科书》，《解放日报》1943年1月26日。
② 冯文彬主编：《毛泽东与青年》，辽宁人民出版社1992年版，第56页。

教学的各个环节，都要从中国革命的实际出发，从抗日战争的实际出发，一切课程的设置和教学活动都要有针对性，将所学与所用联系起来，要废除不急需与不必要的课程设置，坚持少而精的原则。从课程设置来看，就是要教授迫切需要的重点知识；从知识体系来讲，就是要从实际出发，从学员接受的能力范围和实际需要来确定。在授课时，教员要抓住问题的中心和实质，使学员能够深入理解所讲内容。这就要求"学校当局及教员必须全力注意使学生由领会马列主义实质到把这种实质具体地应用于中国环境的学习"，特别是要"增加中国历史与中国情况及党的历史与党的政策的教育，使学生既学得理论，又学得实际，并把二者生动地联系起来"，使学生能够"用马列主义精神与方法去分析中国历史与当前的具体问题，去总结中国革命的经验，使学生养成这种应用的习惯，以便在他们出校之后善于应用马列主义的精神与方法去分析问题与指导实践"[①]。在具体讲授时，要求教员对"每一抽象的概念的说明，都必须证之以具体的例证，每一具体经验的讲授，应当引导向一定的原则"。在讲述任何革命理论时，"都必须特别注意到与当前中国革命运动相联系，以及与学生所切身经验过或者所能体贴到的许多实际工作实际斗争相联系"[②]。同时还要注重教学一致的原则。教员既是教育者，也是受教育者；学员既是受教育者，也是教育者。教员要把所讲的内容讲好，必须从学员中吸取营养，通过与学员交流获得教学经验。而且有些学员都是各个工作岗位上的实际工作者，他们在某一方面都有自己丰富的经验，这又是教员知识来源的一个重要方面。对于学员来说，要把自己的实际经验条理化，就必须向教员学习理论知识和分析问题的方法。因此，教员与学员二者的根本目标是一致的。

同时，在教学单位的编制上，要对学员的文化水准和政治素质做具体的甄别工作。学员们多从全国各个不同的地方来，他们的社会出身不同，职业不同，年龄、性别也不同，文化程度及政治水平的差异也就可想而知。因此在决定教学单位的时候，不能机械地按照学历来分成大学、中学、小学各部。因为从经验来看，这种分法实在不妥当，安吴青

[①] 李桂林编：《中国现代教育史教学参考资料》，人民教育出版社1987年版，第70、72页。

[②] 中央教育科学研究所编：《老解放区教育资料·抗日战争时期》（上册），教育科学出版社1986年版，第292页。

训班学员入学测验时,"有许多大学生连三民主义的基本内容,或是简单的政治常识都不大熟悉,也竟有些初中学生由于自学的努力,政治了解程度远在大学生之上"①。这就需要甄别学员的文化程度,一般是在入学口试时,经过郑重谈话后决定的。同时为着教育及学习上的便利,不少学校是以连为单位,依据政治水平、文化程度、社会经验为标准分别编制,分为高级、普通、低级三种单位。高级都是政治认识、文化水准较高的学员,一部分是大学生及留学生;政治水平比较差一点的编成普通班,至于小学生、农民、商人、士兵、小贩等,都编在低级班。为了生活上的方便,女生是单独编成一连,因为程度不齐,上课时还是分别和其他连一起听课。有一部分毕业学员为了深造起见,组织了研究班,在学校指导下,研究他们将来出去工作时必需的更多的知识。

另外,在教学之前,还需召集教育准备会和检查会,使能够有计划进行课务活动,以便及时纠正缺点改进。这些会议通常都要在一起开。每一门课,都由专科教员召集有关本课程的各教员来参加,讨论本课程的内容、提纲、学员了解的知识点、具体举例、本课目教学方法及过去经验。具体教学方法要根据课目内容性质及时间来决定,不能机械采取某种定型的方法。在文化程度较高的教学单位,要开展讨论回答环节,在低级教学单位尽量要求通俗化、大众化。不过无论用何种教学方式,每一问题必须说透彻,讲授内容必须与实际情况和工作相配合。课堂纪律要严肃紧张,下课后教员要经常询问同学,从中获得宝贵的能及时改善教务的建议。

根据这些教育原则,要制订切实可行的教学计划。但是这个教学计划要根据不同学校的教育目的和培养目标的不同灵活安排。根据中共中央关于各类学校的设置目的的规定:中央研究院为培养党的理论干部的高级研究机关;中央党校为培养地委以上及团级以上具有相当独立工作能力的党的实际工作干部及军队政治工作干部的高级与中级学校;军事学院为培养团级以上具有相当独立工作能力的军事工作干部的高级与中级学校;延大、鲁艺、自然科学院为培养党与非党的各种高级与中级的专门的政治、文化、科学及技术人才的学校。"上述各校的课程、教材与

---

① 共青团中央青运史研究室等编:《安吴古堡的钟声:安吴青训班史料集》,中共党史资料出版社1987年版,第76页。

教学方法，必须与各校具体目的相适合。"凡带专门性质的学校（例如军事的、政治法律的、财政经济的、自然科学的、文艺的、师范教育的、医学的）应以学习有关该项专门工作的理论与实际的课程为主。文化课、政治课与专门课的比例应依各校情况决定之。一般来说，专门课应占50%（不需补习文化的学校，则专门课应占80%），文化课应占30%，政治课占20%。"坚决纠正过去以政治课压倒一切课目的不正常现象。"①

就史学教育而言，就是注重讲授中国历史、中国革命问题、近代世界革命运动、党的历史和党的建设等。同时要根据学员的文化水平的不同，开展循序渐进的历史教学。有相当文化水准的学员要学习联共党史，有一定文化基础的学习中国历史与中国革命问题，文化水准较低的学习中国革命与中国共产党及中国革命问题，同时要编组学习。凡文化水平低而又需要学习的，应先补习文化。这种补习，不应只限于识字之多少，而应包含阅读写作能力和历史地理常识、社会政治常识与自然科学常识的获得。中高级文化水准的学员要学习党的二十年奋斗史、近百年中国的思想发展史、近百年中国的经济发展史以及外国革命史与中国革命史。如中央研究院就在延安组织过联共党史读书组、中国通史读书组和全体人员参加的时事研究组，通过制度保障，加强对历史的学习。这些读书组"一般已读了基本理论书，有的读完资本论，有的读过一部分，其余如私有财产之起源，封建主义，德国革命和反革命，拿破仑政变记，法兰西内战，德国农民战争，俄国资本主义之发展已有组织地读过。"②

对于担任学校教育工作的教员，"均应认真的研究教课内容与教学方法，使理论与实际一致的原则，在教课内容与教学方法中贯彻起来。在教学方法中，应坚决采取启发的、研究的、实验的方式，以发展学生在学习中的自动性与创造性，而坚决废止注入的、强迫的、空洞的方式。在教学中，陕甘宁边区及其邻近地区的实际材料，应经过各种调查研究的方式充分的利用之。"同时"应在学校内养成学生自由思想、实

---

① 李桂林编：《中国现代教育史教学参考资料》，人民教育出版社1987年版，第71—72页。

② 《延安中央研究院回忆录》，湖南人民出版社1984年版，第282页。

事求是、埋头苦干、遵守纪律、自动自治、团结互助的学风,而坚决反对主观主义、宗派主义、教条主义、好高骛远、武断盲从、夸夸其谈、自以为是及粗枝大叶不求甚解的恶习。关于这种学风的养成,教职员应该以身作则。"① 根据这一原则,当时普遍采用讲授式的、启发的、研究的、实验的方式,以调动学生在学习中的积极性和创造性。

  课堂讲授是最主要的教学方式。不过课堂讲授的效果如何,与教员本人的知识素养和教学内容密切相关。因此为了提高教学质量,教员首先应精通所教课程的具体内容和特点,要对所教内容有精深的研究;其次是要了解教育方针和教育计划。教员在讲课前,要明确讲授的中心内容,抓住问题的本质以及问题之间的联系,通过深入浅出的语言表达出来。同时要搜集生动新鲜的参考资料,以便在讲授时引起学生的兴趣;最后是应了解学生。当然一般而言,当时的青年学生是有着强烈的求知欲望的。"他们有迫切的学习要求。在抗日战争初期,许多知识青年奔赴延安,迫切需要了解中国共产党的抗战方针和政策,如饥似渴地需要学习革命的理论,因此很愿意听教员的讲授,不管条件如何艰苦,讲授时间长短,课堂总是保持良好的秩序,认真地听取教员讲述的每一个问题和每一个论点。"② 当然讲授与启发讨论是密切联系的。作为延安青年,大多都是有一定文化水准的,他们对事物有自己的理解和看法。因此讨论和启发式教学自然就是重要的一环。

  张闻天在马列学院授课时,就亲自组织课堂问答,他根据授课内容,结合实际向学生提出问题。采取的方式是在课堂上点名叫学生站起来回答,然后他再就这个问题进行指点。学生们把这种课堂问答叫作"照相"。"开始学生们有点怕,怕自己回答不好出洋相,后来就慢慢体会到这种启发式的教学方法促进了自己的思考。而张闻天所提的问题有相当一部分是结合实际的问题,所以它也是一种理论联系实际进行教学的好方式,受到学生们的欢迎。"③ 当然讨论也要与个人学习结合起来。经过课堂的讲授,许多学员必然会从不同方面提出一些疑难问题,这些

---

  ① 李桂林编:《中国现代教育史教学参考资料》,人民教育出版社1987年版,第72—73页。
  ② 张腾霄主编:《中国共产党的干部教育·抗日战争时期》,中国人民大学出版社1988年版,第98页。
  ③ 《延安马列学院回忆录》,中国社会科学出版社1991年版,第16页。

问题有的可由教员直接回答，但是有的时候却不必直接给予回答，可由学员先自己尝试着解答，再经集体的讨论，这样领会得更为深刻。一般而言，教员会指定一些参考书，学院在课堂讲授以后提出的问题，先经自己查阅参考资料，再组织讨论，最后由教员统一回答。

对于历史教学的讲授方法，一般是采取时间上从近讲到远的讲授原则。不少历史教员讲中国革命运动史，一般都是先讲第一次国共合作的经验教训，再讲五四运动、辛亥革命、太平天国运动。讲世界革命运动史，一般是先讲帝国主义与殖民地革命，再讲资本主义社会和原始社会等。讲历史发展规律时，也是注重从具体到抽象，从事件发展的过程中把握发展的规律。历史教员韩启晨曾就自己的历史教学方法交流了看法。

他说，把历史分成两大段，可以先教古代史，再教近代史，也可先教近代史，后教古代史，"不管怎样教，在教之初先给学生一个整个历史轮廓的概念，是非常必要的，而与后一种教法则更属必要。至于把历史割裂成许多破碎的小段落，逐段上溯的教法，最不适合，因为这样不但使学生很难有一个对历史完整的系统的概念，而且还浪费时间，因为在每一段的开头须先有一个类似引子性的介绍。"在教主要内容之前，先把历史整个梗概叙述一下（就是所谓绪论），使学生对历史先有一个粗略的概念，在讲每一部分（一课或一章）时，对本部分内容也先做个概要的介绍，提明本部分要讲些什么以及包括哪几个问题等，然后讲述内容，互相质疑问答、抄写笔记，最后再总结全文，概括各问题中心、要点，每部分讲过之后，写出复习题（有些就印在讲义上），指定参考书让在课外自行研究讨论，要有课外学习的指导，每一部分全班各单位要举行一次讨论会。在教学过程中须要注意的几个问题是：

（1）对于程度低的班次，历史的基本材料（如年代、人地名、事情经过等）在教时应强调之，使他们能够记得下，不然，一切问题的分析认识便都是空的了。（2）提出问题中心，区别主要次要，并在每一段落中有意识地使学的人在脑子里明确要解决一个什么问题。（3）从每段落中总结出经验，并和今天社会事物中存在的问题作对比，如南宋之抵抗异族压迫和今天抗日战争相比较等，这样做可以使学的人更深入了解，且部分地做到了和现实的联系。（4）把各时代所发生的类似的或相反的问题，互相对照、互相比较，如王莽变法、王安石变法、太平天国的土地政策以及我党十年土地革命之土地政策的比较。这样做，一可以复习过去的，二可以使问题了解得更明确、更深刻，还可以加深印象。（5）随时利用历史上的人物、事例，作为个人修养或思想政治教育的材料，以与学校的思想教育相配合。（6）在教的中间适时地插入一些短小有趣的历史掌故逸事之类，这样做并不是为了单纯的趣味，而是为了及时地使学的人获得精神上的调剂，使疲劳得以恢复，同时为了使问题了解得更深入，印象更强烈。为了达到这些目的，故事不宜长，以免浪费时间，故事内容和所讲的问题要有联系，而不是毫无相关的。

此外，在历史一科教完之后，应使学的人认识到这两种道理：一是知道历史是向前发展的，而且这种发展有其规律性、必然性。从过去的社会经济的发展、阶段的斗争交替而有了今天，由今天又必然要走到行将到来的新社会。学过历史认识了过去，认识了今天，因而使他们产生对新社会的憧憬。而且有信心、有勇气，愿意为争取新世界之早日到来而献身奋斗。二是知道社会历史的发展，其基本动力是广大的劳苦群众，人民大众是历史朝前发展的推动力，绝不是那高居在人民头顶上的统治者。

教学中关于材料的用法，首先是注重循序渐进。即对程度低特别是对外国史毫无基础的学生暂不讲世界史，在讲完本国史之后，再讲世界史，另做一个简要的讲授。世界史不能把它割裂开，如果把它插在本国史各段落中，结果纵然花很多精力，也很难使学的人获得一个系统概念。但到底外国史需要配合，这种配合须在讲到本国史的某一段落时，顺便把当时世界上比较重大突出的事情提一提就可以了。每一段落，应自成一个较完整的单元，使学的人在学过该段之后，容易获得一个完整明确的概念。历史的各章节编写上应是"铁链式的联系着"，使学的人抓着其中的一个一个环节向前进步，不宜像抓着一条大麻绳，茫茫然无从下手。讲义的内容应简明扼要，文字应平易浅显，文字上如果不通俗，夹杂些难懂艰涩的词句，会影响教学时间，影响教学效果。同时，每个段节之后，应附上复习题、参考书。[①]

[①] 陕西师范大学教育研究所编：《陕甘宁边区教育资料·中等教育部分》（下），教育科学出版社1981年版，第122—126页。

教与学从来都不是截然分开的。对于延安时期的青年学生来讲，学习更是有着重要的意义。因为他们不是普通的学生，而是抗战时期的重要干部来源，更是未来新中国的建设者。

　　因此青年要"积极学习革命的理论，研究抗日救国的道理和方法"。毛泽东在为陕北公学成立题词中更是提出了青年要做"革命先锋队"的要求。他说："要造就一大批人，这些人是革命的先锋队。这些人具有政治远见。这些人充满着斗争精神和牺牲精神。这些人是胸怀坦白，忠诚的，积极的，正直的。这些人不谋私利，唯一的为着民族与社会的解放。这些人不怕困难，在困难面前总是坚定的，勇敢向前的。这些人不是狂妄分子，也不是风头主义者，而是脚踏实地富于实际精神的人们。中国有一大群这样的先锋分子，中国革命的任务就能够顺利的解决。"[①] 这也就要求青年学生必须要有正确的学习态度和科学的学习方式。

　　就总体而言，要求学员要明确学习目的，使青年学员认识到学习知识是为了夺取抗日战争的最后胜利，是为了建设新中国，是为了人民的革命事业。学员要克服困难，努力完成学习任务。同时要端正学习态度，反对好高骛远，要以批判的精神来读书，要用马克思主义的观点来分析书的内容，对正确的要吸收，不正确的要批判。"学习的第一等问题就是虚心，就是向朋友学习。"我们"除政治外，没有足以自夸的东西，虚心学习朋友的东西，应该是我们学习的基本态度。一个政党或一个政治派别当然各有自己的立场，但互相学习，互相批评，携手共进，双方发挥其所长，更足以表现中华民族的伟大。"1942年1月，徐特立应华北书店《学习月报》编者的约请，对青年人的学习方法，提出了以下几个方面的原则：

　　第一，学习要有时代性。因为历史上成功的学者都是为着改造或建设当时的新时代而立言的，一切学习都包含着无限的斗争精神。第二，学习要抓住基本的知识。也就是不要好高骛远，而忽略基本的东西。第三，学习要有方法和立场。中国古代诸子百家均有自己的独到之处，唯杂家什么都有一点，而没有专长，等于抄书匠，无一成功者。合法的马克思主义者，马克思主义的修正派，无一定的方法和立场，也就无一能

---

① 李维汉：《回忆与研究》（上），中共党史出版社2013年版，第306页。

成为无产阶级的学者。所以学习虽宜无书不读，但不是毫无方法、毫无立场的。第四，学习要有事业和职业的目的及长期的计划。为学习而学习的学习和无计划乱抓的学习，都是不对的。为着学习才去工作，即借工作以帮助学习的了解，仍然是为学习而学习，这也是不对的。所以学习要有事业和职业的目的，换句话说，就是应该为工作而学习，不是以工作来帮助学习，而是以学习来提高工作的能力，加强工作的效率。第五，学习要有一定的中心对象。一切学习围绕着它，像建军一样，要有基干部队作领导，像作战一样，其中心对象是守住中心据点，一切掠野是为着攻坚，是为守着这一据点。第六，学习要抓住要领。总是贪多而不找中心的一环，虽为博学而不得要领，虽劳心劳力而无成功。第七，学习要有批评的、革命的、实践的精神。对于古人的学术遗产及对于自己过去的著述，都要把它当历史看，而加以批评地重新审查。①

中国女子大学的学习方式，是坚持理论和实践统一、集体学习和个人自修并重的原则和方法。女大根据学员的文化程度分设高级研究班、普通班和特设班。高级班的学生，是从学校一、二、三、四班（从前的高级班）及学校工作人员中，经过考试而选入的。因此，高级班的学生大多在女大学习了将近一年的工夫，且都是学习成绩比较优良的同学。高级班同学不但文化政治理论水平较高，且许多是有着在前方、后方妇运工作经验的，其中还有小部分做过较长时期工作的干部。高级班学员的培养目标，就是要"培养较高深理论的干部"，提高同学们独立学习和工作的能力，把她们培养成在一定的工作岗位上有独立工作能力的干部。高级班的每个学员根据自己的学习兴趣，选定某一个系进行学习和研究。高级班每周只上几次课，更多的时间是学员自学、讨论研究。自学时对于理论著作需要以极大的耐心，"学习的方法就是挤和钻"，逐字逐句去精读，聚精会神去思考，不断提高对理论的理解能力。同时要组织小组讨论会和全班讨论会。讨论题目由教员或学员提出，大家分头认真准备，阅读笔记、讲义和参考书，每人写出讨论发言提纲，由学员轮流做报告。这种讨论常常引起激烈的争论，对于学员学习怎样组织自己的报告和发言，怎样把理论原则运用于具体事件之中等，都有很大的帮助。同时要注意撰写学习

---

① 徐特立：《我们怎样学习》，《学习月报》1942年第1期。

心得。学员除读指定的参考书外，还把同一问题的材料收集起来阅读，并把书上的中心意思和自己的意见和理解用笔记下来，或是针对具体学术中的某一问题自动地写出提纲和论文，这中间，有着互相的批评和商磋，进步很快。同时，高级班的每一门课程，都由对该课程感兴趣的四名学员组成小组（包括课代表在内），负责组织和帮助大家学习和讨论，代表学员向教员提出教学方法的意见，交涉各科问题的质疑等。为了使课堂学习和实践活动相结合，女大还规定每星期一为"救亡日"，学校政治课经常组织各种政治、时事、民运、妇女等问题的报告，并在"救亡日"里组织深入的讨论。这样，就使学员能够把学到的理论在实际问题中来体验，进而提高她们理论认识和分析问题的能力。[①]

安吴青训班学员除上课之外，就是"着重发扬学员自动学习的精神，培养每个学员自学的能力"。自学大致采取了这些方法：（1）制订学习计划。根据学校本期全部教育计划及教育进度，发动各连、班同学讨论，规定本连或本班学习计划，具体规定参考书、研究问题、时间分配等。（2）组织集体学习。主要的是讨论会，分班讨论和集体讨论两种。班讨论会一周三次，讨论每周课程的中心，全连集体讨论每周一次，讨论政治或军事问题。在讨论之前，都要开一次准备会，召集主持讨论的班排长参加，指出讨论题目，每一题目的中心内容以及讨论时应注意之点，可能遇到的疑问的解答，以及结论的着重点。教员及教务处的工作人员，也按时参加各班讨论会，帮助他们解答问题，并检查学员的实际了解程度。同时还有研究信箱、问答晚会、集体自习等各种各样的方式。（3）建立读书顾问。为了能及时解答学员们提出的问题，教务处指定了专门的人来担任读书顾问，负责答复问题，介绍参考书报，并编辑研究读书经验的墙报——《读书之友》。学员看书时遇到不了解的名词，得到解答之后，马上便可顺利地读下去；重要问答在《读书之友》上发表，初学理论的同志，也可从这里了解读书及研究问题的步骤。（4）互相帮助学习。各连部指定了先进的政治水平高的学员帮助水平低的同志，负责解答问题。有时上补助课，不仅可使水平低的学员得到帮助，水平高的同志也得到实际工作的机会。在此过程中本身就

---

① 黎曼：《谈女大高级研究班的学习》，《新华日报》1940年7月20日。

可发现更多的新问题。高级连、普通连的学员,还经常到低级连去教字、教歌、谈话,各连经常互相参观,相互派人参加小组会,相互交换学习经验。这样某一连里创造了新的学习方式,马上便传遍了各连。(5)组织学习竞赛。这种竞赛大都是由某一连的同学向某一连挑战,同时也就有几个连应战,这样便把全校的各个连都卷入"竞赛的旋涡中"。各连代表的联席会议通过竞赛的具体目标和日程,竞赛评判委员会,也组织起来,"各连的突击员也纷纷出现,紧张的学习空气弥漫了全校"①。

延安时期青年学生的学习方式,一个最重要的特点就是组织集体讨论。青年学生的讨论乃至辩论,是当时最重要的一种方法。中央领导包括毛泽东,也在抗大专门组织过读书讨论会。除此之外,还有诸如"陈云小组"读书会、"洛甫小组"读书会等。当时在中央青委宣传部做文化工作的于光远②,就说他"一直怀念1940—1941年延安的几个读书小组,特别是陈云小组和洛甫小组"。这些读书会的共同的优点有三个:"一是切切实实地学,虽然陈云小组和洛甫小组读书的方式很不相同,但是认真读书这一点是相同的;第二点是每个人自由发表自己的意见,不受拘束,不同的意见自由争论;第三是负责同志真正亲自参加学习,在学习中同大家处在完全平等的地位,而且做到

---

① 共青团中央青运史研究室等编:《安吴古堡的钟声:安吴青训班史料集》,中共党史资料出版社1987年版,第78—79页。

② 于光远,著名经济学家。1915年出生于上海市。1935年参加"一二·九"运动,后投身革命。1936年毕业于清华大学物理系,1939年到达延安。先后做过党的青年、文化教育、新闻理论研究工作。同时翻译了恩格斯的《自然辩证法》。1942年后在革命根据地参加土地改革,研究马克思主义经济学和根据地经济问题。全国解放前夕,调中共中央宣传部负责理论宣传处、理论教育处和科学处工作,并任《学习》杂志编辑,撰写了不少理论著作和教材。1956年当选为中国科学院哲学社会科学学部委员。后把研究工作的重点转向了政治经济学,编写了《政治经济学》(资本主义部分)和《社会主义经济问题》教科书,先提出并组织讨论商品生产和计件工资问题,宣传价值规律,继又提出建立生产力经济学问题,并发起讨论再生产理论、经济效果、经济核算等理论问题。1975年,任国务院政治研究室负责人,同年受国务院委托筹建国家计委经济研究所任第一任所长。1977年,任国家科委副主任、中国社会科学院副院长。后又兼任马列主义毛泽东思想研究所所长。1978年后,开始注意研究社会主义经济体制改革问题。他深入全国各地进行实地考察研究,其理论研究工作也进入了一个新的时期。1982年被选为中央顾问委员会委员,并任中国社会科学院顾问。他的主要著作有《思考与实践》《经济、社会发展战略》《论社会主义生产中的经济效果》《论我国经济体制改革》等。

一直坚持学习。"① 通过这种丰富多彩的学习方式，延安时期的青年学生不仅成长很快，而且最终大多数都成长为中共极其倚重的干部。

五 涵括在史学教学中的思想教育

抗战时期的青年学生，不仅是抗日战线上的一支重要力量，更是中共干部的重要来源。因此，延安时期开展青年学生的史学教育，其重要目的就是通过教育学习，使青年学生树立"大时代"意识，不仅要在抗日救亡事业中复兴民族，而且要担当建立新中国的责任。

正所谓"政治路线确定之后，干部就是决定的因素"。有计划地培养大批的新干部，"就是我们的战斗任务"。将培养新干部上升到"战斗任务"的高度，既是抗日战争的需要，也是中共自身发展壮大的需要。曾经，中共凭借其真诚的信仰、严密的组织和强大的社会动员，创造出了苏维埃时期的鼎盛与辉煌。但是正如黄道炫先生所说："革命的张力不可能无限制地伸展，夺取政权是革命的既定目标，但当年这样的目标事实上还难以企及。"因为当年"中共的发展，更多的是利用国民党统治的内部冲突，当这种冲突趋于平稳、南京政府力量不断上升时，中共受到的压力将空前增大"②。就军事力量而言，1935 年秋冬至 1936 年秋冬，国民党可谓占尽先机和优势。在此期间，蒋介石及其南京国民政府正在为其完全实现控制中国而活动着。而中共所领导的红军，却被赶到陕北一隅，面临生死存亡的考验。经过一年多的长途跋涉，中央红军已从出发时的 8 万余人锐减至数千人，90% 以上的部队损失殆尽。就连毛泽东也叹息道：损失比例如此严重，就是过雪山草地时也未曾有过。③

即便到了陕北苏区，面临的形势依然非常严峻。当年李富春曾如是说道：陕甘宁苏区地广人稀，乡村比较闭塞。除几个重要的城市外，大

---

① 于光远：《我的编年故事：抗战胜利前在延安（1939—1945）》，大象出版社 2005 年版，第 61、63 页。

② 黄道炫：《张力与限界：中央苏区的革命（1933—1934）》，社会科学文献出版社 2011 年版，第 477—478 页。

③ 《毛泽东关于目前行动方针的报告》，转见杨奎松《西安事变新探——张学良与中共关系之谜》，江苏人民出版社 2006 年版，第 27 页。

部分是广袤的农村地区，人口密度比较小。因为地广人稀，交通不便，乡村民众的文化程度较低，比较闭塞；因为地广人稀，统治力量薄弱，民团组织仍有相当发展，土匪民团也易横行。群众为应对摧残与灾荒，保家安命，不少人加入了哥老会。特别是在三边、庆环、赤安等地，群众加入哥老会的更是不少。此外，广大的蒙民、回民环绕在苏区的周围，周边的形势也较为复杂；鸦片烟流毒也非常普遍。在马鸿逵、马鸿宾的统治下，宁夏变为鸦片烟产地，而三边、陕北及内蒙古一带都成为销售宁夏鸦片的市场。男人大部分有烟瘾，甚至女人都吸。①

另就军事实力而言，中央红军加上刚从陕南苏区转进陕北的红二十五军，与原陕北苏区的红二十六军组成的红十五军团，合起来也不过一万人左右。而国民党驻扎在陕甘一带的由张学良率领的东北军，就有十几万人，连同杨虎城的第十七路军和其他杂牌部队，以及尾随至甘肃北部的蒋系部队及毛炳文部的几个师，少说也有二三十万人。双方力量对比极为悬殊。此时中共同外界的联系又几乎全被切断，能够得到的国内外信息很少。这也就意味着中共所面临的首先是自身的生存问题，"如果不能生存，其他一切都无从谈起"②。

也正因此，培养大批青年骨干，使其能够在"大时代"中担当重任也就势所必然。周恩来1937年在武汉大学的演讲中就指出，今天"是个变动的战斗的历史上从未有过的大时代"，这是一个最好的时期，"它可以把我们这一辈的青年锻炼得更伟大，前程更远。这机会在平常是很难找到的"，因此，"我们的青年不仅仅有今天，而且还有远大的未来"。中国的青年"不仅要在救亡的事业中复兴民族，而且要担负起将来建国的责任"。救国，建立新中国，"任重道远"这四个字，"加在中国青年的身上是非常恰当的"。但是工作和学习是分不开的，"如今我们只有在不断的学习中，我们的工作才能顺利地展开"。青年要找一个适合于自己地方去学习。③ 毛泽东在抗大的演讲中也指出："抗日战争是持久战，不是一年半载可以解决的，而且将来还要建设新的中国。"他说，"没有胡须的人名之曰青年"，青年人是有勇气的，青年

---

① 中共陕西省委党史研究室编：《西北革命根据地》，中共党史出版社1998年版，第231—232页。
② 金冲及：《抗战前夜中共中央战略决策的形成》，《历史研究》2005年第4期。
③ 苏生编：《周恩来论抗战诸问题》，群力书店1938年版，第65—68页。

"要为中华民族的解放，为建设新中国而永不退缩，勇往直前，要坚决地为全国四万万五千万同胞奋斗到底！不是为了自己，而是为了全国四万万五千万同胞，不是为了自己的家，而是为了四万万五千万同胞的家，牺牲一切。"① 这就是延安青年应有的责任与担当。换言之，延安青年首先就是要"学习一个政治方向"。

毛泽东在中国女子大学开学典礼上的讲话，更是清晰地道出了这一点。他说："女大的成立，在政治上是有着非常重大的目的意义，它不仅是培养大批有理论武装的妇女干部，而且还要培养大批做实际工作的妇女运动的干部，准备到前线去，到农村工厂中去。组织二万万二千五百万妇女，来参加抗战。假如中国没有占半数的妇女的觉醒，中国的抗战是不会胜利的。妇女在抗战中是有非常重大的作用：教育子女、鼓励丈夫、教育群众，均需要通过妇女，妇女动员起来，全中国人民也必然会动员起来，这是没有问题的。"② 中国女子大学的培养目标，也体现了这一原则，就是："以养成具有革命理论基础、革命工作方法，妇女运动专长和相当职业技能等抗战建国的知识妇女干部为目的"。因此，"女大"就是"大时代的产物"③。但是另一方面，青年要在"大时代"中承担重任，就必须要有文化知识。"一个革命干部，必须能看能写，又有丰富的社会常识与自然常识，以为从事工作的基础与学习理论的基础，工作才有做好的希望，理论也才有学好的希望。没有这个基础，就是说不识字，不能看，不能写，其社会常识与自然常识限于直接见闻的范围，这样的人虽然也能做某些工作，但要做得好是不可能的，虽然也能学到某些革命道理，但要学得好也是不可能的。"④ 而历史教育就是一个重要的载体。

王平凡回忆自己在陕北公学的学习经历时就指出，当时讲授《中国近代革命运动史》的何定华老师，结合中国革命的历史和现实，生动而深刻地阐述了"没有革命的理论，就不会有革命的运动"这一真理。王平凡说，何定华老师在讲授太平天国时，提到石达开败走四川，

---

① 《毛泽东文集》第2卷，人民出版社1993年版，第119页。
② 《毛泽东在延安中国女子大学开学典礼上的讲话》，《新中华报》1939年7月25日。
③ 海棱：《中国女子大学》，《新华日报》1939年9月27日。
④ 中共中央文献研究室等编：《建党以来重要文献选编》第19册，中央文献出版社2011年版，第15页。

到达安顺后，被清政府反动武装包围，遭到全军覆没的厄运。红军长征时，也有一路武装是从安顺场地区渡过大渡河的，这是历史上的一个巧合。国民党反动派借此大肆宣扬，说什么红军即将走上石达开全军覆没的老路。据此，何定华教师斩钉截铁地说：

> 历史是绝不会重演的，用马克思列宁主义武装起来的中国共产党怎能与石达开相提并论呢？中国共产党有科学的世界观，有彻底消灭剥削压迫、解放全人类的伟大理想。他们能运用正确的战略策略，以大公无私的精神总结经验纠正错误，并以惊人的勇气和毅力战胜前进路上的重重障碍。而太平天国运动，因历史条件所限，不可能得到正确理论的指导。当他们取得局部胜利后，就开始滋长偏安享受思想，进而发展到争权夺利互相残杀。最后终于使一场革命夭折了。共产党领导的中国红军，不但胜利地渡过了大渡河；进而胜利地完成了二万五千里长征。在抗日战争时期，又促使蒋介石接受团结抗日的主张，推动他参加了抗日。中国共产党倡导建立了抗日民族统一战线，使抗日战争的熊熊之火，燃遍了全中国。

正是由于"何定华老师这课生动的历史课，使我们进一步树立了中国革命必将取得彻底胜利的坚强信念"。不久他就体会到："没有马列主义的指导，就不会正确地认识世界；也很难顺利地进行工作并出色地完成任务。有两段马克思主义的名言，一经接触，并用以观察现实的革命斗争，就发现了它的无比威力，成为我们铭刻在心、永不忘记的真理。"① 胡华在陕北公学读到张闻天编著的这本书时，他立足于中共党史、革命史教育的发展高度，评价了张闻天这本书在政治教育中的历史地位，认为张闻天是"我党在革命根据地干部教育方面用马克思主义观点研究和编写中国革命史、中共党史的一位开山祖"。他在评介张闻天这本书的内容时写了如下一段发人深思的话：

> 这本书的最精彩之处，应该说是对各次历史运动的经验教训的分析。例如关于太平天国革命运动就讲到，农民革命的伟大领袖洪

---

① 王平凡：《文学所往事》，金城出版社2013年版，第244—245页。

秀全，当年是何等的英明果决，在领导革命取得伟大胜利中起了不可磨灭的重要作用，但在他的晚年，却是"近小人、远贤臣"，个人专断，昏迷猜忌，发动一场内乱，残酷迫害功臣忠良，造成令人痛心的自相残杀的惨局。书中对这一历史殷鉴的痛切的笔触，至今读来不能不令人感慨叹息。历史虽然不会照样重演，但是不同的阶级、不同的时代，会演出相近似的悲剧，结局虽不是一模一样，历史上血的教训不论对古人、对今人，读起来都令人有切肤之痛。①

延安时期的陕北公学还直接通过党的历史教育，以达到思想政治教育的目的。当时不论是普通班还是高级班，都有计划地给青年学生上党课。其时还编写了一本《共产主义与共产党》的油印教材，就是对学员进行党的基本知识教育的教材。据成仿吾说，通过几个月的学习，"学员对共产党有了进一步的了解，许多人提出入党申请。陕北公学创办后近两年中，招收学生六千多人，其中有三千多优秀青年参加了中国共产党"②。

延安时期的历史教育，无论是知识体系还是课程设置，都是全新的课程体系。不少青年尽管有着相当的文化基础，但是很多学员都是第一次听到用马克思列宁主义观点分析中国社会和中国近代历史，因此这门课当时大家听起来是很新鲜的，同时对中国革命也有了正确的了解。正如一位延安青年这样回忆说，当时他们对教员都很尊敬，大家特别爱听他们讲的课。因为他们不仅能深入浅出地引导青年学员，而且还"经常可以举出实例来说明理论在工作中的运用"。特别是在课堂上教员对于革命故事和他们自己一些革命经历的讲授，更是深深地感染着他们这些青年学员。一位教员讲述"他从事地下工作时和敌人英勇斗争，不幸被捕入狱后，在敌人的法庭上临危不惧，在狱中立场坚定，手铐、脚镣都戴过，表现出一个共产党人的崇高气节和浩然正气"。同学们听后都非常敬佩他的为人。当时学员们都比较年轻，迫切需要提高自己各方面的觉悟和水平，而不少教员都是经历了生死考验的党内高级知识分子，他们"非常了解我们的需求，经常组织各种形式的研究会，鼓励大家参加讨论，如马列主义、近代史等"。一些教员还特别注意针对学

---

① 刘涓迅：《革命史家胡华》，当代中国出版社2011年版，第322页。
② 成仿吾：《战火中的大学》，人民教育出版社1982年版，第29页。

生们所要面对的具体问题，结合大家的知识水平，进行马列主义基础理论和政治问题的教授。他们经常通过讨论会的形式，引导学生提出问题，思考问题，解决问题。尤其是"强调对中国历史和传统文化的学习，而不是照本宣科地空谈国外和教条"①。

中国女子大学中的不少学员，大多数是在学校中参加抗日活动才接触中国共产党的。她们对党的历史也知之不多，而且过去或多或少受到社会上所谓教育救国、实业救国、科学救国等教育思想的影响，而对历史上农民运动为什么失败不甚了解。比如"孙中山先生对工农重视了，但也要去'唤起'，所以不少同志思想深处还存在对人民力量认识不足的问题。这个问题不搞清楚，就是有了共产主义的伟大理想，最低纲领的实现，依靠什么力量去完成还是没有解决。"② 于是女大在授课过程中，不仅讲授中共革命史、社会发展史，讲授毛泽东、刘少奇等人的著述，而且还请老一辈讲革命故事，增强对工农的感情，重新认识中国革命主力军。讲述两次国内革命战争中，武装起来的工农在党领导下，曾取得的许多胜利和英勇事迹。特别是讲述革命失败后，他们历经艰难险阻，爬雪山，过草地，宁吃树皮草根，也丝毫不侵犯人民利益；打土豪，分田地，保护人民的利益，人民送子弟入伍，拥军爱民的情景。此外，还请一些老工会工作者、老工人讲"五卅惨案"和周总理领导的上海武装起义等，学员们均受到深刻教育。同时更现实的是当时还讲了白求恩大夫的事迹。

由此不难看出，延安时期的史学教育，不仅在于讲授知识体系，更在于体现其政治教育的目的和宗旨。实际上，这也是延安时期史学研究的重要原则。何干之即说："历史是有机地连贯着，'现在'有'过去'而来，'现在'又产生'未来'，要知道'未来'，先要知道'现在'，不知道'过去'，也不知道'现在'。"那些"以为中国的问题，只限于眼前的问题，而一切历史的东西，只是学究书痴子的玩意儿，是一种极偏颇的看法"③。叶蠖生在《抗战以来的历史学》中也说："抗战推

---

① 陈业主编：《江潮集：刘芝明百年诞辰纪念》，辽宁人民出版社2007年版，第39、41页。
② 《延安女大：纪念延安中国女子大学建校五十周年》，纪念延安女大五十周年筹委会1989年编，第36页。
③ 《何干之文集》第1卷，北京出版社1993年版，第121—122、268页。

动一切学术更走向实践之途,它的理论斗争和实践更密切的联系着,历史学自然也是如此。"具体体现在抗战派是"从历史的发展规律中证明抗战胜利的可能性及今后建国应走的道路,或者从历史上民族斗争的光荣史迹来鼓励抗战的信心,或者从历史上民族败类的卖国阴谋来提高对投降分子的警惕性"[1]。史学研究为抗战服务,同样也体现在史学教育方面。

毛泽东在中共六届六中全会上就特别强调教育为革命服务的问题。他说:"一次伟大革命战争的胜利必须要有伟大的革命战争教育运动与之相辅相成。"这就需要通过教育"完成提高民族文化与民族觉悟这一伟大的任务"。通过教育,将其与抗战和革命联系起来,以此作为开展实际工作的重要依据。这也就是中共中央一再明确提出"除了教授马克思列宁主义的理论之外,又要教授中国历史与中国情况,党的历史与党的政策,使学生既学得理论,又学得实际,并把二者联系起来"这一原则的重要缘由。也就是说,在历史教育方面,要使学生能够用马克思列宁主义的精神和方法去分析中国历史与当前的具体问题,去总结中国革命的经验,进而能使学生养成这种应用的习惯,以便在他们出校之后,善于应用马克思主义的精神和方法去分析问题与指导实践。一言以蔽之,"马克思列宁主义教育之目的是为了培养改造现实的战士"[2]。应该说这样的目的是达到了。还在1939年纪念"五四运动"之时,毛泽东就针对延安青年的教育说:"现在全国广大地区的学校,革命理论不多,生产运动也不讲,只有我们延安和各敌后抗日根据地的青年们根本不同,他们真是抗日救国的先锋,是全国青年运动的模范。"[3]

如果说延安时期的青年运动是模范,其中一个重要因素就在于中共针对延安青年所实施的思想政治教育。陕北公学之所以备受瞩目,能够为人们所熟知,就在于它所实行的是"革命的政治教育"。成仿吾说:"我们的政治教育从教学内容到教学方法都和旧学校根本不同,我们在教学实践中逐步形成了一整套革命的教育制度和教学方法,这在中国教

---

[1] 叶蠖生:《抗战以来的历史学》,《中国文化》1941年第2、3期合刊。
[2] 《教育上的革命》,《解放日报》1942年1月13日。
[3] 中共中央文献研究室等编:《建党以来重要文献选编》第16册,中央文献出版社2011年版,第287—288页。

育史上是一个创举。"① 这样的"创举",在安吴青训班中有着同样的体现。据冯文彬说,青训班教育工作的政治原则,有两句话最足以代表,就是:"一切经过统一战线,一切为着统一战线。"不但从教育内容上看是如此,从实际行动上看亦是如此。他说,

> 今日中国的青年,显然在政治理想上有很多分歧,但只有一种口号能够团结他们全体,就是抗日民族统一战线。我们对一切从左方从右方怀疑统一战线的青年都是绝不惮烦的加以说服,向他们耐心的宣传三民主义的民主共和国和抗战建国纲领在今日中国的适宜性和必要性,对一切爱国党派的活动竭虑保证其自由,而对汉奸托匪分子则坚决迅速的予以暴露和打击,并且根据真凭实据将他们送交政府裁判处分。

因此,只要于统一战线有利又为他们力之所及的,他们无不尽心竭力地做到。对于毕业的同学,他们无论在什么时候什么地方做什么工作,都能在军队、行政教育机关和群众团体中建立信用,"八千以上的毕业同学,在鲁西、皖北、豫北、晋南、晋西、晋东、冀中各地正规军和游击队里,在华中、华南的群众工作里,在若干高级的军事政治学校和若干地方政府里,大多数都能表现出任劳任怨、视死如归的牺牲奋斗精神,大大博得了全国上下的赞许"②。青年学生之所以能够有着如此的表现,就在于在整个教育教学的过程中,皆以思想政治教育作为基础。史学教育自然概莫能外,无疑是开展思想政治教育的重要组成部分。

---

① 成仿吾:《战火中的大学》,人民教育出版社1982年版,第31页。
② 李智主编:《熔炉·丰碑:安吴青训班文献集》(下册),中共党史出版社2006年版,第524页。

第三章 延安时期青年学生的社会实践

读书是学习，实践也是学习，而且是更重要的学习。革命战争年代的学习，"不是先学好了再干，而是干起来再学习。干就是学习。"① 这里所谓的"干"，就青年学生而言，就是社会实践。延安时期的青年学生，他们不仅要接受军事训练，要亲自参加生产劳动，开展社会调查，更要走到广阔的基层社会进行实际锻炼。通过更为实际的工作实践，来践行延安青年的模范作用和革命担当。因此，延安时期青年学生的社会实践，是一种更为重要的"学习"，也是考验青年学生的一块"磨刀石"。只有在丰富多彩的社会实践活动中，才能承担起抗战、建立新中国的历史重任。

一 富于战时特色的军事化实践

战时从各地奔赴陕北的青年，尽管有着抗日救国的强烈愿望，但是毕竟缺乏实际斗争经验，也缺乏必要的军事知识和军事化训练。"青年同志的自然的缺点是缺乏经验，而革命经验是必须亲身参加革命斗争，从最下层工作做起。切实地不带一点虚伪地经过若干年之后，经验就属于没有经验的人们了。"② 其中参加军事化训练，就是青年学生社会实践的必修课。

1938年8月，朱德从前线回延安途经西安时，专程去泾阳县安吴堡，在向青训班学员所做的报告中，就明确地提出了这一点。朱德说，现在是战争年代，青年到前线来的工作就是练习打仗，"革命的青年，

---

① 《毛泽东论教育》，人民教育出版社2008年版，第13页。
② 共青团中央青运史研究室等编：《安吴古堡的钟声：安吴青训班史料集》，中共党史资料出版社1987年版，第15页。

如果不学会打仗，决不会把中国弄好，革命决不能成功。日本法西斯蒂，要我们青年做他们的奴隶；封建的恶势力顽固分子，要我们青年做他们的工具。这许多都靠我们在打仗中求得胜利，才能把这些敌人打退，建立我们幸福的社会"。青年"只有到实际工作中去学习，才能学习到真的东西，才能把自己锻炼成一个革命的战士，才能把工作做成功"①。抗战初期成立的安吴青训班，就是将军事训练作为青年学生社会实践活动的重要内容。

安吴青训班，是抗日战争初期中共中央青年工作委员会为适应抗战需要和广大爱国青年抗日救国要求，由西北青年救国联合会出面，在国民党统治区陕西泾阳县安吴堡创办的一所战时青年干部学校。这所学校是以"抗战的军事政治武装青年头脑"作为办学方针，青年从进校开始，就实行军事化的管理和要求，实行严格的组织纪律。其中首先就表现在教学单位编制以"连"为单位。青训班在最初决定教学单位的时候，也曾经有人提出机械地按照学历来分成大学、中学、小学各部，但是从经验看来这种分法实在不妥当。据刘瑞龙说，学校"在入学测验时，有许多大学生连三民主义的基本内容，或是简单的政治常识都不大熟悉，也竟有些初中学生由于自学的努力，政治了解程度远在大学生之上，这种选择甄别的工作，大多是在入学口试时，经过郑重谈话后决定的。"因此，考虑到学员们多从全国各个不同的地方来，社会出身不同、职业不同，年龄性别也不同，文化程度及政治水平的差异也就可想而知，为着教育及学习上的便利，以连为单位，以政治水平、文化程度、社会经验为标准，分别编制，分为高级、普通、低级三种单位，高级班都是由政治认识文化水准较高的一部分大学生及留学生组成，政治水平比较差一点的，编成普通班。至于农民、商人、士兵、小贩等，都编在低级班。为了生活上的方便，女生是单独编成一连，因为程度不齐，上课时还是分别和其他连一起听课。一部分毕业学员为了继续深造，学校又组织了研究班。在学校指导下，研究他们将来出去工作时必需的更多的知识。②

于是，各个学习连队仿效红军时期建立"列宁室"的做法开展一

---

① 《青年要学会打仗——朱德将军给西青战工团的讲话》，《中国青年》1939 年第 1 期。
② 共青团中央青运史研究室等编：《安吴古堡的钟声：安吴青训班史料集》，中共党史资料出版社 1987 年版，第 76 页。

切活动。青训班无论上课、出操、点名、集会，"都须站队听从指挥员的指挥"，集合时要"迅速肃静，不得迟缓、谈话、吵闹"；青训班学员"闻起床号音立即起"，起床后"立即整理被褥，注意整齐划一"；寝室内不得漱口洗脸，"内务整洁，必须整日保持"，学员"闻熄灯号音立即熄灯，如有（特）个别事故，须经过队长许可"。如有违反这些规则者，"得由连部及同学随时劝解并提出批评纠正之，若数次不改或所犯纪律特别严重时，可由学生会召集全连大会开展思想斗争而教育之，直到开除其学籍为止"①。

  青训班的日常生活，实行的也是一种军事化的管理模式。这种模式，极大地锻炼了学员们的精神意志。正如一些学员回忆说："那时每天都生活在革命的激情和悲愤中。比如唱歌，总是饱含热泪和充满激愤地唱《流亡三步曲》《大刀进行曲》等，这些救亡歌曲教育和鼓舞了我们这一代的青年和全国人民。"特别是"青训班作息时间很紧凑，每天的活动安排得一个接一个。无论是紧急集合还是清晨出操，大家总是在梦里一跃而起。早晨一睁眼就唱歌，只要一个人带头，大家就跟着一起唱。现在回想，那时是处于一种精神上的亢奋状态，每天无论干什么都不觉得疲乏，不觉得苦，似乎找到了自己盼望已久的精神家园，做事情都是全心全意地投入。"② 青训班学员虽不穿军装，但过的却是军事生活。他们早上起床打好背包，全副武装跑到操场出操。平时在堡子外的山坡或树林里练习爬山。最紧张的是夜间紧急集合。"不准点灯，在五分钟内穿衣服、打裹腿、打背包，把碗筷鞋袜所有个人用具都背上，跑到指定地点集合练习夜行军。"他们还练习晚上轮岗放哨。据一些学员回忆说，一次冯文彬③来检查站岗放哨，他有意在头上蒙了个什么东

---

① 共青团中央青运史研究室等编：《安吴古堡的钟声：安吴青训班史料集》，中共党史资料出版社1987年版，第38—40页。
② 高沂：《沂水流长：我的往事忆语》，人民教育出版社2008年版，第57页。
③ 冯文彬，1911年出生，浙江诸暨人。1928年加入中国共产党，被选为上海总工会常委。1929年夏到闽西。1930年春任红四军军部交通大队政委。1931年11月任共青团苏区中央局巡视员。1932年冬任共青团福建省委书记。1933年7月任少共国际师政委。1934年任红一方面军十五师政治部主任。到达陕北后，历任陕甘支队第一支队一大队政治处主任，红十五军团政治部副主任、团中央书记，中共中央青年部长，中青委副书记、书记，团中央第一书记等职。中华人民共和国成立后，历任团中央书记、团中央书记处书记，中共天津市委常委，上海市委工业生产委员会副主任，中央党校副教育长、副校长，中央办公厅第一副主任、中央党史研究室副主任，中央党史资料征委会主任等职。是第一届全国政协常委，在十二大、十三大上被选为中顾委委员。

西，两手向前抓来抓去，这时周围一片漆黑，我们始终严肃认真地坚持站岗，问口令，一点不含糊。后来他取下蒙的东西，"表扬我们站岗勇敢、严肃，认真负责。"① 另外，在学习中还进行过一次实战演习，分敌我两队进行作战。

1938年3月27日到4月中旬，青训班学员进行了为期半个月的野营大演习。整个青训班总共一千多人，编成青年自卫团，冯文彬任政委，军事科长李东潮任团长。全团编成两个营、六个连，第一大队队长李田夫担任一营营长，高沂担任一营一连连长。这次野营全团进行了各种军事科目的演习，包括白天行军中的遭遇战、进攻和防御战、防空演习，夜间进行布哨、破袭战、夜战等，几乎涉及全部军事科目。当时虽然没用真的武器，但是要求逼真，每个人都必须进入战斗的角色。这样每天日夜都有任务，睡眠时间很少，但学员们精神振奋，并不觉得疲劳。一连百余人在一次遭遇战中，由于高沂指挥失误，导致全连"覆没"。在总结这次战斗时，营长李田夫对高沂的指挥错误做出了这样的处分："枪毙高沂一次。"这件事使高沂长期不忘。这次演习也使每个学员都经受了一次全面的锻炼和考验，在实践中学习和发扬了红军的光荣传统和作风。其中能吃苦是重要的一条，当时的口号是："平时多流汗，战时少流血。"② 关于青训班的军事演习实践，著名民主人士李公朴曾专门做过介绍。他说，青训班的许多课程，不是在讲堂上讲或讨论研究所能深刻了解和运用的，所以演习成了他们最重要的教育方法之一。他们演习，常是把许多工作同时实施。如演习游击战，他们有时到八九十里路以外的地方去演习五六天，民运工作和军队政治工作也同时演习，甚至还到那地方去召开军民联欢大会，表演各种游艺节目。这样活生生的教育，"不仅可以使他们得到真实的知识与经验，同时也可以提高他们的学习兴趣。他们在演习时，也就采用了非常时的军事组织，完全与军队一样。"③

抗大是实行"三分政治，七分军事"的军事学校，是培养军政干部的学校。因此，参加军事化训练和实践自然就是应有之义。毛泽东在

---

① 《西安文史资料》第13辑，陕西省西安市文史资料研究委员会1983年编印，文史资料出版社，第100、104页。
② 高沂：《沂水流长：我的往事忆语》，人民教育出版社2008年版，第59页。
③ 李公朴研究会编：《李公朴文集》（下），群言出版社2012年版，第883页。

抗大第四期第三大队的开学典礼上的讲话中也指出，抗大学员的学习任务的第一项，就是要打日本。因此学员"要学做一个军人，学点军事本领。军人是老百姓变来的，大家都不肯做军人，便不能打败日本帝国主义；要广大的老百姓都愿意变作军人，才能打败日本帝国主义。所以你们要学做一个军人，要学军事，要学战略战术"①。因此，抗大同样是实行军事化编制，以队为基础进行学习训练。

抗大学员的日常作息时间是十分紧张的。早晨一听起床号就得起来，一边唱着军歌，一边穿衣服、打背包、扎裹腿，全副武装五分钟列队。遇有敌情或是演习，紧急集合完毕，全队只有三分钟。分头检查各班住房，如有漏掉物件，要作检讨。每班都有公共米袋、个人米袋、手榴弹、子弹袋、挎包、背包、瞄准架、枪架、缸子架、阅报栏、问答栏、生活检讨栏等。行军时，每人负重50斤以上，不能弄出响声。每天出早操，先跑步，接着就投手榴弹、爬障碍、走独木桥。天再热也不准解开纽扣，冬天再冷也不准戴手套、穿棉鞋。夏天在树林里上课，冬天在向阳的墙根上课。熄灯号一响当即休息，每天的生活既紧张又规律。② 进行野外军事演习更是必不可少。每期军事课目基本学完，学员都有一定基础之后，学校都要根据实际情况组织一两次行军、野营或战斗演习。每次野外演习，行政干部和教员都亲临现场示范指导。演习的方式很多，有排、连、营的进攻或防御战斗演习，有行军、宿营或各种恶劣气候条件下的演习。抗大特别注重夜间动作的训练与演习，以适应游击战争的环境。这样的演习不仅是针对专门的军事学员，也包括普通青年学员。

抗大四期学员基本上都是普通知识青年。1938年7月中旬，第四期学员毕业时，学校就组织过一次由第一大队第二支队与第二大队参加的对抗演习。演习的课题是"在团的背景下前卫营的遭遇战斗"。演习开始时，第二大队从延安出发，称为"南军"，提出"配合延安友军消灭进占瓦窑堡的敌人，收复瓦市，夺取蟠龙，保卫延安"的战斗任务，向北挺进。第一大队第二支队则从瓦窑堡地区出发，称为"北军"，提出"配合鄜县（今富县）友军截断延蟠公路，破坏敌人交通，夺取敌

---

① 《毛泽东文集》第2卷，人民出版社1993年版，第116—117页。
② 李志主编：《抗大精神永放光芒》，黄河出版社2005年版，第140—141页。

人辎重，消灭进占延安的敌军，收复延安"的战斗任务。南、北两军在沿途一百多公里的行军途中，演习了行军组织、宿营安排、敌情侦察、战场警戒等课目，最后双方在蟠龙遭遇，进行了遭遇战、进攻、防御和撤出战斗，以及各种情况下政治思想工作的演习。通过这次一千余人的实兵演习，不仅在近乎实战的情况下检查考核了学员的学习成绩，而且培养、提高了军事教员组织教学和组织实施实兵演习的能力。[①] 抗大的军事训练，是真正地体现了毛泽东在"干"中学、在"学"中干的教育思想。

延安时期青年学生的军事化训练与实践，不仅体现在军事学校，也体现在培养政治理论和干部的学校。不仅要求男生如此，女生亦是如此。中国女子大学同样坚持了这样的原则。

延安女大的学员大都是23岁左右的青年，"看上去稚气未脱的脸庞红润而结实，透出一股青春的活力。她们也是穿着灰色土布军装，宽大衣袖，与其他机关、部队的服装并无二致，不同的是她们很勤快、很干净，总是把粗布军服浆洗、缝补得非常整齐。板正的军服穿在活泼、健康的女学员们身上又显得十分庄重和英武。"清晨，女大学员们起得很早，跑步和操练。操练的队伍经常是丁雪松[②]指挥，她的声音洪亮有力，又很沉稳，俨然就像一支部队的指挥员。杨家岭上，延水河边，早起的人们总能看到迈着整齐有力步伐的女大学员队伍，队伍中还不时传来清脆、和谐的歌声。那时，学员们经常演唱的都是些慷慨激昂的抗日歌曲，像《八路军进行曲》《大刀进行曲》《游击队之歌》《生产大合唱》《黄河大合唱》《新的女性》等。

中国女子大学的学员，每天都进行着军事化生活。女大的作息时间，按延河对面八路军留守兵团的军号声行动。清晨四时半起床整队下山，在延河边盥洗后，由军事教员吴燕生和军事大队长王岳石指挥，进

---

① 李志民：《革命熔炉》，中共党史资料出版社1985年版，第304页。
② 丁雪松，1918年出生，四川巴县人。中国第一位女大使。1937年加入中国共产党，1938年赴延安，入抗日军政大学和延安中国女子大学学习，任女子大学女生队队长、俱乐部主任。1941年担任陕甘宁边区副主席李鼎铭的秘书。同年与朝鲜革命者、著名作曲家郑律成结婚，1945年随郑回朝鲜工作。曾任朝鲜劳动党中央侨务委员会秘书长。1949年任中国东北行政委员会驻朝鲜商业代表团代表、新华社驻平壤分社社长。1950年回国，到中共中央联络部工作。后调任国务院外事办公室秘书长。1971年后，任对外友协秘书长、副会长。1979年任中国驻荷兰特命全权大使。

行四十分钟的军训。军训毕，各班练歌练舞，六时上山回窑上早自习，七时下山早餐后，再上山做窑内外清洁卫生，八时上课。十二时下山午餐，旋即上山午睡两小时，下午或个人阅读，或小组讨论，至五时半下山晚餐，然后自由活动，至七时晚自习，八时入睡。在她们看来，实行军事化的管理是一种乐趣。"女大的最大乐趣是军事化生活和文体活动，我们的起居活动都实行军事化，除站岗放哨和列队训练外，饭前饭后，课前课后都整队听口令行动，集体的军事化生活，使学员们生气勃勃。有次夜间演习，同学们正在睡梦中，突然紧急集合，摸黑行军，绕了几个山头，走了数十里，天明才发现有穿错鞋的、反穿衣的，各种狼狈相，引得一阵阵叽叽喳喳大笑。"1939年6月下旬，日寇进犯晋西北，有企图渡河进犯陕甘宁边区的态势。面临吃紧的河防，女大也随着延安各机关进入战备状态，停课备战，进行军事演习。这种军事化的训练与实践，对她们而言可谓是"脱胎换骨的磨炼和改造"，最终使她们由一名名抗日爱国女学生成为一名名共产主义女战士。[1]

　　延安一些学校的青年学生，不仅参加军事化训练，而且还利用自己所学的知识制造炸药武器。如延安大学在开展战时教育时，"头两课就是熬火硝和坚壁清野"。当时一些青年学生就倡议说，老百姓需要炸弹，我们应该熬火硝。但是书本里的东西，一经实践，就不是那么容易。他们在化学课本中学过硝酸钾、硝酸钠等。尽管他们也知道硝里边含有盐的成分，有皮硝、火硝，但是真的熬出硝来了，却发现是硝盐，而不是火硝。搞了几天，只熬出硝盐来，大家未免有些着急。经过反复研究试验，最终才晓得硝不能一下熬干，熬干就是硝盐。当熬成浓汁时，把上面漂的一层（盐汁）先舀出去，底下的浓汁就不要舀了，让它一风干就是火硝。学生们"在这一学习中体会到理论联系实际的重要意义，体会到科学是人类劳动的结晶：要科学来为人民服务，就必须动手，绞脑子，通过艰巨复杂的劳动过程"[2]。为了坚壁清野，延大的学生们不分昼夜，担的担，背的背，赶大车的扬鞭赶道，把重要的粮食和家当埋藏在延安四十里以外的山沟中，其余的校具公物，埋藏在延安

---

[1] 《延安女大·纪念延安中国女子大学建校五十周年》，纪念延安女大五十周年筹委会1989年编，第12—13、50、274页。

[2] 《李敷仁诗文选》，陕西人民出版社1984年版，第217页。

附近的后山（去）沟里。一个女学生背了一口重锅，流着满身的汗水背到后山，深深地埋了它，避免让敌人利用和破坏人民一件东西。为了隐藏三窑洞图书，延大师生全部动员起来，不到五天，完成了坚壁清野，编队整装，准备行军的工作。学生们除能带走的以外全部坚壁埋藏。学生在埋藏图书后，还"狠狠地埋了几颗边区自造的炸弹。"①

针对青年学生开展军事训练与军事化实践，是中共革命时代的一贯方针。还在苏维埃时期，毛泽东就指出，为粉碎敌人的"围剿"而斗争，"一切青年壮年的劳动群众都应组织到赤卫军或少先队中去，并且加以好的军事训练与政治训练，一方面保卫地方，一方面准备上前线，这是苏维埃在国内战争中的重要任务。"② 这样的教育方针在抗战时期的陕甘宁边区同样得到了进一步的发展。就在抗战初期，毛泽东就指出："政治上、军事上、经济上、教育上的国防准备，都是救亡抗战的必需条件，都是不可一刻延缓的。"③ 在《论新阶段》中，毛泽东再次指出要"实行抗战教育政策，使教育为长期战争服务。在一切为着战争的原则下，一切文化教育事业均应使之适合战争的需要。"④ 战时教育既是国防教育，那么坚持军事化的管理和军事实践，自当是顺理成章。这样的方针，在陕北公学这一"三分军事、七分政治"的学校，也概莫能外。

罗迈在陕公周年纪念大会上即指出，我们要"引导青年到抗战建国运动中去，从这个运动中教育青年，从这个运动中培养青年成为抗战人才"。他说："抗战建国运动是人才的测量器，只有从这个运动中才能培养与锻炼人才，也只有从这个运动中才能正确地发现与认识人才。"⑤ 因此，在教学管理和组织上，就必须实行军事化的管理，力求将学习生活与抗战的实际联系起来。罗迈指出，学校的军事化训练必须加紧起来。陕北公学"是要加紧军事的训练与学习，养成能为民族解放战争服务的人才"。中国的解放是要与"武装到了牙齿"的

---

① 《西安文史资料》第17辑，陕西人民出版社1991年版，第114—115页。
② 中共中央文献研究室编：《毛泽东思想年编》，中央文献出版社2011年版，第64页。
③ 《毛泽东选集》第1卷，人民出版社1991年版，第256页。
④ 中央教育科学研究所编：《教育方针有关文献资料摘编》，教育科学出版社1988年版，第183页。
⑤ 中央教育科学研究所编：《老解放区教育资料·抗日战争时期》（上册），教育科学出版社1986年版，第345—346页。

日本帝国主义在战场上的决斗中来争得的。因此，必须有够用的、具有强大战斗力的机械化的部队，必须全国老百姓都武装起来，必须全国的青年与壮年都受到军事训练，能够在命令一下时，即刻动员上前线，能够在敌人占领区或占领区的附近，坚持广泛的游击战争。要做到这些，"就必须有成千成万具有军事知识与技术的干部来担负起推动、领导、组织的责任。这责任，已经放到我们的双肩上了"。因此，青年学生"要做一个能文能武的人，才能为民族解放战争服务。能为民族解放战争服务，才是坚强的抗战干部"。所以，青年学生"应该加紧军事的训练与学习，不但要以革命的理论武装我们的头脑，还要以军事的知识和技术来武装我们的头脑与身体。我们时刻准备上前线，时刻准备到敌人后方去，准备好武装民众和指挥武装的能力。"①

也正是由于如此，陕北公学为开展有组织的学习，把学生编成队（连）、分队（排）、班，每十人到十二人为一班，三班到四班为一分队，三分队到四分队为一学习队，班长、分队及队长均由学生选举。队一级，除正副队长外，还有各科学习代表，他们与队主任一起组织学习队部，率领全队学生，来完成自己的学习计划。同时，陕北公学还组织军事化的实践演习。每天清晨6点，军号把学员从梦中唤醒，20分钟内完成内务整理、洗漱，然后全校集合，点名早操，整队露天进餐。同时结合游击战课程，经常进行军事战斗演习。如夜间紧急集合、行军、防空演习、作战等。夜间的紧急集合，并不事先通知，且多在深夜或黎明前进行。同学们听到紧急集合号声后，不准点灯，要求在10分钟之内，将每人的衣、物、书籍、被褥等，打成行军背包背上，然后奔赴指定地点集合。有的学员开始有些手忙脚乱，但经训练后都符合要求了。集合后，有时是夜间行军，月色蒙蒙，脚步匆匆，走过田间小路，又爬上到处是荆棘的山坡。途中，又往往穿插着"敌机来了""发现敌人""捉俘虏"等演习。② 同时还举行"统一战线的演习""游击战争的演习""民众运动的演习"等。特别是通过"八一军事演习"，大大地提

---

① 中央教育科学研究所编：《老解放区教育资料·抗日战争时期》（上册），教育科学出版社1986年版，第355—356页。
② 欧阳淞、曲青山主编：《红色往事：党史人物忆党史》第6册，济南出版社2012年版，第48页。

高了陕北公学学员们的军事实践能力。这样做的目的，就是在任何时候，任何情况之下，学员都能够应付。"如果说真的枪响到延安来了，那末我们就可以及时的都变为学生军，与敌进行战斗，至少绝不至于惊慌失措，因而星散。"学员们虽然紧张劳累，但他们精神上无比欢快。因为他们知晓这是民族革命战争的需要，故而还不断地提议"生活军事化还要大大地提高！"①

延安青年中，有不少青年学员都是来自大城市，他们很少参加抑或从未参加过这样的军事化实践活动，甚至有不少青年从未想到过学生要参加军事化的演习训练。但是在战时的延安，国防教育却是一个明确的教育方针，一切文化教育都要为战争服务。因此，延安青年要在战争中成长起来，就必须能成为一个能文能武的人，就必须参加军事化的训练与实践。故此，参加军事化训练与实践也就成为青年学生必须要修的功课。

二 在政治活动中开展的社会实践

青年是抗战的重要力量，要起先锋队的作用，也即是要起"带头作用，就是站在革命队伍的前头"②。对于延安青年更要成为全国青年的模范，要成为抗日救国的先锋队。这就要求青年学生"不在乎像其他学校那样照着书本一章一章地来上课"，而是首先就要有明确的"政治方向"③。故而，参加政治活动便成为延安青年社会实践活动的必然要求。

"青年是革命家，是行动家，而不是空谈家"，只有革命的行动才能改造世界，"只有在实际行动中，我们才能进一步的认识世界"④。青年学生应该走出学校的研究室，投入抗日战争的"学校"里，参加全面的抗日战争的工作，"静的研究与脱离现实的学习已经是不可能，现在应该把一切都集中在抗日战争上，在这一战争中作活的学习，活的研

---

① 《邵式平教育文选》，江西教育出版社1989年版，第11页。
② 中共中央文献研究室等编：《建党以来重要文献选编》第16册，中央文献出版社2011年版，第285页。
③ 《毛泽东文集》第2卷，人民出版社1993年版，第108页。
④ 洛甫等：《论青年的修养》，青年求知学会编（出版时间不详），第12页。

究，来增强自己的认识，锻炼自己的能力。"① 实际上这样的认识，不仅是党对青年政治实践活动的基本要求，也是青年学生的自觉行动。1936年10月，一位青年学生就刊文表达了他们急迫参与政治实践活动的强烈愿望。这位青年指出，当下是一个"不安的时代"，现在的一切，"全非逡巡迟疑之时"，青年"有自己的哀愁，有自己的愿望。有一些微小的声音也愿意世界知道。我们不懂的要问讯，懂了的要告诉世人"；每一个青年"皆能为卓越的实行家，而不希望每一个可能的实行家都只是战笔为文之士"；每一个有觉悟的青年，要"抛弃一切不健全的思想和信仰，走上救亡运动的道路。凭着自己所仅有的一点信念，挺直地站立起来。认清自己的愿望，树立起自己的意见"。这个意见，是"一个有内容的东西，并非华而不实的谎言和无聊的鹦鹉学语。"② 这样的特点，在延安青年身上更是有着突出的体现。

延安时期的青年学生，是在"熔炉"中锻炼出来的革命抗日先锋，他们的一个鲜明特点就是紧紧地与政治运动相连接，常常是政治运动的重要参与者和推动者。他们参与政治实践活动的最常见的形式，即是针对国内外时政问题展开的辩论交流。

抗大在六届六中全会前，一般是由中央首长进行时事政策报告。之后，抗大成立了时事研究小组。苏德战争爆发后，如何看待第二次世界大战的性质，抗大青年当时存在意见分歧。一部分人认为德国是法西斯国家，它侵略波兰，是非正义性质的战争；英法是民主国家，他们对德国宣战，是正义性质的战争，我们应该支持后者而反对前者。另一部分人则认为，此时双方所进行的都是帝国主义侵略性的非正义战争，我们对双方都应采取反对的立场。③ 于是针对苏德战争爆发后第二次世界大战的性质，就进行过一场政治辩论。陕北公学作为一个统一战线的学校，学员来自全国各地，有的还来自海外，其中也有少数国民党员。学校同样"提倡独立思考，敢于辩论，反对强制服从，反对随便给人戴大帽子"④。当时每个队每周还出版一次《学习导报》，通过自由辩论、

---

① 共青团中央青运史工作指导委员会等编：《中国青年运动历史资料》第13集，中国青年出版社1996年版，第569页。
② 蒋弗华：《青年思想独立宣言》，《学生与国家》1936年第3期。
③ 《徐懋庸回忆录》，人民文学出版社1982年版，第132页。
④ 李维汉：《回忆与研究》（上），中共党史出版社2013年版，第311页。

问题质疑与解答等形式展开。女大则要求每个班推选时事干事，女大学员王云每周到《解放日报》社听时事报告，然后"现买现卖"，召集各班时事干事传达讨论。她还常从《解放日报》社带回一些各国通讯社的资料，如塔斯社、路透社、美联社等的电讯资料，供各班时事干事分析研究，以提高识别各国不同立场和动向的能力。遇有疑难问题或重大事件发生时，则请大指导员向仲华①作大报告，或请指导老师曹若茗同志来给时事干事作专题讲解，使她们掌握更多的知识，以便她们回到各班进行讨论交流。女大学员石澜针对第二次世界大战转变为"反法西斯战争"的客观形势，向驻在王家坪的中央军委总参谋部索取到一张世界地图，用不同颜色勾绘出欧洲战场、亚洲战场、非洲战场，并用红、黑两种颜色做了一些一寸大小的三角纸旗，用大头钉插在地图上，挂在壁墙上。战事发展到哪里，红黑小旗子就插到哪里。大家一看，对战事的进展即能一目了然。随着战况的发展，她们几乎读遍了全世界的地理，把过去刻板的、静止的地理教科书读活了。女大学员在这种时事学习活动中不仅学到了许多知识，而且也学会了在错综复杂的电讯材料中观察分析问题的方法。她们虽然身处偏僻，"却如亲临国际风云"，尤其是石澜，因此同学送给石澜一个"时事博士"的绰号。②

延安马列学院，更是提倡敢于怀疑、敢于发表意见的精神，提倡同志式辩论问题的作风。当时无论是理论课程的学习，还是党的文件的研读，或是各种辅导报告的消化，学员们都要进行民主讨论或举办政治辩论会。常常在一个论点、政策问题上，引起几个小组甚至全班的争论和辩论。比如学习列宁主义问题和《联共党史》时，对当时反对派的观点和主张进行辩论交流；又如对苏联十月革命后实行新经济政策，同样

---

① 向仲华，1911年出生，湖南溆浦人。曾用名向崇如，又名向镇华。1927年加入中国共产主义青年团。1930年参加中国工农红军，同年加入中国共产党。任红三军团团政治处主任、师政治部秘书长。长征后任《红色中华》报社社长，《新中华报》报社社长，新华社社长。参与创建延安新华广播电台。1943年后任陕甘宁晋绥联防军政治部宣传部部长，冀东军区第十三旅副政委，晋察冀野战军第六纵队政委，第二十兵团六十八军政委，第二十兵团政治部主任。新中国成立后，任装甲兵副政委、政委，中国人民解放军军事科学院副政委。1973年任中国人民解放军副总参谋长。1977年任广州军区政委。1955年被授予中将军衔。是中共第十一届候补中央委员。

② 延安中国女子大学北京校友会编：《延水情：纪念延安中国女子大学成立六十周年》，中国妇女出版社1999年版，第244—245页。

各持己见开展辩论；再如对我国旧民主主义和新民主主义的内涵和区别，争论也是热烈的。"经过多次争辩，愈争愈明，有时辅导员参加解释、补充，把学习进一步引向深入。"其时中央宣传部和马列学院还共同组织"哲学研究会"，定期组织学院内外的青年学生，运用辩证唯物论的观点，解答不同的思想问题和生活问题，辩论的"题材极为广泛，论点不受限制，愈讨论愈深入，愈引人入胜"。辩论每周都在俱乐部进行，"礼堂内站满了人，窗台上也挤满了听众"①。

为了让学员能有更深入的比较和鉴别，马列学院更为大胆，学院的阅报室公开陈列包括国民党顽固派报刊在内的各种观点的读物，甚至反共派、顽固派的东西也不封锁。在研究三民主义与共产主义、廉政问题的时候，学院还编辑了种种歪曲三民主义的谬论摘要、关于廉政之各种错误理论思想的材料。这些非但没有使同学们的认识"模糊"起来，或受"其他阶级思想的影响"，相反，"在研究三民主义之后，对共产主义的信仰是更加强了！"②

1939年国民党发动第一次反共摩擦，国统区的报刊大量刊登攻击共产党的消息和文章。当时有人提议组织延安几个学校开展辩论，有的扮演国民党攻击共产党，有的站在共产党立场上反驳国民党。其时马列学院扮演国民党，辩论的地点就在中央党校的礼堂。因为马列学院阅览室订了不少国统区来的报刊，学生可以随便看，所以马列学院这一方准备得比较充分。辩论的结果，"站在共产党立场反驳的一方准备不充分，反而不知该怎样反驳了"。这个消息传到毛泽东那里之后，他对学院的同志风趣地说："你们不是'胜利'了吗？我去驳一驳你们，看能不能驳倒。"随后毛泽东讲了《新民主主义论》中的一些有关问题。他的这篇著作，不仅有力地驳斥了国民党顽固派，最重要的是全面阐明了新民主主义的理论和政策。③再比如抗日战争是持久战还是速胜论，帝国主义是"真老虎"还是"假老虎"，统一战线能否长久不变问题，甚至关于希特勒是真才能还是假才能问题，都是青年学生的政治辩论话题。

---

① 《延安马列学院回忆录》，中国社会科学出版社1991年版，第156页。
② 《策略教育在马列学院是如何进行的》，《共产党人》1940年第13期。
③ 《延安马列学院回忆录》，中国社会科学出版社1991年版，第18页。

1940年，延安青年宪政促进会开展了一次关于宪政问题的辩论，辩论的题目是"实施宪政还是继续训政"。辩论的正方是马列学院，辩论反方是女大，即马列学院一方代表共产党，女大代表国民党，每方3—4人。据杨拯民[①]回忆称，参辩者年龄都在25岁以下。澜波是从马列学院众多学员中挑选出来的，模拟中共代表团的团长。辩论会很正规、双方都很认真，设有评判委员。讲到精彩处，听众掌声不断，也有人在台下呐喊助威。澜波同志那天特意穿了一件夹克，站在台上，显得很精神。他的论点清晰，论据充分，发言铿锵有力，把"国民党代表"驳得理屈词穷，赢得观众阵阵掌声。延安时期，青年学生的政治辩论几乎成为一种习惯性的风气。他们"在平房门前，摆上一张桌子就讲演开了。有讲正面意见的，有讲反面话当'反派'的"。很多青年学生有时故意挑起辩论，从中学习。[②] 甚至在延安的监狱也有时事辩论。著名民主人士李公朴到犯人住的窑洞去参观，正遇他们在开会，十几个人围在一起谈得很热烈，好似很有意思。犯人的生活也是有组织的。他们经常讨论国内外的时事问题。犯人和群众好像是一样的。在面孔上也看不出"囚徒"的模样来。[③]

延安时期的青年集会，是青年学生开展政治活动的另一种实践形式。每逢重大节日或纪念日，青年学生都要开展各种形式的纪念活动。其时中共领导人都会出席这些集会，开展政治宣传和演讲活动。

1938年9月，延安青年就参加了纪念国际青年日大会，大会提出全延安的青年一定要"扬起反战反法西斯的巨旗，英勇地向前迈进！"同时号召"全国青年为保卫大武汉，坚持三年抗战的胜利而奋斗！"号召"一切在后方的青年立刻组织起来，动员起来，参加武装的战斗，

---

① 杨拯民，1922年生，陕西蒲城人。1938年参加中国共产党。1942年至1947年任中共陕甘宁边区米脂县委统战部副部长，米脂市委书记，关中军分区副司令员，中共洛川特委军事副部长兼延属军分区副司令员。1947年至1950年任一野四纵骑兵六师副师长，陕甘宁边区黄龙军分区副司令员，东府军分区司令员，大荔军分区司令员。1950年后，任玉门石油矿务局局长、党委书记，西北石油管理局副局长，中共玉门市委第二书记、市长，陕西省副省长，中共陕西省委书记，天津市副市长，第三机械工业部第四设计院院长，建筑材料工业部副部长，全国政协副秘书长、机关党组副书记，全国政协祖国统一联谊委员会副主任。是政协第一届全体会议代表，政协第二、三、四届全国委员会委员，第五、六、七届全国委员会常务委员。

② 杨拯民：《往事：杨虎城之子回忆》，中国文史出版社2006年版，第184页。

③ 《李公朴文集》上，群言出版社2012年版，第349页。

只有武装的战斗才能最有力地打击和消灭敌人!"号召"一切流亡的青年,立刻组织起来,参加到各种抗战工作部门里,为打回老家而奋斗!"号召一切在敌人占领区的青年立刻团结起来,"为保卫祖国、保卫家乡、保卫自己而奋斗吧!"号召全世界"有血气爱好和平的青年,更有力地来援助中国吧!"①1942年1月4日,延安青年学生参加了中国青年反法西斯大会,延安大学的学生在发言中,痛斥了法西斯的野蛮罪行,拥护大会总报告,并愿为实现大会决议而斗争。1943年,国民党再次发起了反共摩擦。延安大学学生举行了反内战、保卫边区的动员大会。学生群情激昂地揭露了国民党进攻边区的阴谋。同时学生们纷纷报名参加作战部队和输血队、救护队。还有的学生日夜赶制标语、宣传画、歌曲、剧本,并组织宣传队下乡宣传。最后,大会一致通过了向党中央、毛主席的致函:"假如国民党内的反动派敢于进犯我们边区,我们就全体参加保卫边区、保卫党的……武装战斗。我们每一个人都可以放下笔杆、书本,拿起枪、拿起手榴弹来","跟着您和党中央",一直"走到斗争的胜利,走到新民主主义的新中国!"②

五四运动是青年学生的爱国象征。抗战时期,中共与国民党协议,规定"五四"为中国青年节。1939年恰是五四运动20周年,延安预定在"五四"期间要召开群众大会。当时包括马列学院在内的延安青年决定在节日里,整队去参加大会。

其时,马列学院曹言行等同学在学校队伍行进途中,领头高呼口号,并领唱《五四青年节歌》。学校的队伍朝气蓬勃地到达了会场。青年在操场"凝结成钢铁一团",嘹亮的歌声、欢乐的笑语在延安文化沟里震荡。就在这次会上,毛泽东作了《青年运动的方向》的著名讲演,进一步向青年阐述了革命的性质、任务、对象、动力和前途,总结了青年运动在整个革命运动中的地位、作用和基本经验,指明了青年必须与工农群众相结合、青年运动必须与党领导的整个人民革命运动相结合的政治方向,并高度赞扬延安青年运动是全国青年运动的模范和方向。这个讲演,成为指导延安青年运动的纲领性文献。毛泽东作完报告,青年高举两把火炬和闪烁着"新中国的火炬"的大字锦旗,在夜幕中带着

---

① 《延安青年纪念国际青年日大会宣言》,《新中华报》1938年9月15日。
② 王云风主编:《延安大学校史》,陕西人民教育出版社1994年版,第179页。

光明绕会场 3 周后向主席台奔来。与此同时，一名女青年高声朗读着给毛主席的献词，表示："一定要用自己一切力量去实现您向我们青年所指示的任务——把自己的工作与工农民众结合起来，到民众中去，变为民众的宣传者和组织者！"① 1945 年，五四运动纪念活动前夕，斯大林宣布取得世界反法西斯战争的决定性胜利。延安青年学生更是沉浸在无比欢乐之中。延安大学的学生"三日晚举行庆祝晚会至深夜，四日复召开纪念五四大会"，在边区礼堂举行盛大的庆祝活动。日本工农学校②的学生也组成了 250 人的游行队伍。据一位学员回忆说："在工农学校里，大家兴奋得一夜没合眼，都在热烈地谈论着战争结束后返回日本的事。大家听到了那年三月开始的东京大空袭，日本的主要城市相继遭轰炸，已变成一片废墟，心情十分沉重。好在那场战争已经结束了，大家都在集中地考虑一个问题，那就是如何在建设新日本的工作中发挥作用。"③

在 1945 年纪念"一二·九"运动十周年之际，延安青年学生开展了纪念"一二·九"运动并声援昆明师生的盛大集会活动，其中包括不少参加"一二·九"运动的青年学生。冯文彬、陈伯达在讲了中国的情势后，吴玉章特别提到昆明惨案说："最近昆明、成都等地的学生，为反对内战，要求民主而举行联合罢课，昆明学生并因此而受到国民党当局的杀害。对于他们的艰苦斗争，我们应抱着很大的同情，赞助他们，支持他们，希望他们坚决斗争下去，不达目的不止。"齐燕铭也提议："我们应当声援昆明等地反内战运动和重庆反内战联合会。"柳湜讲道："今天昆明等地的学生反对内战运动，也正要求我们文化界，新闻界朋友多多给予援助。我们解放区的文化界、教授和同学们，应该以极大的热情去声援他们。"延大学生代表郝玉林讲话，表示延大学生

---

① 《延安文史资料》第 7 辑，政协延安市委员会文史资料委员会 2004 年编，第 412 页。
② 日本工农学校创办于 1941 年 1 月，目的是对放下武器的日本兵进行政治理论教育，提高他们的觉悟，使其和中国人民一起反对日本法西斯所进行的侵略战争。学校由八路军总政治部下属的敌军工作部领导，由当时日本共产党人岗野进任校长。这些日本人大部分都是过去侵华日军中的士兵，有的当了俘虏后经过教育，认识到本国统治者发动侵略战争的罪恶，要求进步而被送到延安学习；有的过去就是日本国内的共产党员或共产主义的同情者，在战场上主动向八路军投诚并自愿参加反战运动。
③ ［日］香川孝志、前田光繁：《八路军中的日本兵》，张惠才、韩凤琴译，长征出版社 1985 年版，第 78 页。

愿意以实际行动来声援昆明同学反对内战的正义行为。大会通过致昆、蓉、渝等地教授、学生慰问电。慰问电指出："我们对你们为反对内战，要求和平民主的正义行动，遥致敬意；并对死伤同学，敬致痛悼与慰问之忱。"[1]

延安青年学生的政治实践活动，还表现在参加民主宪政和民主选举活动上。1939年9月，国民参政会召开第一届第四次大会，中国共产党参政员董必武等人提出《请政府命令保障各抗日党派合法地位案》的议案，一些中间力量也要求国民党结束党治，保障各抗日党派的合法权利。但是鉴于宪政知识的普及、宪政观念的培育和宪政的真正实行，不能仅仅靠少数人或社会某一阶层的宣传和鼓动，必须动员最大多数的民众积极参与，把宪政运动从较小范围的上层活动变成各团体、各行业、各阶层广泛参加的活动。于是在1939年11月24日，由毛泽东等人发起筹备建立延安各界宪政促进会。随后毛泽东出席延安青年宪政促进会成立大会并讲话。他指出：新民主主义的宪政就是中国人民大众的宪政。打日本需要青年，参政也需要青年，青年应是宪政运动的先锋队，延安青年要推动全国青年起来为促进宪政运动而奋斗。在此情况下，延安青年学生纷纷组织参加宪政促进运动，形成了一股参宪热，正可谓"宪政运动已普遍到每一个角落，深入到人民的各个阶层"，甚至"青年食堂的厨师莫不踊跃参加"[2]。据统计，当时有18万延安青年参加了宪政促进会。延安妇女界以女大为主，由丁玲、丁彤、丁雪松等九十余人发起成立延安妇女界宪政促进委员会。1940年1月7日，在女大合作社（营养食堂）召开了发起人大会。女大孟庆树、丁雪松、张琴秋、杨达、王开、孔筱、林纳、郭靖等均为发起人，孟庆树[3]作为妇

---

[1] 一二·一运动史编写组编：《一二·一运动史料选编》（下），云南人民出版社1980年版，第14—15页。

[2] 萧平：《延安的参宪热》，《中国青年》1940年第4期。

[3] 孟庆树，女，1911年生，安徽省寿县人。1927年入莫斯科中山大学学习。1929年回国后到中共上海沪东区委妇女委员会工作。曾被国民党逮捕入狱。出狱后与丈夫王明等离开上海秘赴苏联。抗战爆发后，同王明等人回国抵达延安，后从延安到达武汉，任中共中央长江局民运部文化教育组副妇女组成员，中共中央长江局妇女工作委员会委员、书记。后担任中国人民抗日军事政治大学第八大队政治处主任，中共中央妇女运动委员会委员，中国女子大学政治部主任，《共产党人》杂志编辑委员会委员。1945年4月至6月作为中直、军直代表团成员出席中共七大。解放战争期间任中共中央法律委员会委员。中华人民共和国成立后，任中央人民政府法制委员会委员兼法制委员会资料室主任。1950年10月随王明赴苏联治病。1953年12月回国。1956年1月再次陪王明赴苏就医。1983年9月5日在莫斯科去世。

委代表主持了会议，会上选出了筹备会秘书处，选出杨达为秘书长，并定于1月17日召开"延安妇女宪政促进会"成立大会。

为了推动宪政的发展，延安青年学生还参加了民主选举活动。在陕甘宁边区第二届参议会选举之时，青年学生们组织选举工作团、宣传队、秧歌队、话剧团，宣传参选意义。同时还抽调女大高一班三十多位同学参加边区政权选举活动，使大家了解抗日根据地"三三制"民主政权的性质，以及进行政权建设的知识。特别是女大陕干班学员折聚英以参议员的身份，亲自参加了这次参议会。作为女参议员，折聚英自然十分关心妇女利益问题。她和其他一些女议员针对第一届参议会制定的婚姻条例提出了许多修改意见。她说，八路军战士在前方作战，由于部队流动性大，交通又常常遇到封锁，因而抗属经常三年五载没有亲人的消息。有人提出可不能让媳妇们没完没了地等下去。因此严格保护八路军现役军人的婚姻也是十分重要的。究竟怎么处理好这个关系，大家争论得很激烈。此外，她们还就动员妇女参加生产、搞好文化教育以及保育婴儿、救济抗属等方面展开了讨论，并提出了意见。参议会十分重视她们的提议。如边区政府委员会第三次会议通过的《陕甘宁边区抗属离婚处理办法》，就参考了她们的提议，并作了如下一些规定："抗日战士之妻五年以上不得其夫音讯者，得提出离婚之请求，经当地政府查明属实，或无下落者，由请求者书具亲属凭证允其离婚"，"抗日战士与女方订立之婚约，如该战士三年无音讯，或虽有音讯而女方已超过结婚年龄五年仍不能结婚者，女方得以解除婚约，但须经当地政府登记。"[①] 在当时的参议会上，还有一批优秀青年学生被选进各级参议会和政府，担任领导工作。

拥军工作也是青年学生社会实践活动的重要组成部分。"拥军是每一革命人民的神圣义务。只有在军民广大群众政治觉悟提高的条件下，才能使拥政爱民和拥军完全避免单纯的服从命令和奉行公事，而成为群众真正自觉的行动。"[②] 在边区政府的倡导之下，青年学生也投入拥军

[①] 延安中国女子大学北京校友会编：《延水情：纪念延安中国女子大学成立六十周年》，中国妇女出版社1999年版，第285页。

[②] 李敏杰主编：《延安和陕甘宁边区的双拥运动》，甘肃人民出版社1992年版，第41页。

工作的实践活动中。

延安大学的学生组成劳军慰问团,开赴前线进行慰问演出。在战争紧急的情况下,他们就直接参战。如由周巍峙率领的"西北战地服务团"、陈荒煤率领的"鲁艺文工团"、胡一川率领的"鲁艺木刻工作团"、王震之率领的"鲁艺实验剧团前方工作团"等。同时,他们还通过各种方式支援子弟兵。1941年9月,延大九名同学为八路军伤病员输过血。1942年正值边区经济困难之际,由前线回到后方的伤病员饮食营养赶不上去,管理部门号召各机关大力为伤病员们捐献蔬菜,延大带头第一家给伤病员们送去了蔬菜,受到了上级机关的表扬。在延大的带动下,其他机关也相继为伤病员们送去了蔬菜。1942年12月,新年即将来临之际,延大学生会发动各班同学,经一日的努力,制作了棉被50床,赠送给由前方回到延安的伤病员,表达了他们对病员的新年慰问。在新年期间,他们还为伤病员们演出了新年节目,并为前方将士寄发了贺年信。① 女大学员倪冰在1939年执行了一次欢迎三五九旅过黄河的任务。在欢迎三五九旅的大会上,倪冰代表延安各界妇女讲了几句话。她说:"你们从前方打鬼子回来,很辛苦,现在你们来到陕甘宁,保卫边区、保卫毛主席,我们热烈欢迎!我们延安各界妇女也要为保卫边区出力,做好自己能做的事,出自己一份力。为保卫边区、保卫毛主席,打败日本鬼子作贡献!"② 其时,倪冰只有23岁。

此外,延安青年学生还协助接待慰问民主人士的实践工作,并在此过程中宣传党的政策和主张。1944年8月间,延属分区专署响应党和边区政府的号召,发扬民主作风,邀请党外人士对党所领导的政治工作进行评议和批评。延安大学学生专门举行晚会,一方面招待他们,一方面用文艺的形式向他们宣传党的方针政策。在晚会上,延大业余剧团演出了反映建立科学观念、破除迷信思想为主题的秦腔剧《河神娶妻》。党外人士们"至深夜始尽欢而散",受到了很大的启发和教育。③ 1940

---

① 王云风主编:《延安大学校史》,陕西人民教育出版社1994年版,第177—178页。
② 《延安女大:纪念延安中国女子大学建校五十周年》,纪念延安女大五十周年筹委会1989年编,第109页。
③ 王云风主编:《延安大学校史》,陕西人民教育出版社1994年版,第171页。

年，著名华侨陈嘉庚①访问延安，女大华侨学员就列队到延安南门外广场，参加延安各界欢迎陈嘉庚先生的大会。欢迎会结束后，陈嘉庚想了解共产党的抗战主张、根据地的施政情况和女大的情况。女大学员廖冰承担了接待任务。当陈嘉庚问到八路军真的打日本不打内战、共产党讲不讲伦理道德、陕北老百姓拥不拥护毛主席共产党以及她们到延安生活习惯不习惯等问题时，廖冰"恨不能一下子把什么都讲给他听"。她告诉陈嘉庚：华侨学生所以冒着生命危险从南洋奔赴延安，就是为了打日本，挽救祖国危亡。并告诉他，她们在南洋就参加了抗日爱国活动，组织了革命团体，阅读进步书籍，她们到陕北两年来，看到听到的大量事实，证明共产党八路军确实是为国为民、真正抗日的。解放区男女平等，互助生产，一片光明。陈嘉庚听得很认真，问得很仔细。当他看到这些海外青年华侨子弟真的变成了革命的战士，一个个又黑又红，粗粗壮壮，朝气蓬勃，成了抗日的先锋，国家的栋梁，"欣慰的笑容一直浮现在他的脸上"②。

陈嘉庚不一定仅凭女大学员的讲述，就能完全改变他的看法，但是从女大学员身上体现出来的这种政治认识和奋斗精神，无疑在改变着他的既有认知。从这个意义上来看，延安青年学生的政治实践活动，实在是有着重要的意义和价值的。

三　躬亲实践开展社会调查

社会调查既是马克思主义的基本工作方法，也是中共的一贯方针。延安时期更是强调社会调查并践行这一方法的重要历史时期。1941 年 1

---

① 陈嘉庚（1874—1961），福建厦门人，爱国华侨领袖、著名实业家、教育家。早年去新加坡经商，为侨居地经济繁荣做出了贡献。他与孙中山结识后加入同盟会，支持辛亥革命，反对帝国主义侵略。1913 年在家乡创办集美小学，后逐步发展为规模宏大、体系完整的集美学校。1921 年又独资创办厦门大学。1937 年后组织"南洋华侨筹赈祖国难民总会"，以大量人力、物力、财力支援祖国抗战。1940 年率"南侨慰劳团"回国视察，对延安寄予厚望。毛泽东誉之为"华侨旗帜、民族光辉"。解放战争时期坚决反对国民党发动的全面内战。1949 年应邀回国参加全国政治协商会议和开国大典。新中国成立后历任中央人民政府委员、全国人大常委、全国政协副主席、全国侨联主席等职。晚年定居集美，继续为祖国社会主义建设事业奔忙。主要著作：《南侨回忆录》《陈嘉庚言论集》《新中国观感集》等。

② 《延安女大：纪念延安中国女子大学建校五十周年 1939—1989》，纪念延安女大五十周年筹委会 1989 年编，第 115 页。

月，中共中央专门就调查研究问题发出通知。通知开篇就对当时存在的问题提出了批评。

该通知指出，现在我们对于中国历史、中国社会与国际情况的研究，"仍然是非常不足，粗枝大叶、不求甚解、自以为是主观主义、形式主义的作风，仍然在党内严重地存在着"。抗战以来，我们在了解日本、了解国民党、了解社会情况诸方面，"仍然多属粗枝大叶的、漫画式的，缺乏系统的周密的了解，主观主义与形式主义作风并未彻底消灭"。许多同志"还不了解没有调查就没有发言权这一真理。还不了解系统的周密的社会调查，是决定政策的基础"。鉴于此，中共中央提出"各级在职干部与训练干部的学校，进行关于了解客观情况（敌、友、我三方）的教育。鼓励那些了解客观情况较多较好的同志，批评那些尚空谈不实际的同志；鼓励那些既了解情况又注意政策的同志，批评那些既不了解情况又不注意政策的同志"。要使他们"与学习马列主义理论的风气密切联系起来。在学习中反对不管实际只记条文的风气，反对将学习马列主义原理原则与了解中国社会情况、解决中国革命问题互相脱节的恶劣现象"。要提倡干部与学生阅读内外各种情况的实际材料，"把讲授与研究这些材料及其结论当作正式课程，给与必要时间，并实行考绩"[①]。依据这一决定，延安各个学校根据自己的实际情况，展开了社会调查的实践活动。

马列学院作为延安时期的最高学府，对于社会调查至为重视。由张闻天组织的"延安农村调查团"，就是众所周知的社会调查实践范例。其时跟随张闻天参加社会调查的成员中多数都是中央研究院学员，其中包括马洪、许大远、薛一平等人。在张闻天的带领下，调查团深入陕北、晋西北进行了长达一年多的农村调查。调查期间，他们为了掌握第一手材料，亲自深入农户家中，对群众的生产、生活、阶级关系、思想动态进行全面系统的了解。

在神府县调查之后，调查团整理出《贺家川八个自然村的调查》报告；在晋西北兴县调查后整理出《碧村调查》《兴县十四个自然村的土地问题研究》以及其他13个自然村的调查资料；在陕北米脂县调查

---

① 中共中央文献研究室等编：《建党以来重要文献选编》第18册，中央文献出版社2011年版，第532页。

后整理出《杨家沟地主调查》的报告。关于这次调查，调查团成员刘英说："这次调查有自己的重点，就是当时的社会生产力与生产关系，从中检验我党抗日战争时期的农村经济政策，提出调整、改善的意见。"① 在整个调查过程中，张闻天一再强调要"不怕麻烦"，"调查研究工作做得是否充分，是决定一切工作成败的主要关键"。在调查过程中，"只要我们肯动眼、动口、动耳、动手、动脚，我们就会在这方面得到成绩"，他说："调查研究，就要不怕麻烦。"② 要"善于同群众接近，生活群众化，诚心诚意抱定当群众小学生的态度，一切不懂的事情都应好好地向他们请教。态度应不太庄严，使群众害怕；也不要油腔滑调，使群众看不起。待人和气、亲热、自然，是最主要的。③" 他还对同行的调查团员说，对于被调查者讲话时，"不要去堵他，而是让他讲完，要帮助他们解决些问题。在人家讲话时，要注意提问的方式，回答的时候，要进行慎重研究，凡是调查中的东西，都要反复研究"。在调查过程中展开个别谈话时，"谈话次数可不拘，总以问题谈清为主，但谈话时间，力求以不妨碍对方生产、损失对方利益为原则。农忙时的中午休息时间及夜晚时间及冬天农闲时间，是最便利于调查工作的。谈话不要采取像审问或填表格的形式，而以生动的、随便的，但又有一定方向的'拉话'为好。"④

对于调查资料的整理，张闻天提出了具体的整理研究办法。他说，最好是一调查完即展开整理研究；在研究过程中要注意综合与分析的方法。"分析与综合的方法，在调查研究中是不能分割的，它们是对立的，但又是统一的，它们是对立的统一。"⑤ 这些资料后经调查团成员分析研究之后形成的调查结论，有着极其典型的意义。从地域上来看，"陕北、晋西北农村是我国北方农村生产力落后的地区，因此神府县和兴县的调查报告以其生产关系、生产力的详细考察内容，为我们提供了宝贵的国情资料；从动态上说，当时两个地区都在不同程度地经历着重大的变革，因此报告从实际得出的生产关系的变化情况，又为人们研究

---

① 《张闻天晋陕调查文集》，中共党史出版社1994年版，第413页。
② 同上书，第331、334、293页。
③ 同上书，第413页。
④ 同上书，第340页。
⑤ 同上书，第294、341—342页。

新民主主义时期中国农村的经济发展趋势提供了切实的依据"。① 由此形成的结论，在中共革命史上有着持久的影响。邓力群②后来说，张闻天"以亲自深入基层调查研究的实际行动为我们树立了理论深入结合实际的光辉榜样"③。

在马列学院社会调查研究之风的影响下，青年学生的社会调查渐成一种风气，一些学员到基层开展具体工作遇到实际困难时，往往也是通过具体调查研究的做法来解决的。

1941年，党中央决定派马列学院的学员去帮助征购粮食。一些学员被分配到庆阳县高迎区。庆阳是个新区，没有经过土改。工作一开始，就发现某些人自报的种地数量与产量问题不少，于是他们便决定从最基础的情况抓起。每到一个村就开展调查，了解最基本的情况。诸如这个村有多少户、多少人，各种多少地，按户登记造册，然后开户主会，反复宣传党的征粮政策。有的农民看见他们是年轻人，以为只会念念文件记记账，一时搞不清谁是谁非，更搞不清他们有多少地，打多少粮。但是通过实际调查，学员们终于摸清了基本情况。学员们每次开户主会，用点名的方式核对人名，逐步熟悉户主。当时很多人坐的位置一般比较固定，只要肯下功夫，几次以后就能记住一些人的姓名，可以指名道姓地与他们对话。这样以后工作"比较主动了"，学员们通过反复调查，找出了依靠力量，发动知情人，逐步求得了合理方案，然后公之于众。广大贫下中农欢迎，地主、富农也比较心服口服。学员们最后总结道："要弄清客观真实情况，必须从客观存在着的事物出发，对周围环境作系统的周密的调查和研究。不能凭主观想象，不能凭一时热情。这使我在认识真理的道路上前进了一步。"④

---

① 《张闻天晋陕调查文集》，中共党史出版社1994年版，第340页。

② 邓力群，1915年出生，湖南桂东人。1935年参加革命。历任北平学联执委，民族解放先锋总队部代理组织部长。1937年后任延安中央党校教务处秘书、教员，延安马列学院教育处长、院总支副书记、院党委书记，中央政策研究室组长、中央材料室秘书、研究员。1945年后任吉北地委宣传部长、东北财委办公室副主任、中共辽宁省委政研室主任。1949年后任中共中央新疆分局常委、秘书长、宣传部长，《红旗》杂志副总编辑。1975年后任国务院政策研究室负责人、中国社会科学院副院长、中共中央办公厅副主任、中央书记处政策研究室主任、中共中央宣传部长。1982年当选为中共十二届中央委员、中央书记处书记。1987年当选为中顾委委员。1990年任中央党史领导小组副组长。主编有《当代中国》丛书。

③ 《张闻天晋陕调查文集》，中共党史出版社1994年版，第341页。

④ 《延安马列学院回忆录》，中国社会科学出版社1991年版，第161—162页。

马列学院改为延安中央研究院后,继续强调社会调查这一作风。按照当时一些学员们的说法,就是"我们不仅向书本学习,而且十分注意深入实际调查研究,向社会学习"。1941年冬天,中央研究院抽调了一批学员,大约有十余人到延安县的姚店区乡做社会调查。他们当中既有政治研究室、经济研究室、文艺研究室的学员,也有文化思想研究室的学员。不少学员都是第一次接触边区新农村。这次调查实践持续了三个月的时间,调查的主要任务是配合边区民主建政的普查工作。同时政治、经济两研究室的学员各有研究的专题,而文化、文艺两研究室的学员则是作为一次向社会学习的机会。这些学员们除了参加普遍调查以外,还进行了其他方面的调查工作。如郭小川曾以极大的兴趣搜集当地的陕北民歌。他不仅采录歌词,还学会了唱腔。每次开碰头会,郭小川总要给学员们唱几首新的民歌。正是在社会实践过程中的调查研究,为他后来形成其特有的诗歌风格打下了良好的基础。还有一些学员,发现在陕甘宁边区这个政治先进的边区农村,还存在流行封建迷信这个矛盾现象,"不禁惊讶而苦恼"。当他们碰到有人生病后要求请巫神时,参加调查的学员们"坚持不准"。经学员们的劝阻,民众才没有这样办。但是他们在延安乡下还是看到不少巫师在病人炕头蹲上跳下、装神弄鬼的场面。通过这些事实,他们逐渐认识到:"唯物主义和唯心主义的斗争,无神论和有神论的斗争,是长期的、反复的、曲折的。"也正是从这次社会调查实践中,学员们切实认识到"对复杂社会现象不躁不馁,一步一步地学会了斗争"[①]。

中央研究院政治研究室的青年学员,则是全部投入了对民主政权建设的调查研究工作。他们不仅对延安派往各地从事选举工作的同志进行了深入的调查访问,而且作为工作人员,他们还亲自参与了陕甘宁边区参议会的具体会务工作。通过这些活动,他们广泛地接触了边区各地各阶层的群众和干部代表,从他们那里了解了边区经济、政治、社会、人民生活等各方面的具体情况。文化研究室是对陕甘宁边区人民的文化思想生活状况进行调查。教育研究室则是调查研究各根据地、国民党区、敌伪区的教育现况。通过调查研究,这些长期钻在书本里的学员们"眼界大开","医治了他们在理论学习上的'消化不良症',把书本上

---

① 温济泽等编:《延安中央研究院回忆录》,湖南人民出版社1984年版,第131页。

的马克思主义转化为具有无限生机的、丰富多采（彩）的伟大革命实践，使我们的耳目为之一新。"政治研究室的马洪①说，他1941年11月21日在陕甘宁边区参议会上听了毛泽东的演说之后，更是把在书本上学到的东西，"联系实际引导到新的思想境界"中去了。而且通过这次调查实践之后，"此后的年月，无论是在农村或者工厂从事调查研究工作，这次调查活动的情景，都反复地在我的脑际出现。而每一次反复，都给我的思想以新的启迪"②。

安吴堡青训班学员，作为延安青年运动的重要基地，同样注重社会调查实践和下乡访问工作。1938年3月，鉴于风陵渡失陷后的战争局面，为保卫陕西，迎接战争，提高学员实战和实际工作的本领，青训班从第五期开始，专门制定了下乡工作大纲、下乡访问要领和地方调查大纲。

大纲要求学员要根据政治处制发的调查表，详细地调查当地情况，调查"不是空洞的描写，而应当指出具体的数目字及具体的例子，并学习画路线图"。在具体调查访问时，既要关注机关访问，也要注意团体访问，同时也要注意家庭访问。大纲要求学员到达目的地后，首先向当地各机关访问，要同联保办公处、保安队部、保甲长建立良好的关系。进行访问时，要"把自己的人数、从何处来、工作任务坦白地告诉他们，然后请他们在工作上加以帮助"，访问时"态度要和气，要有耐心，不可带质问的口吻，不可多盘查他们的行政事项，对于他们的抗日言论，要表示热烈的同情"，并说明"我们愿意帮助他们做动员抗日工作"。自己所要调查的材料，"要从谈话中请他们指教"。访问一次之后，应与他们发生经常的联络，开会请他们来讲话，请他们来参观我们的生活。或

---

① 马洪，山西定襄县人。1920年生，1936年参加牺盟会，1937年加入中国共产党。1938—1939年在延安马列学院学习，毕业后任《共产党人》杂志编辑。1941年后担任延安中央研究院政治研究室研究员、学术秘书，中共中央冀察热辽分局秘书处长。新中国成立后，曾任中共中央东北局和中共中央政策研究室主任、中共中央东北局委员和副秘书长、国家计划委员会委员兼秘书长、国家经委政策研究室负责人、化工部第一设计院副院长、北京石油化工厂建设总指挥部副总指挥。1978年后，任国家建委基本建设经济研究所所长，中国社会科学院副院长兼工业经济研究所所长、院长，国务院副秘书长，国家机械工业委员会副主任，国家计划委员会和国家经济体制改革委员会顾问。1985年至1993年任国务院经济技术社会发展研究中心总干事、国务院发展研究中心主任。1993年4月后任国务院发展研究中心名誉主任。曾兼任北京大学、清华大学、上海交通大学、中国人民大学、复旦大学等校教授。是中共十二届候补中央委员，中共十三大、十四大代表，七届全国人大常委会常委兼财经委员会副主任委员。

② 温济泽等编：《延安中央研究院回忆录》，湖南人民出版社1984年版，第38页。

经他们的同意，派人到保甲队或壮丁队、自卫队中进行精神讲话，协助做文化娱乐工作。对各团体的访问同样应以"友谊对待他们，各团体之间的纠纷应站在抗日的立场上进行调解"，不要干涉各团体的工作，"只能以和气的态度向他们提出改进工作的意见"。进行宣传组织动员民众工作时，"最好请他们来提倡，来主持，我们积极帮助"。访问时，"要特别注意其中的热心抗日分子，与他们取得很好的关系"。对于没有团体的乡村，"应该访问那些农民公共集会的场所。如学校、合作社、茶馆等"。特别"要注意访问保立小学"。在乡村中进行家庭访问调查时，"应首先访问地方领袖，知识分子，同时利用接近农民的机会，访问农家"。访问农民时，"不可采用调查他们的方式，不可采用质问他们的方式，不可采用说教的方式，要从啦（拉）闲话讲起，从农民切身利益说起"。如粮食贵、棉花贱、现在要下雨、山西逃来的难民、农村贷款等问题。从这些谈话中，进行调查宣传工作。如果农民对捐税繁杂表示怨愤，应尽力解释，要改进农民对政府的观念，使他们拥护政府抗日。在访问农家时"要特别着重妇女工作"，不要伤害农民的宗教感情，不可鄙视农民的生活习惯。要耐心地不怕麻烦地去说服他们，"劝他们抗日，以至实际地进行组织工作"[1]。青训班学员的调查访问，不仅为青年运动制定政策方针提供了依据，而且也密切了学员与民众之间的关系。"整个青训班和民众的关系是一天一天地增强了、扩大了"，由此也"掀动更伟大的浪潮，给予暴日一个最严重的打击！"[2]

"做妇女工作，不能例外，同样重视调查研究。"[3] 延安女大作为一个培养妇女干部的摇篮，自然注重社会调查实践。当时一个叫葛瑜的学员，就参加了绥德调查团的社会调查实践活动。但是正如她自己所说："走知识分子与工农相结合的道路，谈何容易啊！"她们当时在一个老乡家住下了，十个人被安排睡在一个大炕上，这家的一位年轻媳妇睡觉时"把衣服脱得精光，赤条条的，但是脚上厚厚的裹脚布却不脱，而且穿着鞋，鞋帮也像鞋底那样密密地纳过"。她看着那硬邦邦的鞋既奇

---

[1] 共青团中央青运史研究室等编：《安吴古堡的钟声：安吴青训班史料集》，中共党史资料出版社1987年版，第48页。

[2] 李智主编：《熔炉·丰碑：安吴青训班文献集》（下册），中共党史出版社2006年版，第320页。

[3] 区梦觉：《怎样在妇女运动中展开调查研究工作》，《解放日报》1941年9月22日。

怪又惊恐,"感到她像是在另一个世界似的"。夜里"我的脚伸出被窝,不小心碰到她的脚,我突然地惊醒,心惊肉跳,生怕再碰上,紧张得不敢入睡。如此熬了一夜,次日再上路时,我一直迷迷糊糊地打瞌睡,这是我永世难忘的下乡的第一天!"葛瑜当时的任务是调查妇女生活的。她调查发现,北方农村仍然每天摸黑起床,摸黑喝"碴碴饭"(一种高粱带壳、黑豆带皮碾成碎末煮的稀粥),吃糠窝窝头。晚餐和早餐一样吃"碴碴饭"和糠窝窝头。一整个冬天都如此,"从来没吃过一餐小米干饭"。她还发现这里的人们普遍患有尿白病、寒腿病,但对他们来说都不算病,从来不治的。女性普遍都缠足,从不洗脚,从不洗澡。当地人说,"一生只洗三次澡,生下来一次,出嫁时一次,死后一次"。在调查过程中,她也深刻地感受到作为一名年轻女学生,虽说是来搞妇女生活调查的,"但满嘴的学生腔"。她在找几位妇女座谈时,问"你们这里妇女的任务是什么?"她们面面相觑,听不懂,费了很大周折,打了好多比方解释,她们听懂了,哈哈大笑说:"没啥,不就是烧茶做饭,养儿抱蛋么!"确实如此,陕北的妇女成天盘腿炕头,不下地干活,连做饭的水都是男人担的。当问到妇女在家中的地位时,她们说:"娶来的媳妇,买来的马,任人骑,任人打","婆婆骂,男人打"。通过社会调查,特别是亲历了陕北乡亲们贫穷、落后、愚昧的悲惨生活后,她们深深地懂得了"灾难深重的祖国人民水深火热的生活境况。它无声地向我提出了要改变这种状况,使乡亲们过上人一样的生活的使命。它剧烈地震撼着我的心灵,党理论上教导给我们的任务和使命逐步渗透于我的血液、骨髓、细胞之中,支配着我的言行。"[1]

延安时期青年学生的社会调查实践,除了开展普通的基层社会调查外,还开展系统周密的社会调查,特别是协助边区政府一些部门开展社会调查,并将调查结果作为边区制定政策的基础。当时马列学院组织了一批学员,构建起几个研究室,他们一方面研究政治、经济、文化、教育、国际等方面的问题,另一方面就是向陕甘宁边区政府各厅局派出一部分学员,对农业、手工业、商业、财政、金融、教育等方面的情况进行周密系统的调查研究,以提高实际知识水平,给中央提供有关的参考材料。延安民族学院民族研究部的学员,则实施开展对少数民族问题的

---

[1] 葛瑜:《延安农村调查散记》,《广东党史》2010年第6期。

调查研究，特别是对蒙古、回、藏三个民族的历史、政治、经济、文化等情况进行调查研究，为学校的教育以及党中央制定民族政策提供科学的依据。延安大学各院系也组织了80多名学生和中央研究院联合组织边区经济调查组，到各地考察，为边区发展经济出谋划策。

特别值得介绍的就是延安自然科学院的社会调查实践。当时，党中央明确要求延安自然科学院"在教学中，陕甘宁边区及其邻近地区的实际材料，应经过各种调查研究的方式充分地利用之"[①]。在这一方针的指导下，延安自然科学院学员展开了数次规模较大的社会调查和科学研究活动。

自然科学院地矿系学员，当时虽然人数很少，但却积极承担着边区对铁矿、煤层资源的调查勘测，弄清楚某些地层的情况。从1941年至1942年，学员们先后考察了延长、延川、安定、安塞、甘泉以及关中等地的地质构造、矿产分布与储量，为边区发展工业提供了条件。同时地质学会学员对绥德煤区进行过调查研究。通过调查发现，绥德地区煤藏丰富，主要区域有小理河流域，以马蹄沟为中心，分布于黄家沟、徐家沟一带，有矿井十七处，井深平均约十五丈左右，煤层共有三层，厚十六至五十五公分不等。另一区域为无定河流域，以米脂龙镇为中心，共有矿井十二处，煤质好，煤层较薄，有十五公分至五十五公分。马蹄沟之煤销于绥德、西川；龙镇煤销于米脂，两处产量均供不应求。其主要原因还不在于资本，而是缺乏劳动力。[②] 生物系师生在系主任乐天宇[③]组织带领下，于1940年夏初次考察了陕甘宁边区森林，了解了各

---

① 延安自然科学院史料编辑委员会编：《延安自然科学院史料》，中共党史资料出版社1986年版，第26页。

② 同上书，第252页。

③ 乐天宇（1901—1984），原名天愚，又名天遇，湖南宁远人。早年就学于长沙第一中学。1921年考入北京农业专门学校，1925年毕业于国立北京农业大学。曾任中共张家口地委农委书记、西北督办署实业厅林业技术员。1927年任教于安徽六安农业学校。1930年任国立河南大学农学院教授兼推广部主任。后任河南第五区农林局局长、湖北文化研究院导师、湖南衡阳船山高级农业学校主事等职。1939年冬赴延安，在陕甘宁边区农业学校兼课。1941年任边区自然科学院生物系主任，兼边区林务局局长。1947年任北方大学农学院院长。次年任华北大学农学院院长。1949年任北京农业大学校务委员会主任委员。其间，组织教授、讲师"东北工作团"赴东北进行农业考察，推广生产技术。1951年起，任中国科学院遗传育种馆馆长、林业科学研究院研究员。1980年用补发工资在宁远创办九嶷山学院。著有《米丘林生物科学的哲学基础》《新遗传学讲义》《自然规律的遗传法则》《森林选种及良种繁育学》《植物生态学》《种性遗传学》等著作。

种植物的生长及分布情况，采集了部分标本。尤其是他们对南泥湾做了仔细调查，受到中央的重视。1941年夏天，生物系学员与生物研究所合作进行本盆地西南部的植物采集工作，共采集到204种、2000余份标本。1942年又在本盆地东南部进行植物采植工作，并参加了陕甘边界槐树庄一带水土病源考察。在考察的基础上，他们将调查研究成果发表在《解放日报》上，起到了很大的作用。在考察地矿资源的同时，学员们还对陕甘宁边区森林资源进行了考察。考察团由乐天宇带队，沿顺桥山山脉及横山山脉前进，途经甘泉、延安、鄜县、合水、华池、曲子、志丹、靖边、安定、安塞、绥德、清涧、延长、延川、固临等十五县，行程47天后顺利返回延安。他们采集了重要标本两千余件，并提出："以边区之有利条件下，森林事业实有大量之发展可能。"① 最后形成的森林考察报告，"已成为凡关心边区的人们不可不看的报告，已成为凡注意边区建设事业的人们不可不依据的材料"②。

与此同时，涉及农业医药方面的调查，也是当时自然科学院学员们社会调查的重点。鉴于边区农村急需防治谷物虫害，生物系学生又把防治虫害列为专题进行调查研究，最终调查研究成果在《解放日报》发表，受到边区人民的重视。生物系的学员还和边区建设厅、延安光华农场合作，深入农村，在广泛调查、试验的基础上，找出了在边区种植棉花的合理办法，提出了一套关于下种、定苗、打卡以及促进早期开桃等的栽培技术，对发展边区棉花生产、解决当时缺棉少布的困难起了很大的作用。1942年，自然科学院学员又对陕甘宁边区的中药材进行了调查研究，通过调查最终完成了《陕甘宁边区药用植物志》一书。这本书不仅填补了陕甘宁边区植物研究的空白，而且对陕甘宁边区中药资源的开发和利用起了重要的推动和促进作用。一些学员在农村调查时，发现某地不少人患有身体矮小、不能生育的奇怪疾病。学员们通过调查分析和研究，最后发现民众饮用的水里含有滴虫和细菌。针对这种情况，他们提出了具体防治意见：把河边的柳树砍掉，让太阳晒到河面，消灭细菌；在饮水中加碘，有的加矾；不睡太

---

① 《森林考察团返延》，《新中华报》1940年8月9日。
② 延安自然科学院史料编辑委员会编：《延安自然科学院史料》，中共党史资料出版社1986年版，第256页。

热的炕；不喝生水。①

总之，延安时期青年学生的社会调查实践活动，有着明确的针对性。它是在批判理论与实践相脱离、学与用相脱节的基础上，在批判主观主义和教条主义的过程中，强调学习的目的是能够正确地运用理论去解决中国革命问题和现实问题这一指导原则下展开的。了解现实是改造现实的第一步。要了解现实，就需要调查研究的方法，去研究瞬息万变的各种情况，去关注周围环境中的各种问题。青年学生的社会调查实践，实际上就是理论与实际相结合、学与用相结合的具体表现。

四　贯彻延安教育方针的生产劳动实践

延安时期注重教育与生产劳动相结合，不仅是基本的教育方针，更是教学计划的重要组成部分。无论是"中学、师范、大学、学院或训练班，都应该把指导战争和生产实际需要的知识列为课程，来部分地或全部地代替那些为升学考试而存在，为所谓正规化而遗留的课程"②。因此，在战时条件下，"一切机关学校部队，必须于战争条件下厉行种菜、养猪、打柴、烧炭、发展手工业和部分种粮"③。正所谓"一面学习，一面劳动"，既是青年学生的必修课，也是他们开展社会实践活动的重要方式。

参加生产劳动实践，从学员进校之后就开始了。乃至于学校的创设，都是通过学生自己动手一砖一瓦建立起来的。抗大搬迁到延安后，由于学员数目陡增，到了第三期开学之际，抗大校舍的扩建已成为非解决不可的问题。为此，学校领导发动全校教工、学员自己动手兴建校舍。当时要求全校建成窑洞150个，需在半个月内完成任务。于是广大教工、学员积极参加劳动，抗大学员中不少人慷慨解囊，把家人寄来的钱捐献出来，有的甚至将珍藏的订婚纪念品——手表、金戒指捐献出来，帮助学校克服困难。经过半个月艰苦紧张的劳动，抗大师生超额完成了任务，共建成175个窑洞，修筑"抗大公路"3000米，初步解决

---

① 延安自然科学院史料编辑委员会编：《延安自然科学院史料》，中共党史资料出版社1986年版，第421页。
② 《根据地普通教育的改革问题》，《解放日报》1944年7月4日。
③ 《毛泽东选集》第3卷，人民出版社1991年版，第911页。

了1000多人的住宿问题，还节约经费2万多元。罗瑞卿说，谈及抗大，"首先便是那个建筑校舍的事业。应当知道：这是一件极端困难的事情。因为他们是一点劳动经验与劳动习惯都没有的一群学生，他们仅凭自己的克服困难与创造的能力，经过自己的手的劳动的创造，在两个星期的时间内，挖出了一百七十多个窑洞，使得将近千人的两个大队立即有了新的校舍了。这对于世界上任何一个学校，恐怕都不能不是一个奇闻，一个伟大的创举。"① 实际上学员亲自动手建校舍，何止是抗大，在其他学校亦是如此。

1940年，中国医科大学搬到延安柳树店。为了解决住处，医大学员们同样自己开挖窑洞。当时土窑洞虽然是一开始打的时候失败了，"睡到半夜塌了下来"。但是第二天一早，同学们又在挖窑洞了。史书翰②感慨地说："永远值得记忆的是：同学和教员用自己的双手修起了巍峨的大礼堂和规模很大的实习医院——和平医院及实验室。"③ 在紧张的建校劳动中，大家团结一致，齐心合力，在很短的时间里，教室、课桌、凳子已齐备完整，还改造了任意漫流的水沟和山坡小路。他们还打深井、挖厕所、编篱笆、建猪圈，平整了供全校师生体育活动的大操场，协助技术工人在山坡上修建了一排整齐美观的石窑洞，作为各科实验室。

战时教育不是处在"学也，禄在其中矣"的时代，不是饿着肚子去"正谊明道"，而是"必须弄饭吃"，离开经济工作而谈教育或学习，"不过是多余的空话"④。因此，教育与生产劳动相结合，首先是要解决"吃饭"问题，也就是要亲自生产、自给自足，以减轻战时边区经济和民众的负担。

---

① 罗瑞卿：《罗瑞卿军事文选》，当代中国出版社2006年版，第18页。
② 史书翰，1909年出生于山西沁源，1935年留学日本，进入东京帝国大学医科学习。1937年回国参加抗日战争，1938年加入中国共产党。1940年任八路军总医院副院长，兼中国医科大学教育长。1942年任中国医科大学副校长。曾讲授人体解剖学、内科学、外科学、皮肤科学等课程。1947年任晋绥军区卫生部副部长兼军区卫生学校校长。后任西北军区卫生部副部长兼西北人民医学院院长。1948年主持创办西北医学院，任院长。1950年任解放军第四军医大学校长。1953年起，任解放军总后勤部卫生部教育处处长、训练局局长、总后勤部学校管理部副部长、中央保健局局长、卫生部副部长等。"文化大革命"中受迫害自杀身亡。
③ 刘民安等编：《中国医科大学校史（1931—1991）》，辽宁科学技术出版社1991年版，第187页。
④ 《毛泽东选集》第5卷，华中新华书店1946年版，第131页。

马列学院在抗战初期实行供给制：每人每天一斤三两小米、一斤青菜、三钱油、三钱盐。每年发单棉制服各一套，每月还发一点津贴，生活是有保证的。起初的生产劳动，主要是种一部分粮和菜，补助生活，有时要砍运一些烧柴。在没有开展大生产运动时，并未规定每人每年的生产任务。但是从1939年春天开始，由于边区经济条件日益拮据，马列学院开始组织男女同学上山劳动，用镢头开荒，播种谷子和土豆。当时学员中除年老有残的如徐海东、谭玉保等人免除生产劳动外，其他学员全部参加。为了解决烧炭问题，学员们经常在城南30华里以外的地方砍柴。砍运的办法是先把树木砍倒，锯成一段段的木头，每块重约10公斤，然后组织同学去背运。因为路程远，往返需要一天。这是较强的体力劳动，除男同学外，女同学中大部分也热情很高，要求一起去。此时的劳动虽没有随后的大生产运动那么轰轰烈烈，但经过自己的劳动，生产出来的劳动果实，不仅补助了生活，更重要的是使从未参加过体力劳动的知识青年，通过实践提高了革命的觉悟。有的同学说："今后如有人站在地主阶级的立场上，反对减租减息和土地改革，就让他在这太阳下锄一天地来烤一烤。"①

抗大的口号就是"劳动也是一门课"。特别是在大生产运动期间，校部决定把各队的炊事员取消，由学员轮流做饭。这样学员们又学会了挑水、种菜、劈柴、烧火、炒菜、做饭。同时还学会了如何管理、调剂好同学们每天的伙食。司务长把每天的粮食油盐按人数标准称好交给做饭班的班长，晚饭后把未用完的东西交还司务长。每月一结算，账目清楚。根据节余多少，由队的经委会决定如何改善生活。为了节省菜金，改善伙食，参训队的学员每个星期天都去崂山砍柴背柴，背一次，可烧一周，每人背多少未作规定，因身体条件不同，个人量力而行。同学们谁也不愿落后，没有偷懒的。②

中国医科大学的青年学生，为解决自己的生活问题，主动与乡亲们合作挖了许多眼井，种了一片片菜蔬。更值得一提的是，医大学生们编制的柳条筐子竟是畅销一时的商品。编制柳条筐一开始是一个炊

---

① 《延安马列学院回忆录》，中国社会科学出版社1991年版，第182—183页。
② 《忆抗日军政大学第一期参谋训练队》，抗大参谋训练队回忆录编辑组1995年编，第92页。

事员自己编，紧跟着同学们蜂拥来学，随编随卖，"最后竟到了不事先订货，还买不到"的情形。同时，学生又搞起纺线竞赛。医大的同学，不分男女，善于纺线、工于织衣，连纺车都是自己制造。全体同学为了支援边区炼铁，还到山上烧了几十万斤木炭。生产劳动为同学们开辟了广阔的生活道路，改造了思想，锻炼了身体。"那些来自蒋统区的小知识分子们，也越加体会到劳动创造一切的真谛了。"在大生产运动期间，医大学生展开了全校性的开荒生产劳动。全校九百多人，接受了平均每人一亩地的开荒任务。当时仅停课一周，就开垦了一千多亩荒地，播种了谷子和其他作物，超额完成了生产任务。秋收时同学们以胜利喜悦的心情，收回了大批的劳动果实，共收获粮食十多万斤，还有大批的萝卜、南瓜和大白菜等。由于这时学校人员已减少约一半左右（一部分调到晋察冀，护士大队已全部毕业分配工作），所生产的粮食自给有余，遂将多余部分通过当地政府，对生活困难的居民群众给以支援。在生产劳动中，同学们都争先恐后地积极参加，劳动结束后，绝大部分同学都受到表扬，成为队里的劳动英雄。林春芳、吕坚二同学被评为全校劳动英雄，并报请陕甘宁边区政府批准，颁发了劳动英雄证书及奖金。他们把奖金全部捐献给伙房，让大家改善了伙食。[①]

  延安鲁艺的生产劳动实践，更是在1939年、1940年和1941年掀起了三次高潮。1939年初，鲁艺召开了全院教职学员大会，号召大家一面学习，一面劳动，战胜经济困难。1939年，鲁艺有140人连续劳动4个多月，总共开出433亩荒地。冼星海和塞克在劳动中创作出《生产大合唱》，受到群众的热烈欢迎。1940年，鲁艺又掀起了生产劳动热潮。全校选出了130个强劳动力，组成一个开荒队，分成8个分队。他们每天上午上课，吃过中饭后，各人带着两个馍作为"劳动点心"整队出发，到指定的山坡去开荒。两个人合用一把锄头，一个人使劲地干，一个人在旁边看小说，轮换着休息。陕北高原不时传来邻山伙伴的"开荒——开荒——"，"指望——看今年——收成好——"的爽朗歌声。每次劳动大约三个半到四个小时，队长就吹哨收工整队回校。当时

[①] 刘民安等编：《中国医科大学校史（1931—1991）》，辽宁科学技术出版社1991年版，第188页。

女生产队有 30 多人，也分几个组，留在学校里，有的缝衣服，有的切洋芋种，有的给男同志洗衣服，有的做大扫除和帮厨做饭等。有时，她们还从事酱黄豆、辣萝卜干等副业生产。这一年，学员苦干了 19 天，共翻地 616 亩，播种谷子 90 亩，种黑豆 25 亩，洋芋 155 亩，玉米、豆角等 13 亩多，种树 690 株，缝衣服 273 件，切洋芋种 4966 斤，同时还进行了打窑洞、修炕、修路等生产劳动。1941 年开始，全边区和各抗日根据地的军民掀起了铺天盖地的大生产运动。鲁艺于该年年初组成了生产大军，春季上山开垦荒地和播种农作物，夏季锄草，秋季收获，冬季贮藏粮食。这一年，师生们超额完成了生产任务。鲁艺也同延安其他各单位一道开展纺棉线劳动。当时，还学习手摇纺车纺棉线等。[1]

延安青年学生开展生产自给的劳动实践活动，取得了显著的成效。在生产自给方面，仅 1939 年，全边区的机关学校就开垦荒地 113414 亩，收获粗粮合计约 11825 担（合细粮 5830 担）。收获蔬菜约 120 万斤，解决了 2 万多人所需粮食的 1/4、马草的 1/2。因生产任务过重，影响了学习和工作，1940 年生产细粮 3000 担，蔬菜 90 余万斤。1941—1942 年间，如果将生产自给与供给相比，前者占 57.5%，后者占 42.5%。[2] 青年学生的生产自给不但解决了日常经费的大半，而且也解决了日益严重的财政经济困难。至于从生产劳动实践中学到的经营经济事业的经验，更是不能以数字计算的"无价之宝"[3]。

延安青年中参加生产劳动的学员大部分是从来没有劳动的知识分子与学生。他们在此前几乎没有参加生产劳动实践的经验。正如抗大的一位学员所说："我一直生活在大城市里，刚参加八路军时，除空手走路外，其他担、抬、背、挑等都不适应。特别两肩压不起，走不多远就痛得受不了。刚开始背柴时，肩上垫了衣服也只能快走争取能多休息，以减轻肩痛；可是肩膀不耐压，停休太多还是掉队在后面。当自己了解到八路军频频战胜日寇除了政治和军事指挥等因素外，还有一个原因是八路军人人都能走、跑、爬山、走夜路和背、扛、拉、挑，因此部队运动常比日寇神速因而常能取胜，既然自己希望抗日必胜，我也必须练好这

---

[1] 张腾霄编：《中国共产党的干部教育·抗日战争时期》，中国人民大学出版社 1988 年版，第 200—201 页。
[2] 《毛泽东选集》第 5 卷，华中新华书店 1946 年版，第 136、137、149—150 页。
[3] 同上书，第 150 页。

种本领。这样每周一次的背柴成了锻炼的好机会。"① 通过生产劳动，使得这些青年学生连同工农出身的干部及勤务员、伙夫、马夫一起，组织在生产小组中，从事开荒种地。这样就"使一万多个知识分子与青年学生第一次从自己的亲身体验中懂得了什么是劳动，锻炼了他们"。"边区老百姓看见或听见所有党政机关的工作人员青年学生——从共产党中央委员至小勤务员，一律上山种地，感动了他们，大家热心开荒，成为历年开荒之冠。"②

当然，延安青年学生的生产劳动实践，并不仅仅局限于在学校之内，同时在校外特别是在基层社会中，也在开展生产劳动实践。安吴青训班就要求学员必须深入基层与民众结合起来。青训班学员曾用一种诗话的语言描述了当时的情景：

> 春里闹了荒，十家有九缺了粮，他们向谁诉呢？三五成群来到青训班，可惜大家都是穷朋友，当然，同病更相怜，万分勉强的从预算中抽出一点钱来，只有九十一元，不谈利息与担保，分别借与顶穷人，还商定挑柴来卖，一到准收，还代请求县当局作更普遍的放款！麦子收割时，大家没钱怎雇人？他们向谁诉呢？三五成群来到青训班，好！没钱可以借，有力好帮忙，工作人员和同学去帮抗日军人家属和穷苦农民割麦，割了有四次，动员二千多人，完成四百十七亩麦子，五十一亩扁豆。嘿！我们大多是没干过粗（活）的呐！可是为了救亡工作，用了竞赛办法，个个要完成任务，超过任务，一半以上的人手起了泡，这有什么关系，泡破出血还得干呢！唱着歌，谈着笑话，和农民们愉快地融洽着，此（比）什么都强呢！民众多少为难事，小娃没书念，贫病没钱医，他们向谁诉呢？三五成群来到青训班，好在教员是我们大部分学的本行，来好吧！当教员去，每月只收津贴两元，冯大联五保的教员，因为住得近，连饭都是吃青训班的呢！至于贫病可为难，因为青训班的医务所每月只有三十元经费，都要防治一千五六百人的生病，不过

---

① 《忆抗日军政大学第一期参谋训练队》，抗大参谋训练队回忆录编辑组1995年编，第55页。

② 《毛泽东选集》第5卷，华中新华书店1946年版，第136页。

"老乡"的事还得办，诊治不收费，药品自己买，但是有的还是拿了就走。民众多少不平事，山庄妇女受欺侮，公家派款说不公，他们向谁诉？三五成群来到青训班，但是我们又不是政权机关，我们怎么办？地方行政转告保甲长，有时也和民众来商量，群众意见顶公道，帮忙和平解决，大家满意！①

延安女大学员，也经常翻山越岭到三十余里以外的地里，帮助民众挥刀持锄、披荆斩棘地开荒耕种，起早贪黑地收割庄稼。鲁艺学员则是较好地贯彻了"一面劳动，一面工作"的方针，在帮农民秋收的同时不忘创作。

延安时期，每到春种秋收的同时，中央都要号召机关学校帮助群众生产。1938年秋天，鲁艺组织师生走出校门，拿起镰刀和扁担帮助"抗属"和群众收割庄稼。沙汀、何其芳就带领文学系第一期学员，到二十里铺参加秋收工作。他们把学员分成若干组，分散住在群众的家中。当时莫耶②就是其中之一，她回忆说，当时是与一个老大娘住一个炕上，吃一锅饭，和她一起去拔豆秸。就在参加秋收之前，沙汀、何其芳经过计议，就决定把这次参加秋收作为深入人民生活，进行创作实习的大好机会，经院领导和党组织同意，向学生宣布。经过讨论，同意一项具体要求，返校后每人必须写一篇文章。具体规定，分散居住，与农民共同生活，而且选一两个有代表性、又有特点的作为自己向之学习的对象，进行深入了解，而这些农民的生活也就是文章的主要内容。于是鲁艺学员一面帮助农民秋收，一面展开创作活动。沙汀、何其芳白天帮

---

① 李智主编：《熔炉·丰碑：安吴青训班文献集》（下册），中共党史出版社2006年版，第319页。
② 莫耶，女，1918年生，福建安溪人。原名陈淑媛、陈爱。曾用白冰、椰子、沙岛等笔名。早年在鼓浪屿慈勤女子中学就读，其时即开始发表作品。后到上海《女子月刊》社工作，曾任编辑和主编。1937年在上海救亡演剧第五队任编辑，同年到延安抗日军政大学学习，后在鲁迅艺术学院戏剧系、文学系学习。期间创作《延安颂》歌词，由郑律成谱曲后传唱全国。1938年到晋绥八路军120师战斗剧社任创作员，创作了多部戏剧和舞蹈、歌曲。如话剧《水灾》《齐会之战》《叛变之前》《一万元》《讨还血债》《五日夫妻》，歌剧《荒村之夜》，儿童剧《活埋》《到八路军里去》，活报剧《百团大战》《四大动员》，舞蹈《平原游击战》《集体农庄舞》，歌曲《诸位乡亲好》等。1944年在晋绥军区《战斗报》任编辑、记者，写作了大量通讯报道、散文，后任西北军区暨第一野战军《人民军队》报主编、总编辑。1955年后任《甘肃日报》副总编辑。1979年加入中国作家协会，著有独幕剧集《晚饭前后》，多幕剧《生活线上的一群》，电影文学剧本《火花》，短篇小说集《春归》等。

助农民收谷子,尽管一天的劳动已经很疲倦了,但是依然分头到各家去检查学员的劳动情况,探询他们当天在劳动和生活中,对于他们各自选择的对象有些什么了解,有时还请他们把所选择的对象介绍给自己,进行一次短暂的交谈。讨论后,何其芳把所有一致同意的要点,一条一款整理出来,分发给所有参加秋收的成员,随身携带下去。他要求学员在参加劳动的同时,完成写作任务。秋收劳动结束后,沙汀、何其芳将学员们以边区农民生活和秋收为题材的习作收集起来,编成一本《秋收一周间》,反映了延安近郊农村面貌和新型农民的生活情况。

实际上,青年学生进行生产劳动实践,不仅仅是一种教育方针,也不仅仅是一种生产劳动的自我满足,它还有更深层次的意蕴,即教育的根本属性问题。成仿吾作为延安时期从事教育工作的干部,对此做过明确的阐释。成仿吾认为,教育与生产劳动相结合所强调的不仅仅是教育的方法和途径问题,而且还体现着教育的根本属性。他认为教育与生产劳动相结合,是旧教育与延安教育的根本不同之处,更是共产主义教育与资本主义教育的区别所在。成仿吾强调指出:"我们的教育机关总是重视思想政治教育,重视组织学生参加生产劳动的。我们党所领导的教育工作从头就和旧的教育实行了彻底的决裂,采取了根本不同的方针和路线。因而不论是干部教育或普通教育,我们都取得了很大的成绩,对革命斗争有了重大的贡献。"[①] 这一认识,既是成仿吾教育思想的重要组成部分,也是中共一再强调教育与生产劳动相结合的重要方针政策。用毛泽东的话来讲,实际上也就是知识分子与工农大众相结合的问题。毛泽东认为知识分子有三个弱点:主观主义、个人主义和政治上的动摇性。这在《中国革命和中国共产党》一文中有过精辟的分析。他说:

> 革命力量的组织和革命事业的建设,离开革命的知识分子的参加,是不能成功的。但是,知识分子在其未和群众的革命斗争打成一片,在其未下决心为群众利益服务并与群众相结合的时候,往往带有主观主义和个人主义的倾向,他们的思想往往是空虚的,他们的行动往往是动摇的。因此,中国的广大的革命知识分子虽然有先锋的和桥梁的作用,但不是所有这些知识分子都能革命到底的。其

[①] 中央教育科学研究所编:《成仿吾教育文选》,教育科学出版社1984年版,第91页。

中一部分,到了革命的紧急关头,就会脱离革命队伍,采取消极态度;其少数人,就会变成革命的敌人。知识分子的这种缺点,只有在长期的群众斗争中才能克服。①

这样一来,生产劳动与教育相结合,就不仅仅是满足生产自给的问题,更是对青年学生的一种思想教育过程。青年学生只有同工农群众相结合,才是他们的根本出路。成仿吾在主持、领导陕北公学期间,坚定不移地要求青年学生走与生产劳动相结合的发展道路。他明确指出,陕北公学培养的学生是为抗战服务的,而且陕北公学的学生将来生活和工作的环境也是农村。这就要求他们不仅要学习文化知识,而且还要会劳动,更要和劳动人民打成一片。陕北公学正是在成仿吾的带领下,"有计划地组织学员参加建校劳动和农业生产劳动,通过劳动学习生产知识,培养劳动人民的思想感情,改掉了学生腔"②。抗大四期的学员,是来自全国27个省份的青年学生与知识分子。有工人农民的子弟,也有地主资本家的儿女。他们当中的职业也是无所不包,有文学家、音乐家、美术家、戏剧家、电影明星、歌舞明星、新闻记者、律师、医生、军官、教员、公务人员等。其中极大部分还是纯洁的学生青年,他们中间有过去曾经是过着"公子""哥儿""小姐""太太"的生活的。他们中间有国民党员,有共产党员,也有其他抗日党派的分子。他们其中有许多是离开了自己温暖的家庭,抛弃了自己优越的生活,经过千山万水的跋涉到达了偏僻的延安。对于这些成分极为复杂的学员,只有进行生产劳动实践,使其与工农群众结合起来,才能实现抗大教育的基本宗旨,才能适应抗日战争的客观需要,进而才能实现中共在乡村革命的目标。

质而言之,延安时期青年学生通过生产劳动实践,将教育与生产劳动结合起来,这不仅是中共的基本的教育方针,也是锻造延安青年能够成为"模范青年"的重要途径。一如毛泽东所说:"孔子办学校的时候,他的学生也不少,'贤人七十,弟子三千',可谓盛矣。但是他的学生比起延安来就少得多,而且不喜欢生产运动。……中国古代在圣人

---

① 《毛泽东论教育》,人民教育出版社2008年版,第88页。
② 中央教育科学研究所编:《成仿吾教育文选》,教育科学出版社1984年版,第115页。

那里读书的青年们，不但没有学过革命的理论，而且不实行劳动。现在全国广大地方的学校，革命理论不多，生产运动也不讲。只有我们延安和各敌后抗日根据地的青年们根本不同，他们真是抗日救国的先锋，因为他们的政治方向是正确的，工作方法也是正确的。所以我说，延安的青年运动是全国青年运动的模范。"①

五　在具体实践工作中锻炼成长

延安时期的青年学生，是中共干部的重要来源，学员一毕业就要走上工作岗位。因此，在学习的过程中开展具体实践工作，可谓是一项重要的社会实践锻炼。"学到多少，做到多少"，学与行，"是一件事情的两面，是相互分不开的"。这就必须"强调指出实践对于学习的重要作用"。衡量人的标准，"不是根据人的宣言和允诺，而是根据人的行动"，必须在"实践中把所学的东西表现出来，才算有了结果"，学的东西是否正确，"也要从实践中得到考验，离开了实践，则学习就成为没有内容的东西了"②。这一方针在延安青年学生中，得到了全面的贯彻实施。

安吴青训班学员在学习之余，深入敌后开展抗敌宣传，协助地方政府组织民众工作。他们一方面根据政治处规定的宣传大纲，宣传抗战形势、日寇的罪恶以及保卫陕西的主张，并动员民众；另一方面就民众参加兵役、参加壮丁训练、加紧春耕、扩大青训班影响等，进行深入广泛的宣传。他们还与当地原有民众抗敌团体，如抗敌后援会、自卫队、壮丁队、保甲建立密切关系，加强与充实这些团体的组织与工作。如没有这些组织的地方，他们就协助地方政府迅速建立起来，并建立青年抗敌后援支会、妇女抗敌后援支会和儿童抗敌后援支会或儿童歌咏团等，帮助当地团体进行训练工作。1939年2月，安吴青训班还组织了青年战工团下乡实习工作。

当时组织这个战工团的目的，首先是因为一些青年学员还缺乏实际工作经验，需要在实际工作中来锻炼，从这中间"真正地接触和认识

---

① 《毛泽东选集》第2卷，人民出版社1991年版，第568页。
② 《学与用的统一》，《解放日报》1942年8月17日。

农村及农民，可以从实际的工作中认识和证实过去新学的一些原则和理论，使得每个同学更能坚信不疑；也可用实际的经验去充实理论，学习在实际经常变动的环境中灵活地运用这些理论。"其次是"用实际的宣传、鼓动及组织群众的工作来响应陕西省党政当局对于保卫西北、保卫陕西的号召"，使得"这种号召深入群众，进一步成为实际的群众运动"。最后是通过这次下乡实习，"更加密切青训班与地方农民和政府机关的关系"。实习时间定了三天。实习的具体工作：第一是宣传鼓动，家庭访问，慰劳抗日军属，组织和召开群众大会，表演戏剧歌咏，画漫画，写标语；其次是组织工作，包括各项实际材料的调查，农村积极分子的物色，统一战线工作关系的开展和群众组织的斟酌与建立；最后是供给、卫生和通讯等工作。在具体工作的过程中，青训班学员召集了群众大会、座谈会和联欢会等各种各样的会议共16次，到会3400多人；做了家庭访问和抗日军人家属的慰问访问共342家；同时又在农村发展来了积极分子40多个；还收集了不少的民歌。艺术连的同学还创作了8个剧本，漫画木刻60多幅。当时在农村里还收集了很多问题。在这些问题中老百姓最关心因而发问最多的是他们切身的各项问题。其中壮丁问题他们最关切，问题也最多。他们愿意加入八路军，问能不能给介绍；他们愿意当志愿兵，不愿抽出当壮丁，因为当壮丁要挨饿；他们不满于征兵中的不平等的私弊。农民们还提出了教育问题，有些青年人要求到青训班来，有的问青训班要不要抽鸦片的来上学。有的说家里小孩上不起学，问青训班能不能给想办法，有的女孩子要求读书，还有的小孩要求学跳舞，还有一些人要求青训班教他们武术等。

通过这次下乡工作实习，不仅宣传了抗日战争的各项政策，密切了与群众之间的联系，更重要的是在工作中发现了青年学员的一些特点和缺点。正如主持这次下乡工作的刘瑞龙说："我们青年本身有他特殊的气质和要求，我们的工作必须有青年化的作风，要能活泼活跃，合乎青年心情，同时要能了解、把握青年的特有心理，善于接近和组织青年，关心解决青年的切身问题，特别是青年的学习等问题，过去老气横秋、太正统化……是要克服的。"这次下乡实习，使青年学员们也得到了很深刻的经验。具体而言就是四条"心"、四个"化"、四样"精神"和四套"本领"。所谓四条"心"就是"决心""信心""耐心""虚心"；所谓四个"化"就是"战斗化""群众化""青年化""地方化";所谓四样"精神"就是"精诚团结""吃苦耐劳""克服困难""自我批评";所谓四套"本领"就是"分析情况、确定计划""检讨经验、推行工作""把握干部、组织群众""坚持原则、加强团结"①。由此不难看出,开展具体实践工作,对青年学员所起的重要作用。

  深入基层参加冬学教育,是青年学生开展工作实践的另一种重要形式。众所周知,陕甘宁边区的文化教育是非常落后的,据统计识字者平均只占全人口的1%。抗战以来,党和边区政府克服财政困难与各种物质条件的限制,积极开展了边区文化教育运动。为此,《解放日报》专门发表社论,号召边区的青年"到实际的教育工作中去,做小学、冬学、夜校教员,组织识字班、读报组,以行动来响应党的号召,贯彻新的方针"。延安青年学生为配合这一运动和号召,深入基层开展冬学教育活动,并协助政府扩大学校,培养教育干部输送给政府教育机关,帮助学校改善教材和教学方法,在学校中建立俱乐部,以提高民众的学习热情与兴趣;帮助政府建立夜校、半日学校。延安师范等学校的青年学生,也积极地投入到文化教育中,其中有一个学生,一人就建立了四个冬学,并担任教员。②延安大学的青年学生,也经常组织学员下乡开展冬学活动。

  1944年秋,延大和中央党校等单位就组织了几个小组,分别到延属分区、陇东分区、关中分区、三边分区帮助开展冬学运动。他们的主要工作是帮助群众提高思想认识,明确办冬学的目的、意义,具体帮助群众识字、读报、提高文化知识水平。另外,他们在帮助群众办冬学的过程中,还特别注意向农民群众推广一般生活常识,提高农民的文化素养。如延大的高平1944年冬天在定边区办冬学时,就向当地群众讲解了新的接生方法,启发群众破除迷信,提倡科学生活,并很具体地讲了新旧接生的优劣,同时就如何培养小孩及怎样防治生活中的一般小病和妇女病等问题进行了讲解。1946年,延大学生再次深入基层举办冬学,他们千方百计地使冬学转为夜校,以便师生回校后,不使群众失去受教育的机会。这年10月,延大司法班和教育班就加紧准备,一方面学习

---

  ① 共青团中央青运史研究室等编:《安吴古堡的钟声:安吴青训班史料集》,中共党史资料出版社1987年版,第135—141页。
  ② 陕西省地方志编纂委员会编:《陕西省志·共青团志》,陕西人民出版社2007年版,第315页。

军事知识,加强军事训练,一方面编写和研究冬学教材。由于动手早,准备充分,他们下乡举办的冬学,受到群众和当地政府的好评。由学生李凉、高梅、刘毅在安塞县桥区孙家沟办的冬学,就被该区评为本区5个冬学中最好的一个。当时的校长李敷仁①得知后,亲自去信鼓励同学们继续努力。②

延安自然科学院的邵伯云,从1945年正月起,"挑着文化货郎担子,走遍延川、子长、清涧等县许多农村,散播文化食粮"。他到了延县鸟阳区陈家屯,发现这里民办小学的学生们还在念着各种旧书,"教员感觉很烦恼,学生的家长也感觉娃娃学了没什么用,但又苦于无法找到适合的书"。恰好邵伯云经过那里,他们就买了许多新书,如《新三字经》《庄稼杂字》《日用杂字》等,教员还买了一本《抗日英雄洋铁桶》。学生和他们的家长一看到这些新书,也很高兴。他们一时没有钱,邵伯云就赊给他们二十本书,五个墨盒,几十张纸。他们要求邵伯云"再把新书带些来","把洋铁桶第二本带来"。在一个集市上,有一个中年男子把《怎样养娃娃》翻看了好几次,终于不嫌贵买了一本。他说:"我给婆姨买回去她看看,叫她脑筋开通一下。"许多老百姓多半买《庄稼杂字》《日用杂字》《怎样养娃》等书。到了年节,特别喜欢买些红火的年画、劳动英雄及领袖像。鸟阳区的区干部节约了肉食,买了一套地图及领袖像,姚店子也买了。他们觉得邵伯云这个"文化货郎"很方便,因为他们没有工夫为了这点事跑到延安城去。清涧城北十五里丁家沟民办小学里,有一个学生的父亲为了买一本《庄稼杂字》,曾特别进城两次还是买不到,后来文化货郎一去,他才高兴地买到了一本。在完小里,新的小秧歌册子受到很大的欢迎。在折家坪一个

---

① 李敷仁(1899—1958),名文会,字敷仁。陕西咸阳人。1919年考入陕西省立第三中学。1926年在咸阳县立高级小学任教。1927年到国民党陕西省党部宣传部工作,主编省党部机关报《中山日报》。1930年赴日本东亚高等班学习。1932年回国后在凤翔二中、汉中五师、西安五师、固市中学、兴国中学担任训育主任、教务主任兼公民课和社会进化史课教师。1937年10月参加中国共产党,创办抗日、民主和反映人民生活的《老百姓报》。1944年加入中国民主同盟,任西北民盟总支部青年部主任。1945年5月,主编《民众导报》。1946年5月遭国民党特务暗害,后被群众救活。同年7月到达延安,任延安大学校长、西北人民革命大学校长,致力于培养青年干部的事业。新中国成立后历任陕西省人民政府委员、西北军政委员会文化部副主任委员、西安市政协副主席、全国对外文化协会理事等职。

② 王云风主编:《延安大学校史》,陕西人民教育出版社1994年版,第215页。

集市上，甚至有群众来问货郎："会不会看病？有药卖没有？眼病了怎么办？"《论联合政府》《论解放区战场》等文件，也很受中小学生及文化水平较高的人们的欢迎，但有学生一时经济困难，就向货郎赊买这些书，货郎也代赊给他们了。①

中国医科大学作为专门的学校，从八路军开赴山西抗日前线始，他们便走上战场为八路军伤员治病。其时主持医大工作的史书翰在日记中这样记载：一个福建口音的男同学首先带来了平型关痛歼日寇板垣师团的捷报。北上抗日已布置下来任务，要我们卫生学校结合连队的休整也整顿一下，参加平型关战斗的卫生学校学生队伍。经过整顿后，上级认为：卫生学校的学生打起仗来也是出色的，的的确确忠实地执行了"战斗！筹款！做群众工作！"的三大任务。参加平型关战斗的卫生学校学生们，担负起抢救伤员的任务，做到了哪里有伤员哪里就有医生。学生们是分散的，并且在战场上正确地执行了八路军的宽待俘虏政策，因而争取了几个被日本军阀愚弄了的鬼子伤兵。这次战斗，"不单是考验了我们，我们的学生也给我军——光荣的八路军赢得了极为良好的政治影响"②。中国女大的学员也不例外。当时她们组建了不同地区的"女大工作团"，去各地开展实际工作锻炼。其中陇东地区"女大工作团"，就是去陇东地区做妇女工作。她们深入陇东农村，发动妇女组织生产，宣传抗日和妇女解放。同时还学习了马锡五审判法③，走群众路线，依靠群众，调解纠纷等。

1940年10月，陕甘宁边区开始征收救国公粮的工作。其中一部分

---

① 《延大科学院文化货郎担很受群众欢迎》，《解放日报》1945年10月4日。
② 刘民安等编：《中国医科大学校史（1931—1991）》，辽宁科学技术出版社1991年版，第182—183页。
③ 马锡五是陕西保安（今志丹）人。抗日战争时期，历任陕甘宁边区庆环专区、陇东专区副专员、专员，陕甘宁边区高等法院陇东分庭庭长。"马锡五审判法"是抗战时期马锡五结合陕甘宁边区的实际情况创造的审判工作经验。其主要特点是：（1）在审判工作中贯彻群众路线，将党和政府的政策、法令交给群众、深入群众，广泛听取群众的意见；（2）注重一切从实际出发，深入进行调查研究，搜集人证、物证、实事求是地查明案情，根据案件事实判断是非曲直；（3）实行审判与调解相结合的原则；（4）诉讼程序简便利民，不拘泥于形式，随时可以受理案件，实行巡回审判，审判采用座谈式，而不是坐堂式；（5）注意原则性与灵活性相结合，既严格依法办事，又注意当地群众的生活习惯特点，做到合情合理，维护了群众的基本利益。马锡五审判方式在审判实践中深受边区群众的拥护，也受到党中央的高度赞扬和肯定。

就是要到绥德分区开展征粮工作。当时，绥德警备区的军民，在赶走了热衷于同共产党闹摩擦的国民党专员何绍南后，由陕甘宁边区政府建立了绥德、米脂、清涧、葭县、吴堡五个县。为了做好新区征粮工作，边区政府建议延安的机关、学校派出工作组，到绥德分区去协助征粮工作。当时中国女子大学就组织了四班、五班同学，成立了两个工作团，由五班指导员孔筱、四班指导员王开分别带队，到绥德县和清涧县参加了征粮工作。通过征粮工作，她们在理论与实际相结合的基础上，"确实获得了一些真知，提高了做实际工作的能力，锻炼了思想意识。这是比协助一个县完成征粮任务，更为珍贵和更具有长远意义的收获"。在她们看来，"这也是当初学校派我们下去参加征粮工作最主要目的"[①]。还有一些学员，被调到中共中央办公厅速记室、西北局办公厅、陕甘宁边区政府办公厅做速记工作。

　　尤需一提的是，1941年夏，中央和边区政府要培养女政权工作者，当时在女大抽调了3个人，路岩、李蕴辉和章岩去安塞县工作。路岩做邵清华的秘书工作，李蕴辉在教育科工作，章岩在县民政科工作。邵清华则是抗日军政大学女生队的学员，担任安塞县县长之职，她也是陕甘宁边区的第一位女县长。邵清华1918年出生于江苏武进，是家中的独生女。1937年10月，邵清华到达延安之后进入抗日军政大学女生队学习。邵清华在抗大的学习磨练使她"受到了深刻的教育"[②]。

　　抗大学习结束后，邵清华先后到三边分区和绥德开展农村妇女工作。农村工作需要经常下乡，每次下乡都要用一个多月的时间，到十几个村里去。从抗大出来后还剪着短发穿着军装的邵清华，到了农村里竟有"妇女不认我是女子，不让我进她们的窑洞。经过村干部解释后，她们才半信半疑地叫我进去，看看我的耳朵没有眼，她们摇摇头，看看我的喉头没有结，她们又点点头，看我的手像女的，听说话也像女的，这才慢慢地都信了。"[③] 通过积极准备，邵清华在绥德地区建立了妇女组织，并召开了区妇女代表大会，正式成立了绥德分区妇救会。同时又办起了妇女干部训练班，这样妇女工作干部多了起来。这些女同志在群

[①] 《延安女大：纪念延安中国女子大学建校五十周年》，纪念延安女大五十周年筹委会1989年编，第151页。
[②] 苏平、徐玉珍编：《延安之路》，中国妇女出版社1991年版，第114页。
[③] 同上书，第115页。

众中能起到思想影响作用，也尽力为有困难的妇女分忧，她们和广大妇女群众亲密无间地来往，从而使妇救会成了广泛联系群众的纽带，把妇女工作推向了高潮。

正当绥德的工作开展得有声有色的时候，组织决定邵清华到安塞县担任县长。边区政府决定由邵清华出任安塞县长，一方面是出于邵清华工作能力的考虑；另一方面也是践行妇女参政的具体措施。据王定国说，在1941年"三八"国际妇女节的前一天晚上，林老（林伯渠）来到我们窑洞对谢老（谢觉哉）说："明天是'三八'国际妇女节，几千年封建统治下的中国妇女，长期在'三座大山'的压榨下，还加上夫权的统治，使妇女们长期处在黑暗之中，忍受着无端的屈辱。必须把妇女解放，投入到伟大的无产阶级革命事业中，发挥半边天的作用，才是道理。"谢老说："我也有此同感。我们的革命事业，没有占总人口50%的妇女参加是不行的，半边天的力量是巨大的，我们必须培养壮大妇女干部队伍。"林老很有信心地说："中国历史上从来没有女县长。我们一定来做这前无古人的事，发动广大妇女参加政权工作。"谢老表示积极支持和配合。在次日"三八"国际妇女节纪念会上，林老作了"要发动广大妇女参加政权工作"的发言。此后，他俩身体力行，积极配合，每个星期天，二老家里都有许多女同志来讨论此事，聆听教诲。不久，二老推荐边区妇联23岁的邵清华同志为安塞县县长。[①]

让邵清华出任安塞县长，据她自己讲在当初几乎"完全出乎我的意外"。因为"我过去一直在天津、北京念书和做党的地下工作，没有到过农村。1937年到延安，在抗大学习后，曾先后在三边和绥德分区做妇女主任，对边区农村的干部和群众还了解一些。可是关于政权工作的全面情况却知之甚少"[②]。同时，在陕甘宁边区派女同志去当县长这还是第一次。因此当时的邵清华深感对这新的工作完全不熟悉，生怕辜负了领导和同志们的希望。更何况当时安塞是党中央重要的后方基地，高等法院等中央机关就设在那里，边区兵工厂、纺织厂等二十多个单位也先后设在这个地区。

[①] 王定国：《光辉的业绩永恒的怀念——纪念林伯渠同志诞辰一百一十周年》，《人民日报》1996年5月13日。

[②] 《延安女大：纪念延安中国女子大学建校五十周年》，纪念延安女大五十周年筹委会1989年编，第131—132页。

为此，边区政府特安排了各厅厅长给邵清华介绍了边区财经、文教、政法等方面的有关政策、方针以及安塞县在这些建设方面的情况。同时为了帮助她更好地开展工作，组织上还决定另派女大的章岩、路岩和李蕴辉三位女同志和她一道去安塞，分担秘书及民政、文教科长工作。在临去安塞之前，边区政府主席林伯渠和中央妇委领导人蔡畅也专门找她谈了话。邵清华"也深切地感到领导的支持和鼓励，从中央妇委蔡大姐、邓大姐和边区妇联主任徐明清大姐及我所接触到的妇女工作者和女同志都热情地关怀我，鼓励我。党政领导人既严肃又关切的谈话，使我受到鞭策，也给予我力量。党组织又选派了'女大'的三位优秀女干部帮助工作，再加上在边区工作的几年与干部、群众建立的革命情谊，也使我增加了信心和勇气。特别是共产党员的组织性纪律性，促使我无条件地挑起这副重担"。① 肩负着组织上的委任、领导同志的嘱托和期望，这个从来没有做过县政工作，当时二十岁刚出头的女青年，就满腔热情地踏上了新的征程。邵清华对自己担任安塞县长一职，在后来的回忆中说：

> 那时候，作为一个女同志当县长还真是有一些感受的。首先是只有大家团结起来才能做好工作。记得还在我刚到安塞县时就听到传说："安塞要成一个'女儿国'了。"这传说中有好奇，有不理解，也有疑虑。安塞县是老区，经过了土地革命，也进行过反封建、男女平等的宣传教育，但对一个女同志当县长，是否能干得好，人们还不能很放心，加上同时又来了几位女同志，是否要把一些男同志换下来也引起了一些人怀疑，所以有些干部情绪不够稳定。和我同来的三位女同志是女大高级班的章岩、路岩、李蕴辉同志，她们也确实是党组织在女大经过选择挑出来的三位优秀的女干部，准备任科长的。针对当时的思想状况，我们作了认真的分析研究，认为现在调动干部不适合，首先应当团结大家，把工作推动起来以后，看情况再定。于是我就同她们商量，她们三位同志也都诚恳地表示，到安塞来为的是干革命，而不是来当官的，根本不必考

---

① 苏平、徐玉珍编：《延安之路》，中国妇女出版社1991年版，第118页。

虑她们的职务问题。我们向上级的请示得到了批准后,便开始了工作。①

在邵清华担任安塞县长期间,工作深入细致,关心群众利益,很快就在工作上打开了局面,赢得了群众的信任和爱戴。在征粮和运盐工作中,她改变了过去那种简单、生硬的摊派的工作方法,耐心细致地做群众的思想工作,出色地完成了任务。她还深入群众,组织他们积极进行农业生产,挨村挨户落实春耕措施,组织变工队,帮助农民解决籽种、农具等困难,动员组织妇女参加农业、家庭副业和纺织生产,改造二流子和懒汉。1942年,安塞县的农业生产、合作社建设、商业等项工作都搞得很好,公盐代金也发放得很好,受到边区政府建设厅的奖励,邵清华也因此成为安塞民众心目中的好县长。与其同行的女大学员,也出色地完成了任务。据邵清华说,当时安塞民众见她们是妇女,就采取了"等着瞧、看看再说"的旁观态度,工作不积极、不主动,不愿意和她们接近。章岩、路岩、李蕴辉建议分别找原来县里的干部,特别是几位参加革命较早的干部,以诚相见地和他们谈心,征求他们的意见,说明她们有些事还要向他们学习,希望和他们一道很好地工作。邵清华说"这样做的结果很好"。这些干部顾全大局,有的推心置腹地把心里话讲了出来,还主动地告诉她们安塞县的历史情况,介绍县里干部的优缺点,要她们帮助这些干部克服缺点,也要注意发扬他们的长处。在几位谈了心的同志影响下,县里其他地方干部也开始逐渐和她们接近起来。这样,就为她们首先团结起县政府一班人做好工作,打下了初步基础。路岩"因为在县长办公室工作,接触县里各方面干部较多,为团结地方干部做了更多有益的工作"。

边区政府原准备让章岩、路岩、李蕴辉在县政府任科长、秘书工作,为了避免在地方干部中再引起不必要的波动,三位女青年分别在民政科、教育科和县长办公室作为普通一员,踏踏实实地工作。邵清华说,县政府的工作五花八门,财经、政法、教育,什么都要管,而且常常有临时性的突击任务。不论什么工作,只要需要,章岩、路岩、李蕴辉同志都积极参加,努力完成。从她们身上,"我深深感到女同志的才

---

① 苏平、徐玉珍编:《延安之路》,中国妇女出版社1991年版,第118—119页。

能、革命坚定性和工作毅力,决不亚于男同志。只要组织上和有关方面善于选拔和使用她们,她们是会在革命和建设中发挥巨大作用的。"经过一个又一个的实践考验,一次又一次的共同工作,安塞的群众对她们改变了看法,再也不认为"女同志不能办大事"了。县政府的地方干部和她们相处时,也不感到不习惯,不自然,不存在什么男同志、女同志,"洋包子""土包子"之间的隔阂了。有时,甚至还很亲切。县里有些干部常常戏称章岩、路岩、李蕴辉同志是"三个女秀才",说她们会算会写,能说能干。乃至安塞晚清时代的一个秀才——安塞县议会的议长,在谈论起县里的工作时,也称她们"是真正的革命女秀才"①。

总之,延安时期青年学生的社会实践,既体现着一种革命的特征,又凸显着时代的特征。他们以崭新的风貌深入实际,深入农村,和基层民众同甘共苦,向民众和工农干部学习,向劳动英雄学习。他们想群众之所想,急群众之所急,要么以民办小学为基地,普及文化知识,倡导革命风尚,帮助群众移风易俗,建设文化卫生模范村;要么在数九寒冬,到偏僻的山村去创办冬学,扫除文盲,宣传妇幼卫生知识,有的创办巡回学校,跋山涉水,披星戴月,让边远地区单家独户的娃娃也能上学;要么积极改造旧村塾、旧秧歌、旧庙会,团结中医,团结民间艺人,发展基层民众文化,为建设革命新文化贡献力量。他们在抗战时期这一大时代背景下,在理论与实践相结合、学与用相统一的基础上,承担了延安青年的责任与担当。如果说青年时期是黄金时期,那么延安青年在延安时期的社会实践,无疑是他们最为珍惜的"黄金"。凡是在延安学习工作过的青年,几乎都承认"延安是个大学校"。特别是对于从外地不远万里而来的青年学生而言则更是如此。他们到了延安就像进了一个新世界,觉得什么都好都新鲜,什么都值得学习。延安不仅是一个大学校,延安也是个"大熔炉"。青年学生就是在这个大熔炉中,一边学习一边实践,成就了一个响亮的名字——延安干部。这个特殊名词所赋予的特定含义,直到今天仍然让人感到振奋激昂。延安也代表着一种能够战胜一切的、不可抗拒的精神力量,也就是人们所谓的"延安精神"。青年学生们正是带着这种"延安精神"最终解放了全中国。

---

① 《延安女大:纪念延安中国女子大学建校五十周年》,纪念延安女大五十周年筹委会1989年编,第134—136页。

第四章　史学教育与社会实践的个案考察

抗日战争时期，以延安为中心的陕甘宁边区，既是中共中央所在地和抗日战争的指挥中心，也是根据地高等学校最集中的区域。当时既有培养军事干部的中国人民抗日军事政治大学，也有培养地方抗战干部的陕北公学；既有培养文学艺术人才的鲁迅艺术文学院，也有培养各种专门人才的延安大学。爬梳这些学校的教学模式与方法，对于我们进一步了解延安时期青年学生的史学教育与社会实践活动，自然不无裨益。

一　抗日军政大学的史学教育与社会实践

中国人民抗日军事政治大学是在中国人民抗日红军大学的基础上组建而成的，是一所专门培养军事政治人才的高等学校。在斯诺看来，抗日军政大学是一个"独特无二"的地方，学校"以窑洞为教室，石头砖块为桌椅，石灰泥土糊的墙为黑板，校舍完全不怕轰炸的这种'高等学府'，全世界恐怕就只有这一家"。学校校长是一位28岁的指挥员，学员平均年龄27岁，平均每人有8年作战经验，受过3次伤。他慨然曰："有什么别的学校由于'纸荒'而不得不把敌人的传单翻过来当作课堂笔记本使用？或者每个学员的教育费用，包括伙食、衣着、一切在校开支，每月不到15元银洋？或者把那些鼎鼎大名的学员的首级赏格加起来总共超过200万元？"[①]

初创时期的抗大只有校长林彪、教育长罗瑞卿、政治部主任杨尚昆

---

① 斯诺：《西行漫记》，董乐山译，解放军文艺出版社2002年版，第78页。

3个人,专职教员只有杨兰史①、罗世文②、张如心③3名,全部工作人员仅14人。抗大一方面请中央领导同志兼职授课,另一方面聘请校外著名学者做兼职教员,同时积极培养自己的骨干。经过多方努力,从1937年到1940年,抗大共培养军事教员140人,政治教员156人。④

抗大学员主要来自三个方面:第一部分是经过土地革命战争和长征考验的红军老干部、老战士,他们是人民军队的基础,抗大的栋梁;第二部分是八路军、新四军和各抗日根据地的干部或战士,他们经过抗大的培养后,又回到各部队、各地区带兵打仗,或发动群众进行抗日斗争,开辟和建设抗日根据地,成为抗日战争中一支坚强的骨干力量;第三部分是来自全国各地的知识青年和来自海外的爱国华侨青年。特别是抗大第三至第五期,青年学生几乎占到80%以上。抗大先后办了八期,即艰苦创建的第一期,实现抗战的第二期,开始扩大的第三期,猛烈发展的第四期,深入敌后的第五期,在战斗中学习的第六期,坚持反"扫荡"

---

① 杨兰史(1908—1938),广东人。1930年加入中国共产党。同年参加中国工农红军。1931年任红军无线电学校政治委员,领导培训红军无线电通信专业人才。1933年3月调入红军中央军事政治学校,任政治教员。同年10月任彭(湃)杨(殷)步兵学校政治部宣传科科长。1935年10月到达陕北后,重建红军学校,任专职政治教员。1936年6月任红军大学专职政治教员。抗日战争时期,任抗日军政大学政治部教育科科长。杨兰史长期在军事院校从事教育工作,为培养军政干部和通信干部做出了贡献。1938年12月于延安病逝。

② 罗世文(1904—1946),四川威远人。重庆甲等商业学校毕业。1924年任共青团重庆地委书记,1925年赴苏联莫斯科东方大学学习。1928年回国后任中共四川省委宣传部秘书。1929年6月同旷继勋领导第七混成旅起义,成立了中国工农红军四川第一路军,任中共前敌委员会书记。1930年任中共四川省委宣传部部长。后任中共川西特委书记。1931年6月任中共四川省委书记。领导四川党组织恢复发展,坚持革命斗争。1936年秋随军北上到达甘肃会师。同年冬任保安红军大学政治教员。抗日战争时期,历任中共中央代表、中共四川临时省委书记兼八路军驻成都办事处主任、中共川西特委书记兼《新华日报》成都营业分处主任。1940年3月被国民党特务机关逮捕,关押在重庆白公馆看守所。在狱中威武不屈,坚持斗争。1946年8月18日在中美合作所渣滓洞壮烈牺牲。

③ 张如心(1908—1976),广东兴宁人。1926年入苏联莫斯科中山大学学习。1929年回国,在上海参与中国社会科学家联盟的筹备工作。1931年8月到中央革命根据地,参加中国工农红军,任中央军委总政治部《红星报》主编、团政治委员训练班主任。1932年后,任红军后方总政治部宣传部长、红军大学政治教员。长征到陕北后,任红军大学主任政治教员。抗日战争时期,任抗日军政大学政治教育科科长、军政学院教育长、中共中央党校第3部副主任、延安大学副校长等职。解放战争时期,任华北联合大学教务长、东北大学校长。中华人民共和国成立后,历任东北师范大学校长、马列学院中共党史教研室主任、中国科学院哲学社会科学学部委员等职。是中共"七大""八大"代表、第一、二届全国人大代表、第一、二届全国政协委员。1976年1月在北京病逝。

④ 武继忠等:《延安抗大》,文物出版社1985年版,第14页。

并进一步建设的第七期,保存干部、准备反攻的第八期。

抗大总的教育方针就是毛泽东提出的"坚定正确的政治方向,灵活机动的战略战术,艰苦奋斗朴素踏实的工作作风"。在这一总方针下,抗大还注重几个基本原则:一是以民族民主革命的纲领,以人民革命的精神教育学员,确立其为中华民族彻底解放的革命人生观和优良的革命军人品质;二是在具体教育内容上做到从实际出发,以期达到学与用一致的目的;三是教育与劳动生产相结合,从劳动生产中培养劳动观念,提高劳动技能;四是在教育方式上根据学员的不同文化程度,确定具体的军事、政治、文化教育的比重与内容。

抗大是"全国闻名、全世界闻名"的军事政治学校。之所以闻名,正如毛泽东所说,是因为"它同所有的抗日军事学校比较起来,是最革命、最进步的,最能为民族解放和社会解放而斗争",而"抗大的革命与进步,是因为它的职员教员与课程是革命的进步的,又因为它的学生是革命的进步的"[1]。毛泽东所说的抗大教员是革命与进步的,课程是革命与进步的,学员是革命与进步的,自然包括史学课程和史学教育。

抗大学员既要接受马克思主义思想政治教育,也要接受历史文化教育。抗大所培养的军人,"不是老粗的军人,而是马列主义的军人"[2]。毛泽东在给林彪的信中也指出,抗大的学员要接受文化教育,这"是整个教育计划中最重要最根本的部分之一"。实际与理论并重,"文化工具就是'实际'的一部分";实际与理论联系,"文化工具乃是能够而且必须用了去把二者联系起来的"。如果学生一切课都学好了,"但不能看书作文,那他们出校后的发展仍是很有限的。如果一切课学了许多,但不算很多也不算很精,但学会了看书作文,那他们出校后的发展就有了一种常常用得的基础工具了。"因此在抗大的教学中,要把文化课"更增加些",把它增加到"全学习时间(包括自修时间)的四分之一或三分之一"[3]。根据这一指示,当时大体确定了这样的原则:预科以学习政治、文化课为主,占70%,军事课占30%,本科则以军事课

---

[1] 《毛泽东文集》第2卷,人民出版社1993年版,第187页。
[2] 北京抗大光荣传统研究会编:《抗大精神永放光芒》第1集,长征出版社2003年版,第5页。
[3] 中共中央文献研究室编:《毛泽东书信选集》,中央文献出版社2003年版,第45页。

为主，占70%，政治、文化课占30%。预科时间与本科相等，主要是因为部分学员文化程度太低，其中有些甚至是文盲、半文盲。没有一定的时间打下文化基础，要学好军事、政治课程，是很困难的。当时抗大的史学教育基本上是涵括在思想政治教育和文化教育当中，关涉的课程主要有"中国问题""中国近代革命运动史""社会发展史""国际共产主义运动史""史地常识"等。

"中国问题"这门课程，是抗大的必修课，这门课程主要是从中国革命运动史讲到中国革命基本问题和抗日民族统一战线救国政策，以及论持久战的有关部分。课程特别注重讲授中国近百年来怎样沦为半殖民地、半封建社会。当年抗大一位学员给毛泽东写了封信，信中说："过去未到这里（指延安抗大——引者）以前，在外边看过很多的书报杂志，五花八门，懂得了不少，可是抓不住中心，摸不着方向；但是到了这里以后，就学到了中国社会性质是什么？知道了中国是半殖民地半封建的社会，我只记住了这一点。"1938年3月20日，毛泽东在抗大第3大队临别演讲中专门就此问题作了讲解。他说，中国社会性质这个问题是很大的，现在许许多多报章杂志都来讨论这个问题，意见是各色各样都有。写信的同学"只记住这一点，别的忘了，这是可惜得很。学了许许多多，只记住这一点，不过能够记住这一点，也算不错，这是重要的中心的一点。我们要在这里革命就先要知道这里的情形，好像戏台上去唱戏，不了解戏台的情形就唱不成。知道中国社会性质是半封建性的，但是不要忘了半殖民地的性质。这是最本质的东西。学了三个月，懂得这点，再学三个月，也是需要懂得这一点。"随后，他具体讲了中国社会性质这一问题。① 杨松也是讲授"中国问题"的教员。杨松讲课的特点"是内容丰富，讲述生动，观点鲜明，时间准确。每讲完一课，恰余三分钟，抓紧讲述一周时评"②。此外，张闻天也讲授过这门课程。

"中国现代革命史"这门课程，是为了适应抗日民族统一战线的要求，重新训练老干部，并对新参加革命的青年知识分子进行革命传统教育。在抗大设立的中国现代革命史课程，主要是针对党在过去的战略策略进行讲授。所使用的教材是由张闻天主持编写的《中国现代革命运

① 耿仲琳等：《毛泽东在抗大讲话记录稿介绍》，《党史研究资料》1989年第10期。
② 李志主编：《抗大精神永放光芒》，黄河出版社2005年版，第92页。

动史》，其时刘亚楼、张爱萍、杨兰史、莫文骅等参与了本书的编纂工作，朱德有时也参加活动。这本教材就是汇集集体智慧，最后再由张闻天修改、审阅定稿而成的。董必武也曾在抗大讲授过这门课程。

"社会发展史"这门课，是在讲授上述课程的基础之上开设的一门课。这门课程在一些学员中有一个有趣的称呼——"猴子变人"。主要内容是揭示人类社会发展的进程和普遍规律，讲述从原始共产主义社会、奴隶社会、封建社会到资本主义社会的生产方式和政权的更迭，以及资本主义社会的腐朽性和发展到帝国主义阶段矛盾重重，最后必然为社会主义所代替的过程。通过讲授社会发展的演变过程，进而揭示出人类最崇高、最理想、最美好的共产主义社会一定会实现的愿景。学员们通过学习这门课程，树立了为共产主义奋斗不惜牺牲一切的世界观。据一些学员回忆说，他们学了《社会发展史》，"教员讲到原始社会以前人是从猿变来的，大家都很感兴趣，'猴子变人'这是第一次听到，大家都特别感兴趣。《社会发展史》的课程说明，人类社会由原始社会、奴隶社会、封建社会发展到资本主义社会，马克思主义历史唯物主义认为资本主义必然要为社会主义所代替，而且在苏联已经实现了社会主义制度。"[1]

"国际共产主义运动史"这门课程，主要是讲授第一、第二、第三国际的发展历程，使学员们了解国际共产主义运动史的大概。课程特别注意讲授俄国十月革命之后，苏联建设社会主义的问题以及第三国际是全世界共产主义事业最高领导机构等问题。讲授这门课程的教员主要是抗大政治部主任张际春。[2]

---

[1] 《抗大校友回忆录选集》（上册），上海抗日军政大学研究会暨校友联谊会1999年编，第73页。

[2] 张际春（1900—1968），湖南宜章人。1922年就读于湖南第三师范学校。1926年11月加入中国共产党。大革命后任中共宜章县委农委书记兼县农民协会秘书长。同年4月随起义部队上井冈山，在袁文才、王佐部队从事党的政治工作。后历任红四军第十一师政治委员、红十一军政治部主任、红四军十三师政治委员兼政治部主任、红一军团政治部宣传部长、中国工农红军第二步兵学校政治委员兼政治部主任、红五军团宣传部长等职。长征到陕北后，任红军大学第二校政治部主任。抗日战争爆发后，曾任抗日军政大学政治部主任等职。1942年任代理政委兼军政委员会主席。解放战争时期，曾任第二野战军副政委兼政治部主任、中共南京市委宣传部长等职。新中国成立后，历任中共中央西南局常委，农村工作部部长，组织部部长、副书记和西南军区副政委兼政治部主任，中共中央宣传部副部长，国务院文教办公室副主任、主任。1956年在中共八大上当选为中央委员。"文化大革命"中受到迫害。1968年9月12日逝世。1979年1月，中共中央为他平反。

"史地常识"是一门文化课,其中历史课着重讲授中国近百年史,即近百年来中国人民的斗争简史。对中级政治干部酌量讲些中国古代史,使学员能够认识了解中华民族的历史传统及其发展过程。中外地理概况这门课程要求各级干部都要学,其中中国地理着重了解抗战形势,世界地理着重了解反法西斯战争形势。一般军事队着重地理的学习,政治队注重历史的学习。

为了讲授好这些课程,抗大教员都要有计划、分阶段按单元安排与实施。每周课程表的安排,各种课目基本上是穿插搭配的。同时,各级领导要制订每周个人工作计划。抗大教员的配备实行战时编制,军政教员通常固定在连队编制内,主任教员固定在大队编制内,各队教员的业务直接属主任教员指导。教员课前要召开"教育准备会",一般是由主任教员主持,有时也由分管教学的行政首长主持。开会时,召集某一课程的住队教员到会集体研究每一单元课目在不同的学员对象中如何实施。教员所使用的教材教具、新老教员的观摩见习等都由教育准备会确定。为了促进教员之间的互相学习,交流经验,提高教学水平,抗大规定了教员互相听课的制度,听后大家评论,由主任教员小结。抗大在教学过程中还实行检查制度,学校各级领导要及时了解课程进展、教员的学术水平、教学能力、学员的学习情绪和接受能力等情况。抗大领导每周要抽出时间到学员队去听课或参加学员的讨论会,然后将检查结果填写在本周工作日程表上。为了促进教员与学员之间的有效沟通,抗大还实行"课代表"制。课代表是教员与学员之间的联络员,由支部指定或军人委员会选出。课代表的任务是收集同学们对教学上的意见,反映同学对课程理解的程度,汇报各学习小组讨论会的情况,代表同学对教学方面提出要求与建议等。抗大从第五期至第八期都有这种课代表制度,"深受学员的欢迎"[1]。

抗大对教学方法是非常重视的,抗大的教学方法有其特有的模式,可概括为"启发式教学""讨论式教学"和"实验式教学"三种教学模式。

"启发式教学"的特点,就是利用学员已有的知识,引导学员提高

---

[1] 中国人民政治协商会议全国委员会文史资料研究委员会编:《革命史资料》10,文史资料出版社 1983 年版,第 132—134 页。

分析能力和解决问题的能力，使学员对学习的内容，不仅懂得是什么，而且懂得为什么，能够举一反三地灵活运用，从而养成动脑筋想问题的习惯。"讨论式教学"一般适合高干队。主要是由教员指导为辅，开展座谈讨论，让学员整理总结以往的经验，互教互学，取长补短。"实验式教学"是将教、学、做统一起来，教员边讲边做示范，教员在讲的基础上做，在学员做的过程中检查学。这是更生动的学，能够更深刻地领会所学的内容。同时，在历史与政治教育中，组织学员进行社会调查，参加各种社会活动和生产劳动等，以促进学员思想觉悟的变化提升。

对于学员，首先必须确定学习的态度，要虚心积极地学习，自觉自动地学习。而且学习主要靠自己，教员只是起指导与辅助的作用。学员在学习过程中应表现一定的计划性，计划的拟订要按实际需要与可能来安排，不要"好高骛远"，反对"贪多务得"，要切实、要适用。学员学习时要把握住中心，要钻到问题的里面去。学习不求多，而求真正了解；不求快，而求彻底深入。只有对基本理论真正获得了某些心得，然后才能更有效地求博求广。"乱读书，死读书，以及记条文，背公式等，与上述原则相违背的办法，都应坚决的反对与排斥。"抗大特别强调集体学习、互相学习的方法。抗大要求学员建立学习小组组织。学习小组被认为"是教育上一个进步的制度，也是学习工作中一个很好的办法"。但"强调集体学习并不限制个人学习的活动"，而是"应使个人的天才，有尽量发挥的可能"。这就要求学员应有充分的时间去自修，特别是对于文化程度较高的学生，更不应忽略此点。学习、读书要记笔记，但是课堂笔记不应逐字逐句记，不应占用较多时间去抄笔记。读书时应当注意与人讨论，不懂就应当请教。所谓"不耻下问"，"均为学习方法上重要的问题，决不应有所忽略"①。

为了切实提升史学教育的效果，抗大的陈明政委亲自抓教育工作，从教员的选拔和讲课内容的准备会以及总结教学经验等都是亲自动手、具体领导。他要求教员的每一堂课都要事先做很充分的准备。教员要根据学员的特点、文化程度、理解能力、思想情况和表现，事先研究如何

---

① 中央教育科学研究所编：《老解放区教育资料·抗日战争时期》（上册），教育科学出版社1986年版，第294—295页。

突出重点，怎样联系实际和启发引导，选择问题在课堂提问或展开讨论，或由学员以不同的亲身经历进行现身说法。每堂课经过充分准备后，由总教组织实施，再由教员轮流先试讲，然后由参加听课的教员进行点评，肯定讲得好的方面，提出应补充和完善的意见。这样，不断切磋，对提高教学质量起了很大作用。此外，所有连队、区队干部也都参加听课，他们不仅从中受到教益，而且参加各班讨论时，既能取得更大的发言权，又能了解学员的理解情况和问题，并向教员汇报。最后教员要围绕"精"和"通"的要求，加以小结提高。"这样生动活泼，有血有肉、融会贯通，更易为学员所理解和接受"[①]。

  抗大的"实验式教学"有着得天独厚的优越条件。学员们经常跟随部队开展群众工作和建立根据地、宣传抗日民族统一战线政策。这样他们就从实际工作中，了解到了许多现实情况。据学员回忆说，他们在山西吕梁地区的河边村参观阎锡山开办的工厂，实际了解阎锡山对工人阶级的剥削和压迫的情况，这对于教师讲剩余价值学说，对地主以收地租和放高利贷等剥削、压迫贫雇农的情况提供了生动的事例。同时，教员还根据"鬼子兵"奸、淫、烧、杀、抢掠的野蛮行径，讲解民族矛盾上升为主要矛盾的统一战线政策。所有这些，为教员进行思想政治理论和史学教育，提供了极为丰富的素材，也有利于在教学中实现从感性认识到理性认识的飞跃，较快地转变学员的思想，达到改造世界观的目的。

  课堂讨论和集体互助学习，是抗大教学的特色。何长工回忆毛泽东在抗大讲课时说，毛泽东经常是把讲稿发给学员，他只讲三十分钟，让学员自己去研究，然后提出问题，教员解答。[②] 有些教员在讲剩余价值学说时，涉及工人阶级就请工人出身的同学先发言，讲地主阶级剥削压迫农民时，就请贫雇农出身的同学先发言，讲国民党的腐败及其反动政策时，就请国民党统治区来的同学先发言，他们以现身说法和所见所闻，展开热烈讨论，互相启发，互为补充，既生动又活泼，最后由教员进行归纳，上升为理论。这种教学相长的方法，"不仅有助于弄清问

---

  ① 《抗大校友回忆录选集》（下册），上海抗日军政大学研究会暨校友联谊会1999年编，第127—128页。

  ② 《何长工回忆录》，解放军出版社1987年版，第373页。

题，提高认识，而且印象深刻，效果好。深受同学们欢迎！"①抗大的讨论有时会展开激烈的辩论。

据杜重石②回忆说，有一次讨论社会发展史，有个同学发言说："社会发展的规律，是资本主义必然取代封建主义，社会主义必然取代资本主义。沙皇俄国当时还是封建主义，但是十月革命一声炮响，全国响应，封建主义的俄国，就进入社会主义了。中国要由半封建、半殖民地社会进入社会主义，也要学习苏联的十月革命，用武力推翻旧政权，建立新政权，中国也就从半封建、半殖民地社会一下子过渡到社会主义了。"对于这一观点，班组内学员纷纷发言表示同意。只有杜重石持不同看法，发表了与众不同的见解。他说："马列主义要根据具体国情灵活运用，不能教条主义地照搬。中国的情况，与沙皇俄国是不一样的。中国革命的现阶段，先要实现三民主义，因为三民主义是通向社会主义的桥梁……"他的发言还没有结束，就遭到了学员的纷纷反击。有学员辩称："你说三民主义是通向社会主义的桥梁，意思是说：没有三民主义这座桥，就不能到达社会主义社会，共产主义那就更加谈不上了。"另一个接着说，按照杜的理论，"岂不是要共产党放弃共产主义去为实现三民主义而奋斗吗？不为共产主义而奋斗的政党，还能叫作共产党吗？"这种连珠炮似的发言，使讨论发展成越来越热烈的辩论。杜重石最后解释说："革命的现阶段为实现三民主义，这不是我的理论，恰恰是党中央和毛主席提出来的。共产党向国民党提出来的四项保证的第一条，就是：'孙中山先生的三民主义为今日中国之必需，本党愿为

---

① 《抗大校友回忆录选集》（下册），上海抗日军政大学研究会暨校友联谊会1999年编，第240页。

② 杜重石，1913年出生于四川广安县，18岁从广安中学高中毕业后，到上海入左翼文人许辛之等人开办的新华艺术大学学习戏剧和绘画。后因父亲杜奉尧与川军20军军长杨森是同乡和世交的关系，杜重石便到杨森部下的20军司令部任秘书，同时还任广安县立第一中学校长。1933年秋，杜重石曾与红四方面军有过接触。因这一经历，在抗战爆发后，杨森让杜代表自己前往延安考察。在延安，杜耳闻目睹一派团结抗日的景象，经毛泽东同意化名"杜平"入抗大三大队七中队学习。在抗大，经杜重石本人申请，被吸收为中共"特别党员"。回到成都之后，他利用川康地方的实力人物与蒋介石的矛盾，组成了"蜀德社"。1944年9月，杜重石加入了中国民主同盟，在张澜发起创办的《大义》周刊社担任社长，宣传"袍哥"的爱国思想。1948年春，杜重石在香港加入了中国国民党革命委员会。1950年夏回到北京，"特别党员"身份在日后的斗转星移中"消失"。1956年公私合营后被安排到日晖港木材公司工作。1957年被打成"右派"，后因"右派""历史反革命"被判刑劳改。1980年终获平反，享受离休干部待遇。

其彻底实现而奋斗。'毛主席也亲口对我说过:'共产党人在现阶段为三民主义的彻底实现而奋斗,是为社会主义扫清道路。'照我的体会,这就叫'不断革命论',也就是'革命阶段'论。"大家听杜重石这样说,有些不信的样子。有的人依旧坚持中国革命只能走十月革命的路,认为相信国民党、与国民党合作,就是错误的投降主义路线;有的人根本就不相信党中央和毛主席会说这样的话,"要杜重石拿出证据来"[1]。

理论与实践相结合,是抗大基本的教育方针。学员们除了学习理论外,参加社会实践是重要的一环。抗大学员的社会实践,既有军事训练、社会调查和政治活动实践,也有生产劳动和具体工作锻炼。相关情况前章已作了相应的介绍,这里尤值得介绍的是抗大"救亡室"的社会实践活动。

"救亡室"是在先前"列宁室"的基础上发展起来的,是由党支部和队长、指导员领导的学生组织。在抗大,"可说是在每一个队或每一个学习单位里,都有救亡室的组织,它占着学习生活最主要而有力的一环,学生中的一切活动,都包括在里面。"抗大成立"救亡室"的宗旨,一方面是保证教学等各项任务的完成,另一方面,是加强团结、增进感情,以集体自治的方式培养学员具有团结、紧张、严肃、活泼的作风。它还开展文艺活动,充实和丰富学习生活;发展学习互助,进行群众性的辅导活动;以集体的智慧和群众的力量协助学校开展行政管理,培养同学的自治能力。抗大"救亡室"是一个普遍的学生组织,它由全队学生开大会以民主的方式来选举负责人,再由当选的负责人建立委员会的组织,成立一个救亡室的委员会。救亡室委员会设救亡室主任,主任之下再分墙报委员、文化娱乐委员、体育委员、卫生经济委员,另外还有临时性质的竞赛委员会和独立性的募捐委员会。各委员之下,又分许多工作小组和许多干事,分别担任各部门的工作。"救亡室"一方面在校政治部与大队军人俱乐部领导下进行课外政治的、文化的、体育的一切活动,另一方面,又受本连队政治指导员的指导。整个"救亡室"各部门的工作,是采取分工合作的制度,各负其责。"救亡室"一切的计划是民主集中的,吸收大多数学员的意见来执行。在工作的推动上是"全体动员",发动全体学员共同工作。抗大许多很艰难的工作,

---

[1] 吴越:《特殊将军的读白:中共密使杜重石》,东方出版社2010年版,第86—87页。

通过救亡室"都一点不感到困难,而且能在极短的课外闲暇时间很完满地把它完成"①。"救亡室"的具体任务是:

1. 编辑和出版墙报。每两周出版墙报一次。2. 戏剧活动。抗大常把戏剧活动作为宣传鼓动的特殊方式,通过戏剧演出来提高教职学员的政治认同,推动学校各种活动的开展,以及纪念革命节日等。3. 歌咏活动。抗大各学习小组都推选出一名歌咏干事,领导小组唱歌。各大队都有合唱队,由各队的优秀歌手组成,学校俱乐部为了推动全校歌咏活动的开展,还组织了抗大歌咏研究指导委员会,它的任务不仅唱歌、教歌,还积极创作歌曲。4. 体育活动。抗大既没有体育职业家,也没有锦标主义者。可是,由于抗大学员来自全国各地,有些学员曾是出席全省、全国甚至远东运动会的选手,因此,抗大的体育代表队不论在八一运动会、延安市运动会或陕甘宁边区运动大会上都是一支最重要的生力军。5. 革命竞赛活动。在"以战斗的姿态来学习"的口号鼓舞下,开展革命竞赛活动。6. 劝募运动。抗大三期女生队学员,基于爱护母校的热情,为民族前途着想,向全校学员提出了劝募的倡议,立即得到响应,并于1937年冬成立了抗大赞助母校劝募委员会。该会的具体工作,由"救亡室"的募捐委员会办理。7. 教育杂务人员。抗大学员对学校的杂务人员进行识字教育、政治教育和生活教育。其中识字教育是每天教三四个日常生活需用的单字,政治教育就是通俗地讲解抗日民族统一战线、日本帝国主义侵略中国史以及时事形势等,生活教育就是定期举行座谈会和生活检讨会,开展批评和自我批评,提高工作的积极性,促进总务后勤工作的改进提升②。可见,抗大"救亡室"是一个注重社会实践的组织团体。

据抗大三大队九队"救亡室"主任牛克伦③说,当时根据各阶段的

---

① 《陕甘宁边区体育史料(1935—1948)》,陕西省体育文史工作委员会1986年编,第105—106页。

② 张腾霄主编:《中国共产党的干部教育·抗日战争时期》,中国人民大学出版社1988年版,第154页。

③ 牛克伦,1915年生于河南封丘,1929年至1932年在河南省立第一中学(即今开封五中)上学,1935年考取北平大学法律系。1937年在延安抗大学习并加入中国共产党。先后任政治处主任、政委、总副政委、军官学习团副政委、步校政委,中华人民共和国驻原苏联大使馆代理武官,朝鲜停战委员会中国人民志愿军委员(正军职)等职。曾被中央军委和朝鲜政府授予二级独立自由勋章、二级解放勋章、二级红星荣誉勋章。

教学内容，"救亡室"积极组织召开各种专题讨论会、辩论会、演讲会，同时出版墙报，主要是交流学习心得和经验，开展学习问答，重点是解答学员中提出的各种问题，表扬学员中的好人好事等。对于学员中出现的一些不良倾向，"救亡室"也进行思想互助或开展批评活动。同时对部分别有用心的坏人，"救亡室"还发动群众开展思想斗争。例如，当时混入九队的国民党特务分子黄坚，经常鬼鬼祟祟地到处活动，挑拨离间，散布流言蜚语，制造所谓"八路军游而不击"等许多谣言，攻击党和抗大。起初因不明他的身份，曾以为是他的个人思想认识问题，所以通过班、排进行个别帮助教育。但是黄坚非但不思改造，反而越来越猖狂。最后"救亡室"组织大家对黄坚进行了批判斗争，以辨明是非、划清界限。在查明他的特务身份后，即由学校保卫部门押送出陕甘宁边区。① "救亡室"还开展"读书会"活动。尽管当时"救亡室"的书报很少，为了更好地发挥书报的作用，同时也为了加强学员之间的相互帮助，"救亡室"开展了"读书会"活动。"读书会"由三四人组成一个小组，选一名文化水平较高并有一定组织能力的学员担任组长，按照需要学习和研究的问题进行摘读。与此同时，"救亡室"还帮助杂勤人员学习文化。抗大学员中大部分是青年知识分子，但也有一部分粗通文字的工农学员和当过红军的连排级干部，当时有一些青年学生瞧不起工农学员，把他们看作"土包子"。张如心教员便结合我国革命事业的发展，把"土包子"和"洋包子"在革命事业中的作用和贡献作了详细的比较。最后说，工农分子是我们民族的筋骨，知识分子的先锋和桥梁作用，也是很重要的，应该互相学习。学员们听了之后，"从思想上真正解决了问题，知识分子尊重红军，尊重工农，很快地蔚成风气"。学员们经常在星期日替炊事员做饭，在"救亡室"组织当过红军的干部讲革命斗争故事，同时还热心帮助工农学员学文化。②

"救亡室"的文体活动更是开展得有声有色。当时九队有一批文艺骨干，如上海"救亡演剧二队"的左明、张平、莫耶和话剧演员孙维世都在九队学习，所以文艺活动特别突出。担任"救亡室"文化娱乐

---

① 广州校友会编：《抗大广州校友文集》，中国人民抗日军政大学 2006 年编，第 120—121 页。
② 中国人民政治协商会议河北省委员会文史资料研究委员会编：《河北文史资料选辑》第 9 辑，河北人民出版社 1983 年版，第 113 页。

干事的陈明,在全校举行歌咏比赛之前,专门到其他队去观摩,取长补短,因而"总能赢得更多的掌声"①。1938年1月,全校举行纪念"一·二八"淞沪抗战六周年运动大会及戏剧、歌咏比赛,在话剧《黄浦江头》中扮演大小姐的孙维世表演得非常出色,由此孙维世的"大小姐"绰号名噪延安城。抗大的歌咏活动也开展得更是有声有色。每天学员听到起床号后,便不约而同地唱起来,"同胞们!起来和鬼子们拼。它占领我们的土地,屠杀我们的同胞。起来,同胞们起来和鬼子们拼!"当时可以说是起床时唱,开饭前唱,出操行军中唱,开会、上课的间隙时也唱,"特别是在聆听毛泽东向抗大全体同志作报告的间隙时更是唱得震天响"②。此外,"救亡室"还积极开展募捐活动。1938年2月,第三期女生队就发起赞助母校的募捐运动,得到全校教职学员的热烈响应,也得到全国各界进步人士的积极资助。据统计,仅这一年,抗大就收到各地寄赠的捐款27000多元,金银首饰100余件。③

正是由于"救亡室"在社会实践中所起的重要作用,毛泽东专门去信祝贺抗大第九队成立"救亡室",他指出:"你们成立了救亡室;这救亡二字就是你们及全国人民在现阶段上唯一的总目标。达到这个目标的道路是抗日民族统一战线,希望你们学习这个统一战线的理论与方法,惟有统一战线才能达到救亡之目的。"④ 实际上,抗大"救亡室"在很大程度上已然成为抗大学员开展社会实践的名片。"救亡室"通过举办各种生动活泼的问答晚会、讲演会、辩论会、讨论会和座谈会,开展学习、歌咏、体育、内务、军风纪等竞赛活动,设置墙报栏和举办各种富有教育意义的展览活动,不仅对课程学习起了很好的配合作用,而且紧密结合学校教育和其他任务进行的社会实践活动,又在很大程度上培养了他们更为深远的责任意识和理想信念。正如一位日本友人说道:"军政大学的光辉存在,对于觉醒了的中国男女青年来说,无疑就像戴

---

① 陈明:《我与丁玲五十年:陈明回忆录》,中国大百科全书出版社2010年版,第33页。
② 广州校友会编:《抗大广州校友文集》,中国人民抗日军政大学2006年编,第121—122页。
③ 武继忠等:《延安抗大》,文物出版社1985年版,第8页。
④ 中国人民解放军国防大学:《中国人民抗日军事政治大学史》,国防大学出版社2000年版,第389页。

在他们胸前的那个红星徽章一样，把它看作是暴风雨中的一颗灿烂的星光。"① 这一论述可谓是对抗大学员开展社会实践活动重要意义的最好注脚。

二 陕北公学的史学教育与社会实践

陕北公学是中国共产党在民族危机日益严重的形势下，为满足全民族抗日战争的需要，坚持国防教育方针，培养为谋求民族解放和社会解放的干部而创办的学校，它是中共直接领导创办的第一所革命大学，也是与抗日军政大学同样驰名中外的抗日干部学校。

陕北公学开始决定叫"陕北大学"，当时由于办学经费问题向国民政府申请，"谁知蒋介石不批准"，他说"陕北一块小小的地方，已经批准成立了一个抗日军政大学，足够了，不能再成立什么大学了"。于是便"仿照过去上海中国公学的办法，改为陕北公学"②。陕北公学虽与抗大齐名，但是二者也有所不同。就性质而言，抗大主要是培养军事人才的学校，它并不是统一战线的学校，而陕北公学则是以培养革命干部为主的学校，"是统一战线中的产物，因此陕北公学就不能不是一个抗日民族统一战线的学校"③。抗大实行"三分政治、七分军事"的教学模式，陕北公学则实行"三分军事、七分政治"的教学模式。因此陕北公学的教学内容自然是以革命的政治教育为主。

陕北公学的教员，除了毛泽东、周恩来、张闻天、朱德、任弼时、李富春、王若飞等中央领导不定时授课外，还有国统区辗转而来的著名学者。如艾思奇、何干之就是经西安"八办"辗转到达延安并在陕北公学任教的著名学者。同时还有一些知名的文化人也先后在陕北公学任教，如李培之、李凡夫、徐冰、杨松、何定华、陈唯实、吕骥等。后来，又从工作人员中抽调出一些年轻教员，如孙力余、刘春、季凯、朱改、温济泽、李唯一、陈琅环等人。可见，"陕北公学的教师队伍还是很强的"④。到陕北公学来学习的学员，不仅有中学生、大学生，还有

---

① ［日］水野靖夫：《反战士兵手记》，巩长金译，解放军出版社1985年版，第90页。
② 成仿吾：《战火中的大学》，人民教育出版社1982年版，第18页。
③ 高景春编：《邵式平文论》，江西人民出版社1991年版，第58页。
④ 成仿吾：《战火中的大学》，人民教育出版社1982年版，第23页。

大学毕业生，甚至回国的留学生。当时为了适应抗日战争和中国革命发展的需要，陕北公学的教育计划是要在短短三四个月内，把青年培养成为有一定政治觉悟和初步军事知识，有独立进行群众工作、政治工作能力的抗战建国干部。为此，陕北公学的教育内容主要有以下四个方面：一是抗战的基本理论；二是抗战的政策和方法；三是指挥民众进行武装斗争的基本知识；四是对目前时局的认识等。陕北公学有两种学制：一种是普通班（即学员队）一般学习四个月，一种是高级研究班（即高级队）学习一年，主要是培养师资。普通班与高级班的要求有所不同。

  普通班开四门课，其中关涉历史教育的课程有"社会发展史"，主讲教师主要有李凡夫，此外孙力余等人也承担过"社会发展史"这门课程的讲授工作。"抗日民族统一战线"这门课，主要讲抗日民族统一战线的提出、产生的历史背景和在实践中的重要作用。从1935年八一宣言讲到西安事变的和平解决，结合六中全会讲统一战线中的独立自主原则，分析统一战线中各个阶级的政治态度和党对各阶级、各阶层的政策。这些内容在当时既是历史，又是现实政策问题。何干之是这门课的主讲，邵式平也讲过这门课。高级班的课程比普通班要深一些，课程也多一些，涉及史学教育的主要有"中国革命运动史""世界革命运动史""三民主义研究"等课程。其中"中国革命运动史"这门课由何干之主讲，后来何定华也讲过。该课程主要从鸦片战争、太平天国、戊戌政变、八国联军、辛亥革命、五四运动、北伐战争、土地革命一直讲到抗日战争。"世界革命运动史"主要讲授资产阶级革命，特别是注重讲授法国大革命问题。其时主讲这门课程的主要是江隆基[①]。此外高级班还开了"中国问题"讲座课，主要选讲中国革命中的一些理论问题和实际问题，如农民土地问题、边区经济问题、工农政权问题等，由教员分工讲专题。据陕北公学27队学员回忆说，当时"讲课的内容很广泛，从讲述世界革命运动史、法国的大革命到国内的革命斗争。讲国内

[①] 江隆基（1905—1966），陕西西乡人。1927年6月参加中国共产党。同年9月留学日本。1930年回国后任中国社会科学会执行委员。1931年到德国入柏林大学经济系学习，1936年底回国，任陕西省立第二中学校长。后历任华北联大教务长，延安大学校长，陕甘宁边区教育厅副厅长，西安军事管制委员会教育处处长等。新中国成立后，历任西北军政委员会教育部部长，北京大学副校长，兰州大学校长，中共甘肃省委委员。"文化大革命"初被迫害致死。论著编入《江隆基教育论文选》。

革命斗争内容非常丰富,有的讲长征、游击战的经验和经历,有的讲白区工作,如何发动群众开展斗争的经验体会,有的讲在抗战前线怎么打日本,讲得非常生动、实际。尤其是我们这些参加过革命斗争的青年人听起来更觉得无比亲切,精神为之振奋,数十年后的今天回忆当时的学习情景,还觉得精神抖擞呢!"①

教员"教什么?学什么?在对学校教育方针与教学方法上,是有决定意义的。"上述这些课程,都是以往的学校所没有的课程。当时没有现成的教材,完全由教员总结自己过去在革命时期的工作经验和理论研究成果,根据党的文件和政策,结合抗日战争中的新鲜经验进行备课和组织教材。这些课最主要的特点就是理论知识和实践经验密切结合,要求学员不仅要提高理论水平、政策水平,树立起革命的人生观,而且还要学会做抗日工作的实际本领。当时陕北公学对于教学工作提出了三点要求:

  1. 给学员以正确的知识,而学员确实了解和掌握住,并能灵活运用到实际,不是条文的背诵,也不是公式的死记。
  2. 培养学员不仅有知识有能力,并且能为实现自己的所学,具有牺牲奋斗的决心和信心,不是空谈无补,更不是挂羊头卖狗肉的分子。
  3. 有知识、能力,有决心、信心是基本的,是重要的。然而教育的责任还不至此,同时还得锻炼其身体,使其有力量担负其应担负的任务。②

基于上述要求,陕北公学教员根据当时的客观实际和陕公的教育方针,逐渐形成了具有"陕公"特色的教学方法。

陕北公学教员为"求得与教育方针的一致,求得理论与实践的一致",一方面注重从学生中搜集各方面的实际材料,以求学校教学内容的正确与丰富。特别是"教员要着重各科研究工作,搜集各方面的经

---

① 刘淇生编:《反刍录》,原子能出版社2005年版,第69页。
② 《陕甘宁边区教育资料·高等教育和干部学校》(上),教育科学出版社1981年版,372页。

验教训，加以研究整理，并且把每个抗战中大的实际的问题，不断地列为教材的内容"。这是"陕公教学上首先的特点。陕公教学方法就建立在它的正确的教育方针和正确的教育内容的基础之上"。何干之作为陕北公学讲授历史课程的骨干教员，在其教学之余展开学术研究，探究中国革命问题，就是践行这一教育方针与教学方法的具体体现。同时，陕公的教学强调以革命为基础。体现在教学方法上，无论是教学的精神、教学的态度，还是教学的立场，必须符合"陕公是革命的学校，是抗战建国的学校，是培养抗战干部的学校"这一定位。因此，"在教学方法上，只能根据革命的基本原则"来展开，这种做革命的教学方法，"也可以说是陕公教学的特点"。陕公的教育强调教与学一致，但是这个一致原则并不是"教了什么，学了什么"。邵式平认为这样简单来了解这个问题是不够的，"必须要使教、学的结果，实际完成了教育计划，实现了学校的教育方针，这样的方法才是正确的，才是教、学的一致"。陕公"全校不论是干部、学员，毕业的、在学的，团结得象一个人一样，对于学校的爱护，证明陕公教学在基本上是成功的"。这也可以说"是陕公教学的一个特点"。陕公的教学方法，强调"在一定的条件下能够教学，在变动复杂困难的条件下也能够教学"。特别是在抗战形势不断发展的情况下，后者较前者更为重要。这就要求教员按照当时当地具体环境来改变自己的教学方法。如果不能改变自己的教学方法来适应和改造环境，就将不能完成其任务。因此，"没有这些方法，就不能发展陕北公学"[①]。

根据上述教学原则和方法，陕公首先在校务会议上把教育计划提到教员研究室去讨论。在开课的第一天就"提到学生中去讨论，把教育计划详细地向学生做报告，使大家都了解在学校努力的目标是什么，这样就能发动全校人力、物力为实现教育计划而奋斗"。教育计划制订并宣传解释之后，教务部积极为教育计划制订实施进度表，并大体划分出实施的阶段，并预先发给学员，由全队学员、职员和教员开会按计划的进度订出每周的学习计划，指出参考书，列出学习的大纲，再由各班去按全队一周的学习计划订出本班全周每日的学习计划，预先由班长告知教科代表把参考书分配好，按照预定时间或看参考书，或开讨论会，或

[①] 高景春编：《邵式平文论》，江西人民出版社1991年版，第70—72页。

上课,都预先有准备,有布置。其余的时间,"各个人可以更订出多看参考书的计划,每日每人学习计划的完成,就是每班学习计划的完成,各班学习计划的完成就是全队的完成。也就是总的教育计划的完成。这个办法我们叫作有计划的学习。"完成计划后,"不是采取考试而是发动全体学员职员及教员起来检查"。这样学员们自动地发起学习竞赛,互相帮助、互相勉励。当计划的每一个阶段完毕时,教务部就组织所有参加执行计划的人员,包括教员、职员、学员及教务人员一起来开会检查。大家预先准备意见,教务部也预先收集各方面的材料并把材料考查整理好。在检查会议上,大家互相指出优缺点,研究其优劣点的来源及克服缺点的方法,并制订新的奋斗计划。当然教育计划不是死的,尤其在抗战建国形势发展的面前,许多问题今天是对的,到明天就不一定是对的。因此每当整个形势有新的大发展的时候,必然制订出临时学习计划。而且在教与学的内容上必然有一些新的东西增加进去。这样使教学能与实际一致,同时也使教育计划更易成为学习计划。[①]

在具体开展教学的过程中,教员"对于每个问题不能丝毫含糊过去",他们出席学员的学习计划会议和讨论会,细心解答学员提出来的各种问题,与学员讨论各种问题,在某些问题上,特别是抗战建国实际工作上,还要"向学员学习"。教员按照各科组织成各研究室,学生相应地组织学习班和学习队。班是学习的单位,队是教育的单位。要按照教育的单位,把这一部分教员、工作人员和学员组织在教育计划之内共同努力。队长要成为"领导与组织学习的中心,班长成为学习的核心,分队长是教育计划实施与学习单位之间的桥梁,指导员是领导与组织学习的助手,学生会是组织学习的团体,学科代表是教员与学员之间的联系人,同时是组织一科学习的组织者。"这样,在为争取教育计划与学习计划胜利完成的目标之下,"组成了学习上的铁的队伍",从而保证教学的顺利进行。同时陕公要求在学员中开展学习竞赛,学员互派代表制订竞赛的标准,并聘请评判员,把自己的学习计划和成果向评判员和竞赛的对方做报告,互相学习优点,互相帮助克服弱点,这样就能使全校的学习形成一种学习运动。在运动中能够了解到个人的能力、品质,"强的发扬他,弱的帮助他",这样"不仅是紧张了学习,同时也加强

[①] 邵式平:《陕北公学一年来教学的点滴经验》,《解放》1939 年第 63—64 期。

了团结"。在此过程中，所有的教职员都应积极帮助或领导其进行。①

这样的教学方法，也给陕公学员留下了深刻的印象。如讲授"世界革命运动史"的江隆基，在一些学员们的回忆中，被认为他讲的课"内容丰富，逻辑严谨，富有极大的感染力，他对我们提出的这样那样的疑难问题，都能作耐心地回答。"还有学员说"江隆基备课是非常认真的。对讲课中的每个细节，都要仔细地琢磨。他备课的特点是，凡准备在课堂中讲授的内容，都一字不漏地写在自己的讲稿上，在讲课之前总要反复看几遍，在讲课时，却几乎不怎么看讲稿了。他讲得很熟练，条理清楚，观点明确。在讲课中，他还经常联系到他在国外耳闻目睹的种种情况，学生都受益很大。"② 一位华侨学员说："陕公的教师都是优秀的革命同志，授课认真负责，辅导耐心细致。"特别是"何干之给我的印象最深。他是讲中国革命问题的，上课备受学员们的欢迎。夏季天气炎热，我们在窑洞里受不住了，便出去散步纳凉。这时已是深夜，路过何干之的住处，却看见他还在油灯下备课，挥汗如雨。他对学员们热情、爱护、关怀，找他谈问题，他总是平等相待，循循善诱，使人倍感亲切。"③

陕公的学员上课时间不多，每天少则三小时，多至五小时。上课以外的时间实行集体自习或集体讨论，各队都有自己经过讨论的详细计划。因此，在相当多的时间里，社会实践活动成为他们的重要任务。陕公学员的社会实践，和其他学校一样，也包括军事化训练、社会调查和具体的锻炼工作。除此之外，陕北公学的社会实践活动也有自己的一些特点。

"救亡日"是陕公学员开展社会实践活动中的重要特色。据成仿吾说，陕公每星期三为救亡日，这天下午要有计划地进行各种救亡活动。④ 在这一天，全体学员走出校门，到社会上进行各种救亡宣传活动。还有时是由五六个队集中在一块开会、听报告、讲形势，有时搞演戏、唱歌等活动。"不论是开会或上课之前，啦啦队一喊，各队就自动唱起抗战救亡歌曲来。嘹亮的歌声，激起大家高昂的抗日情绪，气氛十

---

① 高景春编：《邵式平文论》，江西人民出版社1991年版，第78页。
② 刘众语编：《纪念江隆基文集》，兰州大学出版社1987年版，第37、427页。
③ 李彬、马玉卿编：《抗日华侨与延安》，陕西人民出版社1995年版，第133页。
④ 中央教育科学研究所编：《成仿吾教育文选》，教育科学出版社1984年版，第17页。

分热烈。"① 据李维汉说，著名作曲家冼星海常来陕公辅导，吕骥是陕公的教员，郑律成是陕公学员，因此"陕公歌咏的开展，在延安要算首屈一指了"。当时陕公最流行、最受欢迎的歌曲有《陕公校歌》《大刀进行曲》《毕业上前线》《我们在太行山上》《黄河颂》《游击队员之歌》《松花江上》等。② 在"救亡日"这一天，陕公的墙报还是各队的"喉舌"，他们经常根据战争形势和时事的发展，通过墙报的形式表达他们的看法。

陕北公学是培养革命干部的摇篮，因此在社会实践中开展民众运动，是陕公社会实践的主要内容。为此，学校在开展社会实践之前，专门开设"民众运动"这门课程。内容主要包括如何动员、组织、训练和领导广大劳动群众（主要是农民）参加抗日游击战争、建立政权、建立武装，以及如何贯彻抗日根据地的各种政策法令，如减租减息、拥军爱民、合理负担、妇女解放、扫盲、儿童站岗放哨等。正如成仿吾所说："这门课程在实践中发挥的作用是很大的。"通过这门课程的学习，"更重要的是培养了学员的群众观点和民主精神，树立起为人民服务的革命人生观"③。通过理论学习之后，自然要把学习理论和实际工作结合起来，把学校和社会结合起来，把个人和集体结合起来，开展民众运动的社会实践活动。陕北公学的民众运动，"最重要的工作就是动员千百万群众起来参加抗战"，此前"没有发动群众，许多地方，群众是听到炮声才知道日本侵略这回事"。因此"重视民众的发动工作，抗日时期尤为重要"。

陕北公学开展民众运动的社会实践，首先是动员群众参加各种抗战社会运动。如抗战初期陕公学员组织的反侵略运动周、庆祝台儿庄胜利宣传周、"七七"建国宣传周、"八一三"献金运动周、慰劳前线运动、募集寒衣运动等即是如此。他们每发起一次民众运动就有一个中心，进行广泛宣传使之家喻户晓，以期激发广大群众的爱国热忱，自觉地投身于各种抗日活动中。同时，建立各种群众组织，是陕公学员动员群众抗日的基本方法，也是教育群众的最好形式。特别是在开展募捐活动的过

---

① 全国政协文史资料研究委员会华侨组编：《峥嵘岁月——华侨青年回国参加抗战纪实》，中国文史出版社1988年版，第141页。
② 李维汉：《回忆与研究》（上），中共党史出版社2013年版，第314页。
③ 成仿吾：《战火中的大学》，人民教育出版社1982年版，第36、33页。

程中，陕公学员提出三个具体口号：第一个是有钱出钱，要求家庭经济充裕的同学每月自愿交纳膳食费六元，多则十元、二十元，少则二元都可以；第二个是有力出力，提出不要勤务员，杂务工作由学员轮流值班，同时要求学员参加开荒种菜、建校舍、上山打柴等工作，减轻学校负担；第三个是有知识出知识，帮助学校做些刻写、印刷等文字工作。他们的动员，收到了很大的效果。一位菲律宾爱国华侨见到陕公学员的募捐信后，立即成立了"菲律宾各界为陕公募捐筹备委员会"，"爪哇吧城华侨互济会"也寄来捐款，并说："我们是苦力和知识劳动者的一群，为表示对陕公的爱护，特鸠集国币二十元，由国内友人转寄为贵校基金。"①

在动员民众的程中，学员们还使用了舆论宣传、说服解释和竞赛鼓励等办法，同时注意把动员参战和改善人民生活结合起来。在此过程中，陕公学员以"限制剥削，协调阶级矛盾""铲除贪官污吏"等口号，合理保护各阶层群众的利益，真正起到"有钱出钱、有力出力"的动员效果。在陕北公学的民众运动实践中，尤其值得一提的是陕北公学剧团下乡演出，通过戏剧的形式开展动员民众的实践活动。

陕北公学为了使民众运动实践有效开展起来，他们专门成立了剧团。剧团成立之后，排练了很多剧目，曾参加延安工人和各界群众召开的五卅运动十三周年纪念活动，在延安民众戏院的广场上和其他剧团联合演出。但是剧团更重要的任务是要下乡动员民众，因此这就需要流动，此是著名的"陕北公学流动剧团"。为什么陕公剧团要加上"流动"两个字？成仿吾说，我们的剧团"要流动到工农群众中去，你们是为工农服务的革命文艺战士，不能脱离工农群众。资产阶级、小资产阶级的文艺，工农大众不欢迎。"针对有几次演出群众不满意的情况，成仿吾说："就是因为你们是洋学生，不懂工农的生活和思想感情。所以剧团要下乡去演出，向农民学习，学习他们的语言，了解他们打土豪、分田地后生活的变化，以及怎样支援抗日战争等。"于是为工农群众服务，向工农群众学习成为陕北公学剧团努力的方向。陕北公学剧团第一次下乡演出时，成仿吾专门嘱咐说："下乡演出好坏不要紧，重要

---

① 成仿吾：《战火中的大学》，人民教育出版社1982年版，第54页。

的是和农民群众打成一片。"①

为了让戏剧更贴近民众，剧团重新拟定了下乡演出的剧目，连日赶排了街头剧《放下你的鞭子》，并学习用陕北话演出。在流动演出过程中，演员们根据群众讲述的母送子、妻送郎参军抗日的生动素材，创作了小歌剧《送郎上前线》，用陕北民歌曲调演唱，很受农民欢迎。群众说："这是演咱村的事哩！"他们对用当地家乡土话演唱格外感兴趣。在演出过程中，演员们还帮农民干活，挨家访问。一些男演员们还跟着农民送粪铡草，女演员们和农民妇女谈心、干家务劳动。剧团在一处只住四五天，便流动到外村去演出。每次离村时，群众总是恋恋不舍地送出村口好远，拉着演员们的手说："欢迎你们再来！"流动演出三个月，演员们的心头打开了和农民感情交流的闸门。回到学校时，这些文艺战士从思想感情到语言气质都发生了明显的变化，他们开始扎根于人民的泥土了。一些参加演出的演员也说："随着一个村一个村的走下去，陕公剧团的演员们和农民之间生疏之感，生硬之态一步步地消失了。渐渐地和农民谈得畅快了，亲切了。干起农活来也有了庄稼把式的样子，逐渐和农民亲如一家人了。"② 陕北公学剧团不仅下乡为农民演出，他们还到国统区演出，以期动员国统区的民众参加到抗日斗争中来。

抗战进入了1939年，国民党对根据地发起了反共摩擦。为此，陕北公学剧团经过准备之后便率领队伍向国统区出发。剧团的演员们大演、大唱动员民众的剧目，他们在每个节目中间都加上通俗的演说，宣传共产党的抗日民族统一战线，中国共产党抗日、民主救国的政策，大讲坚持抗战、反对投降，坚持团结、反对分裂的抗日主张，宣扬八路军、新四军在华北和江南的丰功伟绩，坚定了国民党统治区人民群众抗日必胜的信心。同时，针对国民党在大街小巷的标语，陕公学员也在大街上浓笔书写标语，毫不客气地把自己的标语写在顽固派们的标语旁。顽固派们写了"一个政府、一个主义、一个领袖"，陕北公学剧团便写上"坚持抗日民族统一战线，团结起来，打败日寇"；他们写了"三民主义万岁"，剧团便写上"抗日民主万岁！"顽固派们把"蒋委员长万

---

① 成仿吾：《战火中的大学》，人民教育出版社1982年版，第58页。
② 《成仿吾校长纪念文集》编辑组：《成仿吾校长纪念文集》，中国人民大学出版社1992年版，第322页。

岁"写得满街都是，剧团也回敬地写了"抗日民主，人民大团结万岁！"通过演出和针锋相对的斗争，"当地群众嘻（喜）笑颜开，国民党顽固派们目瞪口呆，就连他们负责警戒的军警，对剧团的演出、演说和书写的标语，也情不自禁伸着脖子暗自寻思着"①。

在随后的演出中，陕北公学剧团又排练了高尔基的《母亲》这一剧目，当时田汉已写好了第一幕，由剧团继续写成一个完整的剧本，决定在五一国际劳动节演出，宣传无产阶级先锋战士为人类解放事业而奋斗的崇高理想，同时对陕北公学学员进行革命人生观的教育。后来《母亲》还到校外去演出，在几个村庄同时演，一场接着一场，有时一直演到天亮。安吴堡青年训练班的负责人冯文彬、胡乔木，还特地邀请陕公剧团到安吴堡去演《母亲》。连演了十来天戏，有《母亲》，也有其他短节目，受到青训班学员的热烈欢迎。陕北公学剧团在演出过程中，不仅承担了民众动员的实践工作，而且也对陕公学员的思想认识有着很大的促进与提升。通过剧团演出，也扩大了陕公的社会影响。据"东区服务队"② 丘晨波回忆称，东区服务队的课程设置与实践活动，就是"效仿陕北民众运动的方式，搞民众运动，开办有百余学员的干部训练班，课程大致仿陕北公学，学习政治、时事知识，重点在组织民众抗日救亡，并演练游击战"。可以说，东区服务队的许多做法确实有着不少"陕北色彩"③。也正是由于陕北公学剧团在民众动员中所起的重要作用，作为陕北公学负责人的成仿吾高度概括了剧团的重要作用。他指出："陕北公学流动剧团是值得载入陕北公学校史的一颗明珠，她是陕北公学的骄傲，她成立后坚持了文艺为抗战服务，为工农兵服务的正确方向，在炽热的战斗岁月里，发出了耀目的光辉。"④

---

① 《成仿吾校长纪念文集》编辑组：《成仿吾校长纪念文集》，中国人民大学出版社1992年版，第324页。

② "东区服务队"系广州沦陷前夕，由台湾人丘念台（当时任余汉谋第十二集团军少将参议）组织的抗日队伍，直属第十二集团军统辖。该队以陕北公学、抗日军政大学毕业的粤、闽籍学生十余人为基础组成，后又加入了台湾籍青年七八人以及一些粤东的青年。1940年春，东区服务队转移到惠阳，曾协助游击指挥所训练游击基干训练班的干部，并进行抗战宣传、群众组织、军队政工等工作。1943年被迫解散。

③ 陈小冲编：《与祖国同生：台湾同胞在大陆的抗战足迹》，九州出版社2013年版，第174页。

④ 成仿吾：《战火中的大学》，人民教育出版社1982年版，第57页。

三　延安大学的史学教育与社会实践

陕甘宁边区时期的延安大学，是由陕北公学、中国女子大学、泽东青年干部学校、自然科学院、鲁迅艺术文学院、民族学院、行政学院、新文字干部学校等校合并成立的，是一所文法理工农多科性综合大学，也是陕甘宁边区学校中系科设置最全的一所大学。

为什么要成立延安大学？据林迪生说，1941 年年初，国民党发动第二次反共摩擦，严禁革命青年奔赴延安，由此导致"各校人数减少。为了集中人力物力办学，于一九四一年九月，先将陕北公学、女子大学、泽东青年干部学校合并，成立了延安大学"①。延安大学起初原本计划以"陕北联合大学"命名，1941 年经中央政治局讨论决定命名"延安大学"。延安大学的成立，无论是学制还是学习内容都有了很大的转变。吴玉章在延大开学典礼上这样说道，延大的成立"是教育上很大的转变"。他指出，中国教育的毛病是"很空虚不实际"，今天，"大后方的教育仍是无甚用处，在我们革命的地方，过去因前方需要，六个星期就训练完毕，只学会一般革命的基本课程，近两年还是如此，还是很空虚。主观主义，教条主义做不好事情，不能使我们活泼地运用马列主义。目前我们要应付这个革命的时代，教学方法就感到不够。我们党实行整顿学校，变成正规化。纠正不切实习惯。今后要培养能做事的了解中国国情的青年。"延大社会科学院院长艾思奇也说："这次党所提倡的学习教育上的新方法是使学习教育更联系中国的实际。可分两点说，第一是目的，要联系抗战解决抗战问题，过去光联系了抗战，但只做到学习理论，应用到实际就很少结果，延大就要抓紧目的。第二是怎样学习研究实际，若是只能说是教条，就不算及格，还要能运用到大大小小的实际问题上去。"② 可见，延安大学的成立，就是要改变过去的"空虚"与"不切实际"，实行"正规化"的教育教学模式。

体现在史学课程设置方面，一个突出的变化是开设"中国通史"这门课程。这在以往的学校课程设置中并不多见。与此同时，学校还开

---

①　林迪生：《延大简介》，《陕西师范大学学报》1981 年第 1 期。
②　《延大举行开学典礼》，《解放日报》1941 年 9 月 23 日。

设"社会发展史""中国现代史""中国共产党简史""中国古代史""联共党史"等课程。这样的课程设置,一方面表明延大在史学教育方面很是重视,另一方面也纠正了过去政治课程压倒一切的现象。当时延安大学明确要求专门课要占80%,政治课占20%。在教学组织方面也比较正规,上课按"班"次进行,不再以"队"为基础的军事化设置,一改过去听大报告式的上课方式。不过延安大学在成立初期,在教学上也存在教条主义的倾向,产生了理论与实际分离、所学与所用脱节的现象。因此初创时期的延安大学,其影响还尚未有后来那么大。于光远曾这样说道,1941年的延安大学"基本上是陕北公学型的学校,它在延安的影响也不很大",1944年决定把行政学院、自然科学院、鲁迅文学艺术学院合并重新建立的这个延安大学,"它的性质,同以前的不一样"。1944年重新建立的延安大学"则是一件要从头做起的事情"[①]。

1944年5月,延安大学颁布了新的教育方针,明确提出学校"以适应抗战与边区建设需要,培养与提高新民主主义和革命三民主义的政治、经济、文化建设的实际工作干部为目的",以"中国革命历史与现状的教育,真正增进学员革命理论的知识与新民主主义与革命三民主义建设的思想,并进行人生观与思想方法的教育,以培养学员的革命立场与实事求是的工作作风"[②]。依据这一原则,学校的课程设置为全校共同课和各院系专修科。新的教育方针颁布后,延安大学的史学教育基本被涵括在全校共同课之中,主要包括"中国革命历史""中国革命问题""革命文选""边区建设史略""自然发展史略"等课程。另外,针对一些文化水平较低的预科学生,还专门开设历史文化课。

"中国革命问题"与"中国革命史"课程,主要包括毛泽东等人对中国革命问题的有关论述总结以及党的各项重要文件,具体包括中国社会、中国革命的性质、动力、前途,新民主主义和旧民主主义时期中国革命的历史特点,新民主主义的政治、经济、文化、党的建设、统一战线等问题。通过本门课程的学习,以启发延安大学学员执行党在新民主主义时期的总路线的自觉性。

[①] 于光远:《我的编年故事:1939—1945抗战胜利前在延安》,大象出版社2005年版,第179页。

[②] 教育科学研究所筹备处编:《老解放区教育资料选编》,人民教育出版社1959年版,第119页。

"革命文选课"所选文章内容,大致涉及宣传劳动、斗争、知识分子与工农相结合、反小资产阶级情感、反自由主义、反教条主义等材料。通过这门课程的学习,引导延大学员逐步建立革命的人生观与正确的思想方法。同时,为了能够引起学员们的学习兴趣,所选文章偏重"行文的生动、泼辣,并涉及各种体裁、以资调剂"。革命文选的学习主要是为配合教员的讲授,"以自己阅读为主,阅读后再进行漫谈"[①]。同时,每月还请人作两次全校性的报告。报告之前学员先阅读材料,报告之后再精读并进行讨论。

"边区建设史"这门课程,主要包括"边区革命及建设史略""三三制及政权问题""文教政策""财经政策""司法政策"等内容。通过这门课程的学习,主要是使学员们对边区建设的历史、现状、前景及目前的具体任务有所了解,培养他们对边区建设的思想感情和献身于边区建设的决心。

"自然发展史略"与"社会发展史"课程,主要是讲述从猿到人,从原始社会到现代社会的历史发展过程。同时在更广阔的背景上,从天体的演变讲到地球的形成和生命的起源。从宏观的角度,引导学员正确认识宇宙、自然、人类、社会及自我等现象的本质面貌,从自然发展规律与社会发展规律上认识确立革命的宇宙观、世界观、人生观的重要性和必要性,从而在最根本的思想基础上改变人们传统的观念意识,达到政治思想教育的目的。贯穿这些课程的基础则是历史唯物主义观点和辩证法思想。

延安大学的教员,一部分是边区实际工作部门的负责人或负责干部[②],另一部分是住校专门从事研究与教学的专家(鲁艺的教员多属于这一类型,其他院系则仅占少数)。延大教员有着这样的特点:第一,他们享有讲学与研究的自由。教员在不破坏抗战、不破坏团结,不反共反人民的原则之下可以自由讲学。不同意见可以互相争论,互相批评。这样一方面可以反对思想上的武断,另一方面也能防止思想上的混乱。"一切争论都必须为着达到一个共同真理,为着解决某一个实际问题,而不是无的放矢。"全体教职学员中都要提倡实事求是的作风。第二,

---

① 王云风主编:《延安大学校史》,陕西人民教育出版社1994年版,第185页。
② 边区实际工作部门的负责人或负责干部中的教员,以行政学院为最多,占该院教员总数92%,自然科学院次之,占该院教员总数69%,鲁艺因性质特殊,这样的教员相对较少。

延大教员有着较为丰富的实际经验。多数教员是边区实际工作部门的负责工作者。一部分外来专家学者也都热心地走向实际，参加边区实际部门工作。他们的共同特点是与边区实际密切结合。教员都有实际经验，"才有可能将边区的实际经验提升到理论高度。我们的教学才有生动活泼的内容，我们才能从教学上实现理论与实际一致，学用一致的方针。"第三，教员与学员的关系"是在生活上打成一片，互相了解，在教学上共同研究，互相学习"。一方面学生应敬重教员，尊重知识和技术（但不是盲从，对教员的讲授可以提出意见和批评）；另一方面教员在教学生的过程中，同时也应向学生学习，了解他们的思想、经验、情绪、要求。教员"应向学生学七分，然后教三分"。这是教员应遵循的原则，同时也是教学民主精神的一种表现。第四，教员要进行不断的自我教育。教员不仅指导学员学习，他们自己也经常积极地进行自我教育。他们参加在职干部学习，也参加全校共同课的学习，在参加边区各种实际工作中不断提高自己业务知识。此外，他们也积极参加政治生活、生产劳动等。[①] 总之，延大的教员水平还是较高的。当年曾在延大学习的杜鹏程[②]即说，延大的老师"大部分很出色，有不少是著名的学者，教授和革命家，可以说这里集中了从全国各地来边区的优秀的知识分子"[③]。

延安大学的学员，根据 1944 年的统计，共有 1302 人（男生 982 人，女生 320 人）。除带孩子的母亲们为了生活上的便利，编为一班（母亲班）单独进行学习外，其余都分布在各院系学习。学员的招收办法分为两种，一种是招考，另一种是轮训。前者是为了吸收边区内外的青年知识分子，将其培养成为边区实际工作干部；后者是为提高边区原

---

① 中央教育科学研究所编：《老解放区教育资料·抗日战争时期》（上册），教育科学出版社 1986 年版，第 404—405 页。

② 杜鹏程，1921 年出生于陕西韩城，当代作家。1938 年赴延安参加革命。1947 年到西北野战军，任随军记者转战数年。1951 年从部队转业到地方，曾任新华社新疆分社社长。1954 年在中国作家协会西安分会从事专业创作，长期在铁路建设工地和其他建设工地深入生活，坚持写作。曾任中国作家协会理事、作协陕西分会副主席等职。1949 年底开始创作优秀长篇小说《保卫延安》，1954 年出版。作品以饱满的激情，挺拔的笔力，真实地再现了解放战争时期延安保卫战中几次著名的战役，热情歌颂了党中央的军事思想，塑造了周大勇等人民战士的英雄形象，还成功地描绘了我军高级将领彭德怀的感人形象。1958 年出版了反映社会主义建设生活的中篇小说《在和平的日子里》，影响较大。此外还著有短篇小说集《年青的朋友》，中、短篇小说合集《光辉的里程》等。

③ 《杜鹏程文集》第 3 卷，陕西人民出版社 2008 年版，第 113—114 页。

有的实际工作干部的水平。招考对象一般为中学以上学生，轮训资格则为区长以上干部。延大学员的水平参差不齐，尤以行政学院最为显著。第一部分学员是来自实际工作的工农干部，他们有较多的工作经验，但文化水平低；第二部分是刚离开学校的学生，他们文化水平较高，但缺乏工作经验；第三部分是来自实际工作中的知识分子干部，他们是文化水平既高又有相当工作经验的。这种情况，一方面固然便利各种不同成分、不同程度的干部之间在知识、经验、思想各方面的交流，但另一方面也增加了教学上的困难。根据这种实际情况，延大制定了符合实际的教学方法。

延安大学的总体教学方针是实行自学为主、讲授为辅。就史学教育而言，主要是采取这样的教学方法。1. 讲授：教师就该课内容提要讲授，着重提出问题，启发学员研究线索。2. 研究：学员根据实际材料，参照教师提示进行研究，做笔记，展开讨论。讨论的形式可以不拘一格，既可以漫谈、讨论，也可以用墙报的形式。3. 总结：研究完毕后，教师汇集研究过程的争论与疑难问题，分别予以解答，或对全课做出较有系统的结论。为了提高教学效率，延大还提倡以"民主""互助""反省"的精神进行教学。也就是说学员对教员讲授的课程可提出自己的意见，教员要避免用行政手段解决教学上的问题。在教学过程中强调集体互助，学校提倡教员与学员互相学习，并组织全校不同程度、不同成分之间学员的学习互助。在学习过程中学员要反省实践，"学员对某些能联系到自己过去和现在的思想学习与工作的过程，必须根据学习心得，从事反省与实践，以做到知行合一与言行一致"[①]。此外，为了推动与帮助学员学习，在每系（或班）成立学习核心小组，遴选一部分同学组成，由系主任兼任组长，研究问题和组织学习。

陕甘宁边区时期的延安大学，正值抗日战争和解放战争时期，当时提出的"以自学为基础的集体互助"形式，显然是符合实际情况的。大多数学员也基本上是在课堂学习之后，花更多的时间在自主学习上。杜鹏程在延安大学的学习方法颇具代表性。他曾指出，延安桥儿沟是原来的鲁艺图书馆，文艺和其他书籍很多，"我大量借阅文艺和历史书籍"。同时他还在整风运动期间，"结合中国历史和党的历史读了很多

[①] 李桂林编：《中国现代教育史教学参考资料》，人民教育出版社1987年版，第140页。

书，特别是系统地钻研马列主义的书籍，打下了较坚实的理论基础"。他还用了较长的时间，写了一份数万字的"思想自传"，认真剖析了自己青年时期走过的路。他说这是他"生命的新起点，开始自觉地追求知识，追求上进，把自己的命运和中国革命的命运紧紧联系在一起"①。实际上，将学习与自己的命运联系起来，将学习历史与中共的历史联系起来，将自己的命运与中国革命的前途联系起来，这不仅是杜鹏程的人生轨迹，也是延安时期青年学生的人生轨迹。

延安大学青年学生的社会实践活动，尤其值得注意的是生产劳动和工作实习。根据延大的教育方针，"生产运动是本校全部活动中重要的一环"。为了提高自给能力，"更有赖于生产运动之广泛的深入的开展"②。在这一方针的指导下，延安大学青年学生开始投入轰轰烈烈的生产劳动实践中。

1943年1月，延大副校长赵毅敏③作了生产动员报告，各院系立即分组展开讨论，想办法为完成生产任务献计献策。在动员大会上，有的系、班主动要求全班进驻农场，一面生产，一面学习。还有的提供养鸡计划、贡献技术，或捐献生产工具。全校生产情绪高涨，自动报名要求从事生产的达200余人。从1943年5月到1944年4月，延大学员生产蔬菜328500斤，全校大约900人达到自给；生产粮食16200斤，逢年过节还增加肉；生产衬衣900套，鞋900双；白面每月每人2斤。其余还有调料费、文艺费、木炭、运输、病员补助杂务费，由政府补添和学校支助。④ 1944年确定的生产总任务为4304.867石细粮。于是生产热

---

① 《杜鹏程文集》第3卷，陕西人民出版社2008年版，第115页。
② 中央教育科学研究所编：《老解放区教育资料·抗日战争时期》（上册），教育科学出版社1986年版，第410页。
③ 赵毅敏，1904年出生于河南滑县。早年在开封留欧美预备学校、河北大学学习。1924年赴法国勤工俭学。1925年到莫斯科东方大学学习。1928年到哈尔滨为共产国际交通局做联络工作。1929年任中共中央宣传部编审科长、代秘书长。1930年后任中共满洲省委宣传部长、组织部长、抗日联军和第三军政委。1935年参加共产国际第七次大会，任莫斯科东方大学第八分校校长。1938年任延安鲁迅艺术学院院长、中央党报委员会秘书长兼延安大学副校长。抗日战争胜利后任冀察热辽中央分局宣传部长兼联合大学校长。1949年后任中共北京市委宣传部长、中南局常委、宣传部长、中南局行政委员会委员、文教委员会主任。1954年任中共中央国际活动指导委员会副书记，中央对外联络部副部长兼国务院外事办公室主任。是第三届全国人大常委、第八届中共中央候补委员。十一届三中全会后，任中共中央纪检委副书记兼秘书长，在中共十二次全国代表大会被选为中央顾委委员。
④ 王云风主编：《延安大学校史》，陕西人民教育出版社1994年版，第105页。

潮很快在全校掀起来，共有1663人参加生产，其中1527人参加手工业生产，136人参加农业生产。生产劳动采取合作制度，学员们成立农业、工业两个合作社。实行三七分红制，以毛利扣除消耗后的15%为扩大生产基金，余数按成分给公家和个人，公家分70%，个人分30%。在农业方面，种有土地3458.83亩，计划产粮500担，菜87万斤。工业以纺线为主，副业包括金、银、磨房、豆腐房、屠宰房、商业等。通过生产劳动，延大做到了半自给。1943年12月到1944年5月，由财政厅发给的经费数额为33487780元，占开支总数34.5%，由生产自给解决的数额为63996220元，占开支总数的65.5%。[①]

延大学员除了各种集体生产之外，还组织个人生产、小组生产、以班为单位生产三种形式开展劳动。当时延大工业合作社还开展两小时纺棉竞赛。提出"一分钟一条棉卷，两小时创造三两成绩"的口号。小组平均量最高的称为"突击小组"，赠以精工刻制的桦木奖牌1块。竞赛结果，特等纺纱手7名，占总人数12.5%，第一名每小时速度为1两8钱，次高的两名，时速1两6钱5分。头等纺纱手38名，占71.5%，1两以下者11人，占2%。全体平均时速为1两1钱5分5。延大制鞋厂还承包财政厅大批单鞋的制作任务，平均每人每周生产两天，共12小时，工序分为择破布、捻麻绳、打布壳制底、制面、锥鞋底、上鞋等7组，平均每天可出鞋30双，月任务200余双。为了提高产量，厂里发动生产竞赛，并定出产量与质的标准，超过5%—10%的奖励。其中雷汀以6小时上鞋8双，创造了上鞋的最高纪录（标准为5双）。延大当时还展开增产、节省原料的活动，他们将鞋面套起来剪裁，结果每双鞋面节省布4寸。同时学员们利用休息和节假日，结伴成群到各机关及山坡寻找破布，日拾破布最多者达15斤，当时每市斤值边币30元，合计450元。有的同学甚至到朱家沟背石炭，卖给工厂或市民，有的为学校打土墙，给化工厂背石块，绞井水，以重体力劳动来增加收入。延大鲁艺还成立木工厂，分两个作业组：一组上山砍伐木材；另一组与当地木工合伙办厂。学校还办了豆腐房，原一斗豆子出豆腐30余斤。后来同学参加豆腐房的工作，出豆腐50余斤，节约煤40

[①] 中央教育科学研究所编：《老解放区教育资料·抗日战争时期》（上册），教育科学出版社1986年版，第410—412页。

斤，超过原产 20 斤。学校为了解决烤火问题，从民族学院抽调 50 个同学，组织了延大烧木炭队到川口烧炭，历时一个月，完成任务 75000 斤。他们还组织了砍树、打窑、杂务、技术四个组，在生产中开展组与组之间的竞赛，出色地完成了任务，保证了师生们取暖的需要。①

解放战争时期，陕甘宁边区由于受到胡宗南的疯狂破坏，40 万饥寒交迫的灾民亟待援救，转战陕北的西北野战军也急需粮食供给。为了救济灾民、支援西北人民解放战争，西北局、边区政府和西北救灾委员会，把这个艰巨的任务交给了延安大学。延大学员又投入千里救灾运粮的劳动中。从 1948 年 1 月初到 5 月底，5 个月内，学校先后参加运粮救灾的学员达 400 余人。他们和晋绥边区的干部群众一起，在汾河岸边、吕梁山上，开辟了一条条红色的运粮大道，连接起陕甘宁边区的 40 万灾民的生命线，在冰天雪地日夜紧张地奋战着，将 10 多万石粮食千里迢迢运往陕甘宁边区，支援了西北战场的战略反攻，胜利完成了西北局、边区政府和西北救委交给的任务，受到了各级领导和晋绥群众的高度赞扬。②

通过生产劳动实践，学员们不仅解决了实际生活问题，"更重要的就是对知识分子的思想意识的改造"。在生产劳动的体验中，他们领会了"劳动创造一切"的真理，他们开始转变了"不劳而食"的剥削阶级意识，养成了老老实实"实事求是"的工作作风。正所谓"生产运动改造了自然，也改造了人"③。除了生产劳动实践外，延大学员社会实践的重要特色就是开展具体实习工作。延大的创办宗旨就是"以有组织的劳动，培养学员的建设精神，劳动习惯与劳动观点"，培养陕甘宁边区建设人才。"边区建设各方面政策方针与经验总结，为本校教学之主要内容，技术课以适应边区建设当前需要为度"。延安大学要"与边区各有关实际工作部门建立一定的组织上或工作上的联系"，延大学员要"有计划有系统的进行边区建设各方面实际问题之研究，并依具体情形，定期的参加各有关实际工作部门的工作"。同时"学员在休业

---

① 王云风主编：《延安大学校史》，陕西人民教育出版社 1994 年版，第 105、109—110 页。

② 同上书，第 238 页。

③ 中央教育科学研究所编：《老解放区教育资料·抗日战争时期》（上册），教育科学出版社 1986 年版，第 411 页。

期内定期的分别到各实际工作部门进行实习"①。因此，实习工作自然也就成为延大学员开展社会实践活动的重要内容。

延大的实习一般可分为边区课的实习或技术课的实习两种。其中边区课（包括史学课程）的实习，主要目的在于了解边区。因此，实习工作不拘于本专业，各行各业都可以参加，而且定期和不定期均可举行。1944年重新开学后，延大与延安市政府协商，以学校附近的南郊乡、新市乡和桥镇乡为延大同学经常实习区域。这叫经常实习。当年还决定在校实习三月后，全体学员下乡实习三个月，这叫定期实习。如学员经常参加边区的工厂会议、合作会议、劳动英雄大会等。其中延大学员参加解放区的土改工作就是这种实习的典型。1947年11月，由蔡子伟②带队的延大土改工作团，在子长、延川、延长、安塞等县开展土改工作。学员们配合当地区、乡干部，发动群众，组织贫农团，建立临时农会，具体开展工作。安塞县的工作组，配合区、乡干部，用10多天时间就在该乡的各村组织了贫农团，建立了临时农会，筹划斗地主、分财产的工作。1948年2月，学校又派出了一批学员参加了当地的土改复查工作。他们着重对驻地川口的阶级成分进行了调查分析，并写了几份有分量的调查报告，对当时成分划得偏高的个别户，还向政府建议予以改正。

技术课的实习，一种是参加边区实际工作部门的技术工作，如自然科学院工厂实习和农场实习，行政学院的某些业务课（如财经系的"出纳工作"课）的实习等；另一种是鲁艺戏剧音乐系创造的把技术实习和群众工作的实习结合起来，具体做法是以群众为工作对象，除为他们做一般的工作外，还为他们演戏唱歌，把他们的生活作为自己创作实习的内容。

---

① 李桂林编：《中国现代教育史教学参考资料》，人民教育出版社1987年版，第133页。
② 蔡子伟，原名建勋，1908年出生于陕西省蓝田县。1927年加入中国共产党。1931年参加反帝大同盟，曾在河南、江苏等地从事兵运工作。1934年后任陕甘革命委员会文化委员会委员长，陕甘苏维埃政府政治秘书长，中共陕甘特委秘书长兼组织部部长，中华苏维埃共和国西北办事处国民经济部秘书长、代理部长，陕甘宁边区建设厅代理厅长，陕甘宁边区中学校长，延安大学高中部主任。中华人民共和国成立后，历任中共中央西北局秘书处处长，西北军政委员会农林部副部长，西北行政委员会农林局局长，农业部副部长、顾问，全国农业经济学会第一、二届理事长，政协全国委员会农业组组长。是中共第八次全国代表大会代表，第三届全国人民代表大会代表，政协第二、三届全国委员会委员。

第一种实习，主要是在自然科学院展开。当时自然科学院的农业系，在子长杨家园子建起了实习农场。实习农场主要是为了解决边区人民急需的烟糖问题。农场主要种了良种古巴烟叶和糖萝卜，还试种了一些良种玉米、洋芋、番茄、菜豆等，同时还种了一些树苗。学员在农场一年的实习和生产，不仅为政府解决了边区人民吃糖的困难，还为政府赚得了一些经费，更主要的是师生得到了科学研究的实际锻炼。自然科学院机工系的学习场所主要有两处，一是炼铁高炉，二是机械实习工厂。在机械实习工厂，同学们轮流参加工作，生产了大批的铜扣。这种铜扣既牢固又美观，曾得到朱总司令的嘉奖。机工系还生产过各种类型的医用镊子，另外还生产过一些天平砝码等产品。机工系学员实习的另一场所是炼铁高炉。这座高炉是自然科学院教师和当时在延安搞冶炼专业的工作人员共同设计的，日产生铁0.25吨。高炉设计采用了40年代的新技术，而它的建造和生产工艺，则立足于当地许可的条件，是一项因地制宜的工程。

第二种实习，主要是以鲁艺为主。当时鲁艺学员自觉地和边区实际结合，积极创作秧歌剧，组织秧歌队下乡。1946年底，米脂县镇川堡解放后，延大临时组建了一个慰问演出队，学员们日夜奋战赶排了《兄妹开荒》《打花鼓》《刘二起家》等大型秧歌剧，以及自编的大型话剧《支前》和其他小型说唱节目，去镇川堡慰问演出。此外，文学系、美术系的美术供应社还对外承制和销售各种美术品，以及设计各种建筑式样，特别是雕塑艺术、图画和建筑设计在当时也有着相当的影响。他们创作的雕塑有浮雕、雕像、木刻首长像。图画有常识挂图、连环画本、画报、画贴、彩色招贴、插图、漫画等。建筑设计有房屋、纪念碑、陵墓、体育场等。工艺美术作品有旗帜、牌匾、图章、商标、图表、封面、方字、字帖、儿童玩具、海陆旗帜、俱乐部及礼堂布置等。学员们的这些实习活动，不仅丰富了艺术的形式和内容，而且也大大帮助了他们的学习与创作，同时他们的创作宣传活动，又对边区各部门的实际工作有一定的推动作用。

总之，作为在重要历史转折关头创建的综合型大学，延安大学在教学方法上打破陈规，克服教育中的教条主义和形式主义，开设了既适合战时发展需要，又适应边区建设的课程体系，将实际工作与学校教育密切联系起来。这就不仅使得延大在教育发展上走上了新的轨道，而且以培养革命的三民主义的政治、经济、文化建设的实际工作干部为目标而开展的社会实践活动方式，也大大提升了学员们为人民服务的学习理念和解决实际问题的工作能力，从而为最终迎接中国革命的胜利奠定了良好的基础。

四　华北联合大学的史学教育与社会实践

华北联合大学于1939年7月在延安成立，是由陕北公学、鲁迅艺术文学院、安吴青训班和延安工人学校四校联合组建而成的。由于当时八路军在敌人的后方建立了许多块根据地，需要大批干部坚持华北抗战局面，"又由于它是要到华北去开办，就取名为'华北联合大学'"①。

华北联合大学初创时期设置社会、文艺、工人、青年四部。1940年，晋察冀边区战事减少，华北联大根据中共北方分局的指示，开始向正规化方向发展，将原下属的4个部扩大为社会科学院、文艺学院、教育学院、工学院。与此同时，成仿吾提出了华北联大的教学时间要延长到一年至两年，入学程度也要提高，"一定要适合于各院各系的规定，这样来保证联大进一步的正规化"。在课程方面，"专门课要增加，政治课将要相对地减少，一切教学工作要更多地依靠于两方面。一方面，教员对同学的了解、关心、帮助与模范作用，另一方面，同学们更高的积极性与创造性"②。这样，华北联大"真正成为全晋察冀边区的最高学府"③。1945年8月张家口解放，华北联大又随晋察冀边区党、政、军机关迁至张家口，联大又走上了一个新的发展时期。特别值得一提的是，在这一时期联大在教育学院下面设置了史地系，开展专门的史学教育。

与延安的其他干部学校一样，华北联合大学也开设"社会发展史""世界近代革命史""中国现代革命运动史""新民主主义论""解放区建设""百年来中国民族民主运动史""中国新民主主义革命路线与政策""中共介绍"等课程。开设这些课程的目的，就是"给

---

①　华北联大编：《人民的大学——华北联大介绍》，苏南新华书店1949年版，第1页。
②　中央教育科学研究所编：《成仿吾教育文选》，教育科学出版社1984年版，第30页。
③　成仿吾：《战火中的大学》，人民教育出版社1982年版，第102页。

学生以社会发展规律的科学观念，树立共产主义社会必然实现的信心，懂得马列主义的基本原理，并通过革命历史，了解只有共产党的领导，才能建立新中国"①。但值得注意的是，从张家口时期开始，华北联大已然提出开设"中国通史"课程的做法。《晋察冀日报》当时就刊发江隆基的文章并指出，我们"要把革命理论和历史实际联系起来。这就是说，要以历史唯物论的观点研究历史，同时以历史的事变去印证革命理论的正确与否。不抹杀历史，不割断历史，不单要懂得外国，而且要懂得中国，不单要懂得今天，而且要懂得昨天与前天。根据这一原则，今后我们要加强中国历史的教育，无论专修科或普通科都要学习中国通史，至少要把中国近代史弄个明白。"② 抗战胜利后，这一设想最终成为现实。

抗战胜利后，华北联合大学随军进入张家口，接收了敌伪铁路局的一批房舍作为校舍，礼堂、教室、宿舍、饭堂都比较齐全。由于张家口离北平、天津较近，所以学生来源不成问题。特别是1946年1月政协会议召开以后，学校通过公开、半公开的方式在平、津等城市招生，这样，大量知识分子涌向张家口。这也就促使华北联合大学必须扩大和走向正规化，每个学院的课程设置也较多样化和正规化了。教育学院作为华北联大历史最长的一个学院，开始设立史地系，课程主要包括"中国通史""中国近代史""近代世界史""中国地理""历史研究法及教学法""地理研究法及教学法"等。也就是从这个时期开始，史学教育真正开始成为根据地教育中的一门专门课程。

华北联大讲授史学课程的师资力量堪称强大，既有江隆基这样长期从事教育工作的资深教员，也有在延安时期就担任"中国革命问题"和"中国现代革命史"课程讲授的资深学者何干之，同时也有在陕北公学毕业的青年理论工作者胡华、宋士达（宋振庭）、汪志天（项子明）、李滔等人。其时，19岁的胡华就登上了华北联大的讲台，开始了他近代中国革命史教学的第一课。他先后在社会科学院、法政学院和教育学院任教，讲授中国近代史、中国现代革命运动史等课程。

---

① 成仿吾：《战火中的大学》，人民教育出版社1982年版，第106页。
② 《反对教条主义，贯彻理论与实际一致的原则》，《晋察冀日报》1942年7月4日。

根据华北联合大学的教育原则与方针，学校教育要坚持思想教育与业务教育并重的原则，教学方针是坚持理论与实际联系的原则，个人学习与集体学习相结合的方法。根据这些原则和方针，学校要求教员在上课之前，必须对学员做深入的调查与了解，务使教学内容能和学生的实际生活、工作经验联系起来。在教学方式上要坚决地废止注入灌输的方法，而是根据学生的文化程度与课程的种类，采用启发、研究、实验、探讨、质疑和辩难的方式，做到讲授具体、切实、生动、明确。在教学过程中，教员要负起全部的责任，不仅要使学生了解其所授的课程，而且要对学生的生活、思想各方面的情况有细致的了解，予以亲切的关怀和具体的帮助。在学习态度和生活习惯上，教职员更要以身作则，"养成学生自由思想，实事求是，埋头苦干，遵守纪律，自动自治与团结互助的学风"①。对于华北联大的学员，除了一般的学习方法之外，当时实行的还有"自学辅导制"的学习方法。

采用"自学辅导制"，就是摒弃单纯的填鸭式灌输讲授模式。学员们对单纯的填鸭式讲授不容易发生兴趣。成仿吾曾就此做过阐释。他说：第一，填鸭式讲授不是建立在自觉的基础上，不是主动的学习，"这样就不能开动脑筋去深入的思考"。第二，填鸭式的灌输讲授不能深刻的了解问题，"因而就不能有深刻的印象，觉得和自己无关"。第三，教员已经把问题分析了，解释了，"剥夺了同学发现问题、综合问题的机会"。第四，讲授容易有教条主义的倾向，难以符合实际的要求。而"自学辅导制"不但没有以上的缺点，而且还有以下的优点：首先，可以提高学员对学习的责任心，主动地去学习，自觉地去思考；其次，学员可以在学习过程中，"发挥学习上的创造性"；最后，可以发扬互助友爱的精神，补救文化水平的差别。为了配合这种"自学辅导制"的学习模式，学校要求教员在讲课时要遵循这样的教学程序：

第一，各门课程由教员进行辅导式的教学。教员针对班上情况，规定学习材料，首先作一次引言，使学员能明确本门课程学习的目的并指出若干重点。

第二，学员们自动组织起来，规定学习进度，分成若干互助小组，阅读学习材料，并进行漫谈会和讨论会。

---

① 《反对教条主义，贯彻理论与实际一致的原则》，《晋察冀日报》1942年7月4日。

第三，学员们在学习过程中，可以提出许多问题。学生会的学习委员将这些问题收集上来，交给教员。教员针对这些问题，加以组织系统化，最后进行一次问题解答，作为本门课程的结束。

总之，"引言——阅读——漫谈——讨论——解答问题，这就是自学辅导的过程。"这样的教学模式也得到了学员们的肯定。他们说："自学是自己的要求，一方面是主动地去学，一方面是在自己要求下，解决些问题，会很快地进步"；还有的学员说："自学辅导比讲好，主要一点就在和同学思想相结合，不是空谈。"① 当然，"自学辅导制"要做得好，第一是要"启发得好"，第二是"解答的好"②。教员要启发同学自动提出问题，大胆表达自己的观点，同时教员要深入学员之中，针对学员的思想情况解答问题。解答时要全面深入，并不仅仅局限在学员所提的问题上。

除此之外，华北联大也会邀请一些有革命斗争经验的老红军开展教学活动。这样的教员同样受到学员们的欢迎。因为当时的联大在敌后，相当长的一段时间内，战时生活与农村条件是学员们学习工作的两大特点。他们"往往刚停下来要上课，忽然发生了紧急情况"，就必须与敌人"捉迷藏"③。因此，一些老红军的经验往往会受到学员们的青睐。据联大的一位学员回忆说，在一次上课时，一位老红军甘凌的课就给他留下了深刻的影响。甘凌是位老红军干部，曾当过团政治委员。当时为加强学校的政治思想工作，从部队调来联大担任教员。这位学员刚进联大的时候，正值甘凌第一次来上课，讲"中国革命与中国共产党"。他开门见山的第一句话就说："中国共产党是中国无产阶级革命的、战斗的、先进的参谋部。"而后把为什么是革命的、战斗的、先进的做了具体而有说服力的分析，讲得生动熟练，颇有激情，很有吸引力。真是"讲者口若悬河，听者聚精会神"。这是"开门红"的一课，因而受到学员们的一致好评，也给这位学员留下了深刻的印象。特别是他"那种身居领导，平易近人，普通一兵的作风，一丝不苟，严肃认真的工作态度，以身作则，勤勤恳恳的模范作用，给我印象极深，是我学习的榜

---

① 成仿吾：《战火中的大学》，人民教育出版社1982年版，第131—132页。
② 华北联大编：《人民的大学——华北联大介绍》，苏南新华书店1949年版，第40页。
③ 同上书，第14页。

样，他身上有很多红军的优良传统。我觉得他既是领导，又是兄长，善于思考，乐于助人。"①

华北联合大学的社会实践也是较为丰富的，既组织各院系学员到乡村实习，"考验所学是否能与实际工作结合"②，也在群众中开展文化娱乐活动，宣传党的政策主张。同时也参加政权建设活动。如在1940年夏秋之际，联大就组织工作队帮助人民运用选举权利，开展选举运动，以使学员一方面更接近群众，另一方面通过参加实际工作考验所学的效果。联大学员深入县、区、村，帮助基层进行普选的宣传和动员工作。通过深入细致的工作，群众明白了选举的重要意义，投了自己神圣的选票。联大的学员在下乡开展工作的过程中也不忘社会调查工作。特别是在参与晋察冀边区的政治运动、生产、经济建设的社会实践中，不仅锻炼了自己，同时也掌握了边区的一些情况，获得了大量的第一手资料，经过分析研究，写出了诸多对边区建设有益的文章。其中如王厚传、孟明等撰写的《晋察冀边区平山县第三区三个村的经济调查》、葛冬辰的《对晋察冀边区县、区、村组织法的意见》、康濯的《井陉矿工报告》、江隆基的《双十纲领的几个基本原则》《一个新民主主义教育的模型》、师范部的《怎样编辑初小课本》《我们怎样进行帮地方教育工作》等。

联大的师范部和后来的教育学院，是存续时间最长的教学单位。因此，开展教育实践活动是联大社会实践活动的重要组成部分。

1940年年初，为从根本上改变晋察冀边区小学教育的落后局面，联大师范部就成立了小学教育辅导组和社会教育研究会。师范部的学员深入区、村公所、学校以及群众家中进行广泛的调查了解情况，最终弄清了地方小学教育落后状况的原因。他们认为地方小学当时存在的问题就是教员素质差、水平低，教材不统一且缺乏，学生学习没有积极性。针对以上三方面原因，师范部组织学员进行逐一解决。他们首先解决教员问题。师范部学员利用业余时间开办了"星期日补习学校"，为地方教员开展专业补习辅导。补习班每期6个月，3个月为一阶段，开设有

---

① 刘光人主编：《如歌如血如火——冀中新世纪剧社回忆录》，冀中新世纪剧社2002年编，第154页。
② 《华北联大同学暑期将下乡实习》，《晋察冀日报》1946年7月10日。

政治常识、算术、文学、音乐、教学法等课程，教材由师范部编写。①当时师范部的小学教育研究会有一个会议制度，即每两周各地小学教员来师范部开一次会，研究教学工作。师范部利用集中的时间，定期传授专业知识，并通过他们把基层教学工作中的疑难问题汇报上来，进行研讨找出解决的办法。另外，师范部抽调骨干学员，为地方教员开展教学示范，使地方教员能学有所依。通过补习、辅导、示范，地方教员的素质、水平都有较大的提高。同时，针对边区小学辍学普遍而且日趋严重的现象，师范部学员除利用各种场合宣传、动员各级政府和学生家长外，还利用儿童团组织进行劝导。通过深入细致的宣传，一些自动退学和不愿上学的学生陆续回到学校。同时，师范部又从教与学两方面入手，制定出有力的措施，防止学生再度辍学。

1947年3月到9月，华北联大教育学院全部学员，还到冀中地区一些群众基础比较好的县开展乡村小学教育、社会教育和教育行政工作的实习活动。他们分散到二十几个村庄进行实习研究。实习期间每月集中汇报讨论一天。特别是在教学方法的改进上，在生产与劳动相结合的推行上，在整个村庄文化活动的组织推动上，在小学教师的学习与提高上，都进行了不少的试验与研究。经过六个多月的实践活动之后，他们回到学校又进行了一个半月的总结讨论。经过教育实践活动，学员们对教育工作的热情大大提高。他们不仅认识到教育工作在"整个人民解放事业上看来是一项十分重要具体的工作，而且对于从事教育工作增加了浓厚的兴趣"②。

在社会教育方面，联大组织师范部的学员深入乡村，把原有的乡村"救亡室"恢复起来，原来没有"救亡室"的重新建立。之后，又制定出《村救亡室组织与工作条例》，使乡村"救亡室"的建立、发展和开展活动有章可依。根据救亡室的性质、任务，他们还帮助"救亡室"具体安排出每天的活动项目和日程。同时，师范部还经常派音乐、戏剧系的学员帮助救亡室编排小型文艺节目，定时召开各种形式的文艺晚会。乡村"救亡室"的恢复、建立、完善，不仅使群众得到教育，而

---

① 河北省政协文史资料委员会编：《河北文史集粹·教育卷》，河北人民出版社1992年版，第189页。

② 华北联大编：《人民的大学——华北联大介绍》，苏南新华书店1949年版，第15页。

且使边区群众的文化娱乐活动活跃起来,成为边区文化教育工作的重要组成部分。

从1946年8月到1948年3月,联大学员还参加了土改工作的实践。这是一个"崭新的极丰富极生动的过程,又是一个实实在在地为人民服务的革命的考验"①。因此,参加土改工作也是联大学员开展社会实践的另一种重要形式。

据统计,联大学员在一年零八个月期间,共有1200余人参加了宣化、万全、涿鹿、怀来、广灵、延庆、束鹿、正定、获鹿、行唐、井陉等11个县份的土改工作,共涉及50多个区、550多个村、10万多户、50万左右的人口。其中史地系的同学参加了三次土改工作。第一次是在冀南,第二次是在冀中,第三次是在井陉县。这三次土改的国内形势有很大的变化,三次土改的政策也一次比一次深入彻底。而学员们在这三次土改中的收获也是不一样的。如果说第一次的收获是对于农村的阶级关系和广大农民在封建半封建的土地制度下的悲惨生活的初步认识,那么第二次的主要收获就是根据自己的工作,认真地检查了自己的思想和立场,第三次收获则是实际地学习了发动和组织群众的热情和土地政策的掌握。他们经过了这三次土改工作,对中国革命的最基本的任务和发展阶段有了较为清晰的认识,同时"他们为人民服务的人生观是更明确地建立起来了"②。

联大学员参加土改实践活动,其意义自然是十分重大的。一位曾参加土改的学员这样说道,参加土改工作"是生活中最重要的生活,也是共产党多年来培养知识分子革命化一条成功的经验"。只有到了农村,"我才发现我还不会和他们说话。我真佩服那些头上包着白色毛巾,穿着黑色中式小褂和黑色制服裤子,腰上扎一根皮带,皮带上有一支土造手枪的区干部和穿着中式裤褂,头上也是披着白色毛巾的区妇联干部,他们一出场,说几句话,会场就活跃起来,群众就眉飞色舞。他们好像有一根无形的丝线,牵动着群众的心。这种情况使我很惭愧,我发现我这个从延安来的干部,和农民之间还存在着一段相当的距离。"③

---

① 华北联大编:《人民的大学——华北联大介绍》,苏南新华书店1949年版,第59页。
② 同上书,第15页。
③ 《汉川文史资料》总第11辑,汉川市政协学习史学资料委员会2000年编,第50页。

联大学员在土改中的实践,既是在经济政治上解放农民的过程,也是自己"从旧思想的桎梏中被农民解放出来"的过程。通过土改实践,他们"削弱自高自大性、幻想、肤浅、急躁等,变成实事求是及懂得具体如何为人民服务的基本精神,而且能够真正了解中国的国情"①。因此,经过土改实践,"中国的知识分子虽然多半出身于封建地主家庭,但是对于废除封建的土地制度却非常赞成"②。也正是由于如此,他们的土改实践也获得了农民的拥护和认同。农民认为联大的学员是为他们服务的,故而每有上级要调离学员去别处工作,"村中群众不愿意,去区公所请留。在县里开会,村里自动派车去接。土改结束时,村中结对欢送,有的流泪。"回校以后,附近村的老乡"仍不断地来校找同学联系谈问题"。这些现象"不是个别的,而是较普遍的"③。从中可以看出,联大学员在土改实践中,他们的工作是较为扎实的,也是较好地践行了"为农民工作"的这一基本理念。

---

① 华北联大编:《人民的大学——华北联大介绍》,苏南新华书店1949年版,第62页。
② 《汉川文史资料》总第11辑,汉川市政协学习史学资料委员会2000年编,第50页。
③ 华北联大编:《人民的大学——华北联大介绍》,苏南新华书店1949年版,第61页。

第五章　史学教育和社会实践的成效与启示

举凡去过延安和在延安学习的人，几乎都有一个共同的看法：延安本身就是一所大学校，是一座革命熔炉。美国人冈瑟·斯坦在参观延安后认为，边区就像个巨大的学校，"其中几乎每个人，老老小小都要急切地学习——如果可能的话——还要教别人"①。在何方的眼里，"延安生活的主要特点就是紧张的学习，不论是上学还是工作，都是以学习为主，使延安成了一座学习城，一个大学校"②。在如此浓郁的学习气氛中，其效果自然显著。但是从另一层面来看，延安时期的史学教育也有着浓重的战时特点，战时教育可谓是延安教育的根本方向和指针。由此凸显的史学教育，自然有着当时条件下的时代烙印和特点。回观延安时期的史学教育，留给今人不少经验启示，值得仔细挖掘、认真反思。

一　史学教育的成效

青年学生在接受教育之前，知识背景千差万别，文化水平参差不齐。通过接受统一的史学教育，无论是知识的扩展储备，还是思想文化水平，都有了显著的提升。与此同时，经过开展丰富多彩的社会实践活动，他们的工作水平和思想认知同样有了显著的提升。综归起来，主要表现在以下几个方面。

---

① [美] 冈瑟·斯坦：《红色中国的挑战》，马飞海等译，上海译文出版社1999年版，第247页。
② 何方：《从延安一路走来的反思》，明报出版社有限公司2007年版，第60页。

(一) 知识储备大大扩展

延安青年中尽管也有不少文化水平较高的学员,但是他们的知识体系却是较为庞杂的。有的曾接受过国统区的教育,沦陷区的不少青年还接受过日本的奴化教育。多数青年学生并未接受过民族解放运动史教育,也未接受过社会发展的一般规律教育,更未接受过中国革命问题的系统教育。通过延安学校的史学教育,他们的知识储备大大扩展。

青年学生奔赴延安,虽然学习热情很高,"但对中国社会、中国革命、中国共产党的斗争历史、社会发展史以及唯物辩证法等,一般说来知之甚少,由于革命战争的需要,对大多数学员来说,迫切需要进行革命的基础知识和党的抗日民族统一战线等有关方针政策的教育"①。实际上这些课程,都是以往的学校所没有的,既是全新的课程,也是全新的内容。尽管当时没有现成的史学教材,完全由教员总结自己在过去革命时期的工作经验和理论研究成果,根据党的文件和政策,结合抗日战争中的新鲜经验进行备课和组织教材——但是这些课最主要的特点就是理论知识和实践经验密切结合——以提高学员的理论水平、政策水平,从而树立起革命的人生观,学会做抗日工作的本领。也正是由于如此,虽然大多数学员都对这些课程很不熟悉,但是因从未接触就有一种新鲜感。

许多学员后来回忆说,他们是第一次听到"资本主义剥削的秘密,认识到资本主义必然灭亡和社会主义必然胜利的科学道理,认识到中国革命青年的使命不仅要求得民族解放,而且要求得社会解放,要在全世界消灭一切剥削制度"。对于"中国革命运动史"这门课,"当时大家听起来是很新鲜的。很多学员说是第一次听到用马克思列宁主义观点分析中国社会和中国近代历史,从而对中国革命有了正确的了解"②。特别是"社会发展史"这门课,不少学员都是第一次知道"猴子变人"

---

① 《西安文史资料》第13辑,陕西省西安市委员会文史资料研究委员会1983年编,第88页。

② 成仿吾:《战火中的大学》,人民教育出版社1982年版,第27、28页。

这一人类进化史的问题。抗大学员陈鹤桥[①]学习"社会发展史"和"中国近代革命运动史"这些课程时,就是第一次了解了"猴子变人"的学说,从而"懂得了人类社会由低级向高级发展,社会主义必然代替资本主义这一马克思主义基本原理,感到既新鲜又解渴。他像久旱的禾苗吸吮雨露一样,如饥似渴地学习新理论、新知识,拼命汲取革命知识养分。"[②]

特别是毛泽东给青年学生讲课的内容,学员们更是"闻所未闻"。毛泽东在讲课的过程中,经常联系中国历史与中国革命,他密切结合中国革命的实际,深入浅出地讲授中国革命与党的历史,"学员们听了耳目一新,参加过实际斗争的干部,思想震动更大,多年来心中的疑团,豁然冰释,对党内斗争的种种问题,找到了思想根源"[③]。可以说,延安时期的史学教育,不仅大大扩展了青年学生的知识储备,而且这些知识的扩展,又成为砥砺他们精神素养的重要来源。正如一位延安青年如是说道,那时"具有高度革命热情的青年,经过教育,给他们插上理论的翅膀,从而懂得了社会发展的规律,懂得了猴子变人,懂得了抗日必胜,共产主义一定要实现的真理,又是何等重要的思想飞跃啊!"[④]

(二) 学习成绩效果显著

如前所述,延安青年的知识背景和文化水平千差万别,既有八路军干部,也有一般的学生。在八路军干部中,高至师长、军长,低至排长、班长;一般的学生中则高至大学生、留学生,低至初中生以及小学生。其中在一般的学生中也包含各个阶层、各个党派,以及各种不同信

[①] 陈鹤桥,1914年出生于安徽霍邱,1931年加入中国共产主义青年团,1932年参加中国工农红军,1934年转入中国共产党。历任红军团、师宣传队长、科长,抗日军政大学政治部党务科副科长、秘书处副处长、党务科科长、组织科科长、上级干部科政治处主任,太行军区陆军中学政治委员兼政治部主任,中共中央北方局秘书处处长,冀鲁豫军区政治部组织部部长,中原军区政治部组织部部长,第二野战军政治部组织部部长,西南军区政治部组织部部长、军政治委员,昆明军区副政治委员,通信兵政治委员,第二炮兵政治委员等职。1955年被授予少将军衔,是第六届全国人大代表。

[②] 中国中共党史人物研究会《中国人民解放军高级将领传》编撰委员会编:《中国人民解放军高级将领传》第28卷,解放军出版社2013年版,第248页。

[③] 成仿吾:《战火中的大学》,人民教育出版社1982年版,第31页。

[④] 《西安文史资料》第13辑,陕西省西安市委员会文史资料研究委员会1983年编,第88页。

仰、各种不同职业的人。因此，青年学生的政治认识、文化水平、工作经验、工作能力等，都表现出极大的距离与差异。当时"对这样复杂的教育对象来进行教育，当然会感到极大的不便与困难，这是任何学校所寻找不出来的现象，恐亦为许多教育家们所难于理解甚至无法理解的问题"。但是就是这样千差万别的学生，却在学习的过程中，"把那种程度不一的距离逐渐缩小，一直缩小得很小的限度"。

抗日军政大学一个将近五百人的大队，经过了将近三个月时间的努力，在一次总的检阅中，他们各方面课程的测验的结果，不仅总的成绩是很优良的，并且还发现了一个奇迹，"这就是他们个人与个人之间、班与班之间、队与队之间平均分数的差别，全部都没有超过十分以上，这就是说，全体学生的测验成绩都在八十多分到九十多分之间"。这种教育进度的平衡发展，在罗瑞卿看来，"就在一切的学校，恐怕都很难找到这种情形的吧？另一方面，程度不一的现象，任何的学校都不会有如我们这个学校的差别之大了，这难道不是一个奇迹么？"① 陕北公学作为一个统一战线的学校，同样吸收了各阶层、各派、各界的青年学生。学校曾对初次到陕北公学的青年学生进行过测验，结果发现"入学测验的政治问答很多是不及格的，但毕业时多数能答对90多分以上，这也就可以说明他们在政治上的进步"②。抗大教员欧阳平在教授《中国革命问题》这门课程时回忆说，他"每次上课，学员都认真听，个个认真做笔记（因缺印刷条件未发教材），课后各班进行复习讨论，发言热烈，有时还争论。我也尽量挤出时间下到班上参加讨论，或进行小测验。大测验每月举行一次。总的讲学习成绩都相当好。"③

需要指出的是，衡量学习成绩的好坏，考试虽然是一个重要手段，但是延安时期实行的考试，不是为着分数，"考试并不能当做（作）测量每个学生真本领的惟一的方法"，"考试不应该当做（作）死记教条的手段"，考试对于学生而言是为着重新复习，是为了更进一步了解功

---

① 《罗瑞卿军事文选》，当代中国出版社2006年版，第136、19页。
② 华东师范大学教育系编：《中国现代教育文选》，人民教育出版社1998年版，第588页。
③ 《抗大校友回忆录选集》（上册），上海抗日军政大学研究会暨校友联谊会1999年编，第227页。

课内容；对于老师而言，考试是为了修正教材，改进教法。① 因此，学生的成绩测验不仅有考试，也有考查制度，主要是使学员对已学知识有一个温习、整理、综合与提高认识的机会，同时也检查教学计划是否适合学员的情况，检查教员的教学方法是否得当等。考试、考查方法，除笔试外，课堂讨论、辩论会、问答晚会、学习笔记、学科展览会、学科集体创作、实习通讯，都是考查学生成绩的途径和方式。"测验的目的，仅仅看做（作）推动学习、检查教育的一种方法，没有半点锦标主义的色彩，所以虽然重视答案内容的详细与正确性，却不重视记分。"②

总之，延安青年学生在历史方面的学习，是获得了相当的成绩。正如成仿吾所说："在灌输历史科学思想方面，我们也收到了相当的成绩，使青年们了解了社会进化的法则，和应该怎样来改造这个社会。"③

（三）思想观念大大提升

初到延安的青年，尽管怀有满腔热情，但是却有各色各样的思想观念。甚或在初期有人提出了这样的看法：

> 我们满腔热血，不顾一切艰苦，跑到延安去学习一切抗战知识，哪晓得他们却教了我们些马克斯（思）主义，统一战线，还要我们加入共产党。试问这些玩意和打日本鬼子有什么关系？④

应该说这样的认识，在初到延安的青年学生当中的确是存在的。这也表明初到延安的青年学生的思想观念亟须统一和提高。在此过程中，史学教育就起了重要的作用。据一些学员说，当年上课的时候老师特别注意联系思想、联系实际，努力改造世界观。特别是"老师给我们讲社会发展史，'猴子变人'，'劳动创造世界'，'人民群众是创造历史的主人'，'精神是物质在人们头脑中的反映'等等。这些马列主义的基

---

① 《考试为着什么？——报道一种新的考试方法》，《解放日报》1945 年 7 月 8 日。
② 《陕甘宁边区教育资料·高等教育和干部教育部分》（上册），教育科学出版社 1981 年版，第 15—16 页。
③ 中央教育科学研究所编：《成仿吾教育文选》，教育科学出版社 1984 年版，第 22 页。
④ 原景信：《陕北剪影》，新中国出版社 1938 年版，第 22 页。

础教育，对于改造原来受过的所谓'人为财死，鸟为食亡'、'人不为己、天诛地灭'等资产阶级思想教育，逐步树立起无产阶级的人生观、世界观，都起到了重要的启蒙作用。经过短短三个多月的学习和思想改造，思想觉悟有了一定的提高"①。延安大学一位学生代表在大会发言中也讲道，通过对学校安排的课程的学习，他们"对革命认识提高了一步，对于新民主主义的基本政策，一部分同学从不了解到有了初步的了解，一部分同学从抽象的了解到有了较具体的了解。在政治方面，从同情革命，赞成革命到有了主人翁的感觉。对党派认识上，从正确的革命历史学习中，更明确了解到共产党在近代中国革命中的领导作用和国民党的反动本质。这些了解，并从群众的实际生活情况得到证明，因此日益增强。学习的另一效果，就是在思想作风上的改变，初步建立了为人民服务的思想和比较实际的作风"②。

来自广东增城的吴介民是地主家庭出身，生活十分富有，除了家庭成员，当时还收养了两个丫鬟侍候，过着饭来张口、衣来伸手的"少爷"生活。出身于地主家庭的吴介民，由于"上学、念书没有接触过社会底层"，对那些"无知无识"、手足胼胝的劳动者，"从心眼里是瞧不起的"。抗战后奔赴延安进入陕北公学学习，后入马列学院学习。通过学习社会发展史和中国现代革命史，他"认识了劳动创造世界的真理，无产阶级是当今最先进的、最有组织的、最有前途的革命阶级，是资本主义的掘墓人。只有无产阶级，才能担负起建设社会主义、共产主义的历史使命。以实现共产主义为目标的中国共产党，成为无产阶级的先锋队，是理所当然的"。特别是在整风运动中，他的"思想自传在小组的会内会外讨论修改补充了十三次，才被认可通过了"。艾思奇给他的思想自传写的批语是："温室的花朵是经不起风吹雨打的，只有在群众的实际斗争风雨中经过锻炼，才能成为有用之才。"这些话让他"永志不忘，终身受益"③。

正如不少人所说的那样，延安时期的学校教育，犹如一座革命熔炉。在这座熔炉中，青年学生不仅接受着革命的洗礼，而且也在锻造着

---

① 《闪光的足迹：北京市旅游系统离休干部史稿选编》，北京市旅游事业管理局老干部处1998年编，第343页。
② 王云风主编：《延安大学校史》，陕西人民教育出版社1994年版，第272—273页。
③ 吴介民：《我的一段风雨历程》，《中华魂》2007年第9期。

他们的思想灵魂。马列学院学员李奇说:"经过一段学习之后,通过教员在讲课中对马克思主义世界观的分析和阐明,特别对于唯物主义历史观、阶级分析和辩证的方法感到新鲜深刻。"他还说自己日后能树立科学的世界观,与教员的历史观教育有密切关系。①

不少青年学生初到延安时,他们有的西装革履,有的长袍窄袄,身上还有不少"少爷""小姐"的气息,不能一下去掉。但是到毕业时,都具有了严格的组织纪律性,都能吃苦耐劳,养成了集体生活习惯,工作说干就干。严格的军事化训练和战斗化的学习生活,使他们的思想、作风都很快发生深刻变化。陕北公学在近两年的时间里先后培训的6000余名学员中,就发展了中共党员3000余名。就是在这种环境的熏陶之下,在这样的革命熔炉中,"锤炼了祖国千万个优秀儿女"②。著名史家刘大年,初入抗大时还不时提醒自己,"国学"是我们祖宗的立国根本,那种"悲斯人吾三纲八目谁与归"的思想仍不时萦绕脑际。经过抗大的系统学习后,原来盲目崇拜孔学的观念,不知不觉烟消云散了。③ 一个饱读儒学经典的旧式青年知识分子,就是在抗大的革命熔炉中获得了新生,并很快成为一个坚定的无产阶级革命战士。

(四) 助力工作顺利开展

毫无疑问,对于学习历史知识,在起初的一段时间里,也有一些不同的看法。特别是一些已有一定工作实践的青年学员,认为不学习历史照样可以工作,因此一段时间内有些青年曾对于历史的学习产生过疑惑。针对这一情况,刘少奇在延安马列学院的讲话中对此作了进一步的解释和说明。

刘少奇说,许多青年"对日本帝国主义斗争,对蒋介石斗争,对地主阶级斗争,艰苦奋斗,这很好。但缺点是理论修养不够,许多同志最重要的缺点就在这里"。他进而指出,即便以前学过历史,但"还是学一下好"。过去学习的历史,"和我们这里有不同的内容、不同的分

---

① 《延安马列学院回忆录》,中国社会科学出版社1991年版,第335—336页。
② 李维汉:《回忆与研究》(上),中共党史出版社2013年版,第314页。
③ 《刘大年史学论文选集》,人民出版社1987年版,第602页。

析。有的同志未学过史、地，学一下更好。"不学历史你就"理论不起来"。如果说你的历史知识够了，"就考试一下，结果证明，还是要学。历史里边也有普遍真理。我们要用马克思主义的观点来分析历史现象。"他还说，不仅要学习中国的历史，还要学习西方的历史。"因为学西方历史是为了读懂马列主义"，"读马恩列斯的书，就是学习外国革命的经验、世界各国的革命经验。马恩列斯的书籍中，论中国的不到百分之一，百分之九十九都是讲的外国事，写的外国材料，分析的外国历史"，我们要认识中国革命经验与世界革命经验的关系问题，必须都学，废弃一面是不对的，废弃中国革命经验，就是"言必称希腊"，就是教条主义，"学不学外国革命经验的问题，就是学不学马恩列斯理论的问题"。因此，学习西方历史，就是为了使这一普遍真理与中国革命具体实践相结合，"所以我们必须学习普遍真理，把马克思主义普遍真理与中国实际结合起来。有中国经验，又有外国经验，才有实现正确指导的可能。"[①] 后来的事实证明，很多学员就是在学习历史的过程中，才逐渐提升自己的思想认知和工作能力的。

如有一位抗大学员起初并不想做参谋长工作，但是入学后参训的第一课就讲历史、讲发展。教员讲的课"既系统又概括，讲理论穿插讲故事，由浅入深，谆谆教诲有方。学员们听得津津有味，心领神会。耳目为之一新。大家也认识到当参谋不是低人一等的工作，而是军事斗争与部队建设的重要工作，从而坚定了当一辈子参谋的信心与决心"[②]。实际上还不仅如此，许多学员在开展具体工作实践之时，历史在很大程度上成为助力他们工作的重要依靠。陕北公学流动剧团排练高尔基的《母亲》这一话剧时，历史就是他们开展工作的重要根据。

其时陕北公学给流动剧团一个任务，就是排练高尔基的《母亲》。剧团成员接受了这个任务后，在学校图书馆借来了两部仅有的高尔基小说《母亲》，剧团的成员便先传阅起来。但是如何使排练更具有思想性和艺术感染力，却是一个问题。于是成仿吾校长和学校教员便给剧团讲

---

① 中共中央文献研究室等编：《建党以来重要文献选编》第25册，中央文献出版社2011年版，第692、697、698、699页。
② 《抗大校友回忆录选集》（下册），上海抗日军政大学研究会暨校友联谊会1999年编，第166页。

授马克思主义、哲学、中国近代革命史等课程。就这样他们上午学习，下午和晚间进行《母亲》剧本的改编创作。结果"《母亲》的演出意外的成功。演员逼真地进入戏中，观众为剧情真切地感染着。演出后，它成了陕北公学政治生活中的一件大事，学员们几乎一直在谈论《母亲》。他们谈的不是剧团演出艺术的美，而是考虑到打败日本帝国主义以后，中国人民要走什么路？"事后，剧团的演员们才明白为什么成仿吾校长要他们改编并演出《母亲》，又为什么在改编和排练《母亲》的过程中，特地给他们派来教员学"社会发展史"、"政治经济学"、"中国近代革命史"和"辩证唯物主义"①。

成仿吾后来也说："《母亲》演出的成功之处，就在于激发起广大陕公学员认真思考中国革命的未来，并决心为一个光明的新中国而奋斗。"《母亲》的演出，对全校"社会发展史"和"政治经济学"的学习，"起了很好的配合作用"②。可见，《母亲》的演出能够成功，固然与演员们的表演功底有关，但是在排练和演出的时候，学习"社会发展史"和"中国近代革命史"，对于增强戏剧的思想性和艺术感染力，无疑起了重要的推动作用。

（五）大大推动了中共党史学科的发展

还在中共六届六中全会之时，毛泽东就指出："指导一个伟大的革命运动的政党，如果没有革命理论，没有历史知识，没有对于实际运动的深刻的了解，要取得胜利是不可能的。"他号召："从我们这次全会之后，来一个全党的学习竞赛，看谁真正地学到了一点东西，看谁学的更多一点，更好一点。在担负主要领导责任的观点上说，如果我们党有一百个至二百个系统地而不是零碎地、实际地而不是空洞地学会了马克思列宁主义的同志，就会大大地提高我们党的战斗力量，并加速我们战胜日本帝国主义的工作。"③

于是中国近代革命史、中国革命与中国共产党、社会科学常识、联共党史、历史唯物论与辩证唯物论、近代世界革命史等课程，不仅成为

---

① 《成仿吾校长纪念文集》编辑组编：《成仿吾校长纪念文集》，中国人民大学出版社1992年版，第327页。
② 成仿吾：《战火中的大学》，人民教育出版社1982年版，第62页。
③ 延安整风运动编写组：《延安整风运动纪事》，求实出版社1982年版，第8页。为

青年学生必须学习的课程，而且对于推动中共党史学科的发展起了重要作用。在具体开展党史教育方面，当时提出要充分揭露国民党和蒋介石的罪恶，说明封建买办法西斯主义荒谬反动，严格区别"蒋介石主义"和"孙中山主义"，区别"新三民主义"和"旧三民主义"，区别"三民主义"和"共产主义"。在所有新党员、新干部（包括非党干部）中进行彻底的人生观教育，把为剥削阶级服务的、个人主义的，以及所谓超阶级的人生观，与无产阶级为人民大众服务的马克思列宁主义的人生观严格对立起来，不允许在这个基本问题上含糊。在前途方面，要说明世界前途和中国前途都是属于人民大众的，不是法西斯反共分子特务机关的。这种前途不是渺茫的前途，而是显然可见的前途。与此同时，在整风运动中，党的历史的学习成为普遍的要求，特别是对1931年年初到1934年年底这一时期中央的政治路线问题，进行了多次讨论。在此过程中，中共中央还组织了过去曾在各个革命根据地和中国工农红军中工作的同志，召开各地区、各部队的党史座谈会。如红七军历史座谈会、潮梅地区党史座谈会、湘鄂赣边区党史座谈会、湘赣边区党史座谈会、鄂豫皖边区党史座谈会、福建地区党史座谈会、闽西地区党史座谈会、闽粤边区抗日时期党史座谈会、红五军团历史座谈会、赣东北边区党史座谈会等。通过这些座谈会极大地促进了中共党史的发展。

除此之外，张闻天编著的《中国现代革命运动史》，不仅是史学教育的重要教材，而且也是系统地用马克思主义观点分析研究中国近百年历史的书，也是用马克思主义观点研究和编写中国革命史、中共党史的开创之作。何干之作为延安时期的著名教员，他一方面开展教学工作，讲授"中国经济""中国问题""统一战线""中国革命运动史""三民主义研究""新民主主义论解说"；另一方面也撰写了不少党史方面的专著和论文，如《中国经济读本》《列强支配中国的经济网》《中国的过去、现在和未来》《中国社会性质问题论战》《近代中国启蒙运动史》《中国社会经济结构》《三民主义研究》等。这些著作，极大地推动了中共党史的发展。诚如张静如先生所说："真正对党的发展规律有更明确认识的党史研究，是从延安时期开始的。"[①]

[①] 张静如等：《中共党史学史》，中国人民大学出版社1990年版，第1页。

（六）培养了大批史学理论工作者

延安时期的青年学生，在学习的过程中刻苦钻研历史和理论知识，很快成长为崭露头角的青年才俊，他们要么走上讲台成为青年教员，要么转到马列学院继续开展理论研究。通过较为系统的学习，他们不仅在抗战时期已成为独当一面的史学工作者和理论研究者，在新中国成立后更是成为教育和理论战线上的骨干力量。兹举如下几例。

温济泽[①]作为奔赴延安的青年学生，经过陕北公学学习之后即走上陕公的讲台，讲授社会科学概论这门课程，还编写过《社会发展史讲义》。他每讲一次课，就是一个上午或一个下午（每次3小时），一周要讲11次课。[②] 后又担任中央宣传部干事、中央研究院研究员，开展中国思想文化研究工作。他还参加了毛泽东主持的《马恩列斯思想方法论》一书的编纂工作。1943年至1946年，温济泽先后任《解放日报》副刊部秘书、编辑、主编，并结合编辑工作撰写了大量普及科学知识和历史知识的文章。解放战争时期又担任延安新华广播电台主任，开展宣传工作。在三年解放战争时期，温济泽率领全体广播战士，在极其困难的条件下坚持广播宣传工作。他们的宣传在解放区、国统区和国民党军队中都产生了巨大的影响，并被国统区人民誉为"茫茫黑夜中的灯塔"。新中国成立之后在主持中国社会科学院工作期间，他还主持编写了10卷本的《革命英烈》。1985年先出版《瞿秋白选集》，以后《瞿秋白文集》14卷陆续出版。每逢革命纪念日，他总要写文章或做报告，讲李大钊、方志敏等革命先烈的事迹，受到广大青年的热烈欢迎，"甚至有的要退团的青年，因听到他的报告而不退了"。职是之故，他被称作"是中国先进知识分子中（不分党内外）

---

① 温济泽1914年生于江苏淮阴，1929年参加革命，1937年到达延安，先后任陕北公学教员、中央宣传部干事、中央研究院研究员。1943年至1946年，撰写了大量普及科学知识和历史知识的文章。1946年6月任新华社口头广播部（延安新华广播电台）第一任主任。新中国成立以后，温济泽历任中央人民广播电台副总编辑、中央广播事业局副局长等职，是新中国广播事业的主要创始人之一，特别是在对国外广播方面进行了卓有成效的建设和开拓工作。在"反右"和"文化大革命"中受到不公正待遇，1978年1月后，历任中国社会科学院科研组织局副局长、中国社会科学院党组成员、中国社会科学院研究生院副院长、院长等职。

② 温济泽：《第一个平反的"右派"：温济泽自述》，中国青年出版社1999年版，第117页。

的一位非常优秀的典型，是一个大写的真正的人。虽然他一生并没有做过很高级职位的工作，但从立德、立功、立言三大方面来看，他都堪称我们的楷模"[①]。

出生于浙江奉化的胡华[②]，1938年进入陕北公学高级班学习。1939年7月，胡华提前从陕北公学毕业，随着华北联大和抗大二分校6000多师生从延安出发，到达中共中央北方分局和晋察冀边区。19岁的胡华登上了华北联大的讲台，面对脱产学习的根据地县级干部，开始了他近代中国革命史教学的第一课。此后五六年间，他先后在华北联大社会科学院、法政学院和教育学院任教，兼任队长、班主任。北方大学成立后，胡华成为该校年轻的中国革命史教授。后来华北大学历史课程越讲越多，这门课程便改名为"新民主主义革命的理论和历史"。新中国成立初期他编写的《中国新民主主义革命史》一书，是新中国第一本用马列主义、毛泽东思想编写的中国现代革命史，它成为全国干部、青年和高等院校学生学习中共党史的基本教材。该书前后印了14版，发行230多万册。除了中文版、日文版和朝鲜文版外，还用哈萨克语、维吾尔语等少数民族文字印刷发行。中国人民大学成立后，胡华先后担任中国革命史教研室副主任、中共党史教研室主任。他和翦伯赞、邵循正3人执笔编写的《中国历史概要》，译成英、法、德、西班牙语等多种文字出版。从1952年起，他根据中国人民大学中国革命史研究班讲课的需要，着手编写《中国革命史讲义》，并作为全国高等院校的交流教材，1959年春正式出版。到1966年年底，该书已印行了138万册（1979年再版20万册）。在1979年至1987年这8年的时间里，胡华主编的《中共党史人物传》这部大型丛书，可谓是党史上众多英雄的群体塑像，是以人物传记形式书写的一

[①] 方实、杨兆麟主编：《永远的怀念：温济泽纪念文集》，中国国际广播出版社2002年版，第6、38页。

[②] 胡华（1921—1987），原名胡家骅，浙江奉化人。1938年进入陕北公学，翌年加入中国共产党，1940年起先后在华北联合大学、华北大学、法政学院等处从事中国革命史和中共党史的教学和研究。1950年起在中国人民大学历任中共党史教研室主任、中共党史系主任、校务委员，全国党史研究会常务副会长。平生从事中共党史教学与研究，是我国党史学科的奠基人。主编有《中国新民主主义革命史参考资料》《中共党史人物传》《中国新民主主义革命史》《中国革命史讲义》，另有《胡华文集》出版。

部中共党史,也是胡华一生事业中的一座丰碑。①

　　来自湖南华容的刘大年②,1938年8月进入抗大学习。通过抗大的学习,并在随后的研究中,刘大年在史学研究方面颇有建树。正如他自己所说,他到达延安后进了抗日军政大学,"眼前展现的是一个崭新的天地。那个时期,只要是新书,不管是政治经济学、哲学,还是中国历史、世界历史,他都找来读"。抗大毕业后,他先后在冀西抗日根据地干部学校、冀南抗战学院等处工作。无论是从事宣传教育工作,还是在河北平原上打游击,他都抓紧时间读书。这段不寻常的经历培养和提高了他的哲学、历史的学术修养。③ 解放战争时期,刘大年在北方大学从事历史教学与研究工作。从这个时期开始,他即着手研究中美关系问题,并出版了《美国侵华简史》。该著在1953年即获得"斯大林奖",这部书开始奠定了刘大年在中国近代史领域的研究地位,也奠定了他于新中国成立之初在中国近代史学界的地位。1955年,他与人合著的《台湾历史概述》,获中国科学院学术奖金。另外,他还主编了《中国史稿》第四册、《中国近代史问题》等著作,发表了一系列影响重大的论文。改革开放以来的代表作有:《中国近代史稿》和《赤门谈史录》、《刘大年史学论文选集》等。

　　除此之外,还有来自广东信宜的廖盖隆,1939年上半年入陕北公学高级班学习,下半年到1941年年初在延安马列学院学习,并在中国问题研究室做研究工作,随后也成为著名的中共党史专家。同时还有诸如田家英、霍遇吾、张腾霄等人,都经过延安时期的学习锻造,成为史学与理论研究方面的佼佼者。这些人的人生旅程,正如刘大年所说:"第一,是革命的一个参加者。抗日战争发生,受爱国思想支配走上前线,是无数知识分子走过的共同道路。这没有什么可说的。第二,我是

---

① 《胡华纪念文集》,中国人民大学出版社1997年版,第6页。
② 刘大年,1915出生于湖南华容,1936年肄业于湖南长沙国学专修学校,1938年赴陕北抗日军政大学学习,同年加入中国共产党。1939—1948年,曾任冀南抗战学院等校教员,北方大学、华北大学历史研究室副主任。1950年后,历任中国科学院党组成员、近代史研究所副所长、中国科学院学部委员、中国社会科学院近代史研究所所长、中国史学会执行主席、孙中山研究学会副会长。曾连续当选为第四至第七届全国人大常委,第六、七届全国人大教科文卫委员会委员。
③ 李喜珍等主编:《走进恢弘世界——人物访谈录》,湖南人民出版社2004年版,第293页。

一个马克思主义的学习者、宣传者，通过研究历史宣传马克思主义科学，是职业上的分工。革命工作与学术研究是统一的。"①

二　社会实践的成效

社会实践是延安时期青年学生贯彻"理论与实践相结合""学与用相一致"这一方针的必然要求。通过有组织、大规模、全方位的社会实践活动，不仅很好地贯彻了延安时期的教育方针，而且也收到了卓有成效的实际效果。

（一）通过社会实践锻造了坚强的意志与精神

青年学生通过社会实践活动，特别是军事化的实践活动，锻造了他们坚强的意志与品格。学员们的生活实行军事化管理，每日起居都要按照规定的时间作息。为了准备随时应付突发事件和战争环境，学员除了睡眠和吃饭的时间之外，每个人总是把自己所有的"财产"打成背包，随身带着，走路背起来，上课或休息放在地上当坐垫。夜间也要轮流查哨，在路口墙角轮班守卫。他们经常爬山，夜间紧急集合更是日常科目。同时，青年学员在学期间至少要组织一两次行军、野营或战斗演习。演习的方式既有排、连、营的进攻或防御，也有行军、宿营或各种恶劣气候条件下的战斗。演习时特别注重夜间动作的训练与演习，以适应游击战争的环境。通过参加实际演习，不仅在近乎实战的情况下检查考核了学员的学习成绩，而且提升了运用灵活机动的战略战术的能力。许多革命知识青年经过培养训练，从"老百姓"成长为革命军人，他们在战火中锻炼成长，毕业后又分赴各个战场，给部队输送了一批批具有一定军事素养的战斗骨干。他们驰骋于抗日战场屡建战功，有的牺牲在前线，用自己的满腔热血和英雄业绩，为抗战做出了巨大贡献。正所谓"宁肯牺牲二十个日本人，也要换取一个抗大学生"②，就是真实的写照。

---

① 李喜珍等主编：《走进恢弘世界——人物访谈录》，湖南人民出版社2004年版，第294页。

② 张舒勃主编：《青春史赞》，解放军出版社1990年版，第175页。

抗战时期，不少知识青年自愿放弃城市的舒适环境，脱离优裕的家庭生活，到烽火遍地、山穷地瘠的根据地来。即便是在日军的频繁"扫荡"和国民党的经济封锁时期，青年学生也以红军长征的精神激励自己，以苦为乐、以苦为荣。他们"脱掉皮鞋穿草鞋，换下西装着戎装"，和大家一样吃小米、高粱、黑豆。在反"扫荡"的最困难时期，甚至还靠野菜、野果、榆树皮果腹充饥，但是他们仍然心甘情愿。为了解决粮食困难，学员们都曾开展过背粮运动，从驻地翻山越岭走几十公里甚至数百公里的崎岖山道，通过敌人的封锁线到游击区去背粮。出发时，每人身上要背上背包、武器，还要带三四天的口粮在途中备用。到了目的地，大家用裤子当粮袋，把两条裤脚扎上，装满粮食，再把裤腰捆紧，放在双肩背回来。年轻力壮的学员一次可背三四十公斤，体弱的学员也能背二三十公斤。有时在背粮途中与敌人遭遇，还要进行战斗。有的学员为掩护背粮队伍而英勇献身；有的学员带病坚持背粮而长眠于背粮途中。背粮如此艰难，但学员们都踊跃参加，一路上互相竞赛、互相帮助。有时遇上大雨、风雪，山路泥泞，一个个跌跌撞撞，有的连人带粮滚下山坡，"到家都成了泥猴，还是乐呵呵的，好像凯旋的战士"①。

在日常生活中，学员们也都是"总动员"一齐下手干，许多学员尤其是女学员，还自动下厨帮忙伙夫烧菜煮饭。平日里无论是上课还是集会，没有一个人因"讲究个人卫生"而不坐下的。学校提倡的"公共福利与公共卫生"，学员们相互约束着：坐下不准"打蹄子"，起立不准"拍马屁"。整齐的行列，雄壮的歌声，每一个活跃着生命力的男女青年，"永远是欢呼着兴奋着的进出课堂、营房、救亡室、俱乐部里"。为了推行"节约运动竞赛"，学员们都在饭前高呼"不落一根菜！不落一粒饭！"的口号。这种艰苦奋斗的精神，"使许多在平常时席丰履厚惯了的男女青年，也能够甘之如饴"②。在大生产运动中，抗大总校响应党中央关于"自己动手，丰衣足食"的号召，共开垦了7431亩生荒地，同时利用驻地周围房前屋后的边角地块，种瓜种菜，饲养猪、

---

① 中国人民解放军历史资料丛书编审委员会：《八路军回忆史料》（1），解放军出版社1988年版，第247页。
② 李智主编：《熔炉·丰碑：安吴青训班文献集》（下册），中共党史出版社2006年版，第539、547页。

牛、羊、鸡等家畜家禽，仅养猪就达1174头，平均约5人1头猪，基本上做到菜、肉自给。此外，学校还开办酒精厂、畜牧场、豆腐坊、铁木工厂、缝衣厂、印刷厂，组织开挖小煤井，并进行纺纱织布、捻毛线、打毛衣、织手套毛袜、造粉笔肥皂、编筐子、打草鞋等手工业生产。据统计，全校在10个月劳动中共创造财富4.76亿元（边币），真正做到"丰衣足食"①。抗大学员一边学习，一边劳动，不仅克服了困难，赢得了胜利，而且在斗争中磨炼了革命意志，培养起艰苦朴素的好作风。

"同学们，不，同洞们，将来革命成功以后，千万不要忘记保安的石洞，这是锻炼我们的熔炉啊！"② 青年学员正是在这个熔炉火旺的育人环境里，坚定了他们的人生方向，培养了他们艰苦朴素、脚踏实地的作风，进而完成了他们世界观和人生观的转变，奠定了青年学员们毕生奉献革命事业的基础。

（二）通过社会实践促进了边区的发展

青年学员社会实践的过程，既是检验学习成绩的必要过程，也是参加边区建设的过程。通过社会实践，他们一方面为边区的发展建言献策，另一方面深入实地展开调查研究，通过自己的实际行动为边区建设添砖加瓦。

延安时期，作为培养建设边区的抗战干部，不少学员通过社会实践活动为边区建设做贡献。1940年，边区派遣女大四五十名学员参加陕甘宁边区乡、县、边区三级政府选举工作。中国女子大学学员丁雪松就在绥德县基层民主政权选举过程中发挥了重要作用。她们初到绥德县时，人们看到这些身穿灰色土布棉衣的女八路，"既感到新奇，又以为我们太年轻，不会有什么作为"。没有想到刚一上场，她们就大张旗鼓地宣传我党抗日民族统一战线的主张和对各阶层人士尤其是对中间人士的方针政策，解释为什么要建设"三三制"民选政权，从而逐渐改变了当地群众的看法。她们在乡下召开妇女会、青年会、炕头会，向农民讲解选举的重要性，讲解选民的权利和义务，启发他们当家做主的思

---

① 《李志民回忆录》，解放军出版社1993年版，第353页。
② 李志民：《革命熔炉》，中共党史资料出版社1985年版，第19页。

想。听到群众反映什么意见，她们就立刻在本子上记下。群众看到这些如此认真又能说会写的"婆姨"（陕北对妇女的称呼），都投来惊奇、羡慕和钦佩的目光，特别是当地的"婆姨"们对她们更是啧啧称道。据丁雪松说，"女大选举工作团的到来对扭转人们对共产党的认识，密切党和人民群众的联系，调动各阶层人士团结抗日的积极性，建设民主政权，巩固抗日根据地起了积极作用"①。

延安大学在成立时就提出：在政治上要学习统一战线、三三制、精兵简政的方针，要学习各种政策与方法；在经济上要学习如何发展工业、农业、商业、运输，要帮助35万家农民做到耕三余一；要帮助老百姓订一个植树计划，10年内把历史遗留给我们的秃山都植上树；还要使边区工业做到全面自给，达到每年出产31万匹布，470万斤铁；在文化建设方面，要使边区老百姓每一个人至少识1000个字，要提倡卫生，要使边区1000多个乡每乡设立一个小医务所，还要教会老百姓扭秧歌、唱歌，要达到每个区有一个秧歌队，家家有新内容的年画、春联。② 延安大学学员在抗日战争和解放战争时期，坚持"做什么，学什么"的原则，通过社会实践积极参与到边区建设上来，即便是在救灾运粮的过程中，学员们也不忘调查学习。他们结合实际学习专业和文化知识，每人写出四五篇以运粮为题材的作文。其中，被选送《运粮通讯》、《运粮杂辑》、《晋绥日报》和《群众日报》发表的就有17篇。有的同学还写出了反映救灾运粮的调查报告。如新绛县一区转运站工作的同学，就写了一篇近万字的《晋绥十分区新绛县第一区两个行政村运粮工作调查》，达到很高水平。李之钦在总结运粮工作时说："延大是搬到运粮岗位上办学校了。"③

通过社会实践推动陕甘宁边区建设发展，具有重要影响的当属延安自然科学院学员针对陕甘宁边区森林、植物所做的考察报告。抗战时期，延安自然科学院学员们通过对边区森林资源和可开垦荒地情况进行考察，随后形成的系统报告，引起了边区政府和党中央的高度重视。李富春说，考察团通过考察与研究得出此报告书，"虽其中有再加考虑与

---

① 《中国第一位女大使丁雪松回忆录》，江苏人民出版社2000年版，第300、296页。
② 《毛泽东在延安大学开学典礼上的讲话》，《解放日报》1944年5月31日。
③ 王云风主编：《延安大学校史》，陕西人民教育出版社1994年版，第238页。

研究之点，但已成为凡关心边区的人们不可不看的报告，已成为凡注意边区建设事业的人们不可不依赖的材料，边区林务局的建立统筹林务是迫不及待的工作"①。正是在这一考察报告的推动下，1941年年初成立了"陕甘宁边区林务局"，统筹和规划全边区的林业生产建设，协助各县制定林业生产计划，研究和改进造林、护林和林产加工等技术工作。1941年2月，陕甘宁边区政府建设厅发布《关于林务工作的通令》。《通令》指出："我们林务工作的主要内容是：在没森林的地方，建造防风林，设立县苗圃，在有森林的地方，执行严密的森林保护，以期养殖工业、建筑、日常生活等原料，增加直接间接的收入。"② 1941年1月，陕甘宁边区政府将1940年公布的《陕甘宁边区植树造林办法》和《陕甘宁边区森林保护办法》加以修正，正式颁发了《陕甘宁边区植树造林条例》、《陕甘宁边区森林保护条例》以及《陕甘宁边区砍伐树木暂行规则》，用执行这些条例来推动边区的林业工作。③ 由此开始，陕甘宁边区的林业保护和发展逐步走上了正轨之路。

（三）通过社会实践树立了"为农民工作"的理念

没有农民就没有抗战，所谓教育要为抗战服务，一个重要的基点就是要为农民工作。这样的认识尽管每个青年似乎都知晓，但是由于不少人都是城市知识分子出身，他们不仅不了解农民的生活和感情，甚至叫不出庄稼的名字。

延安女大成立时即提出："女大不仅要培养大批有理论武装的妇女干部，而且要培养大批做实际工作的干部，到前线去，到农村去，到工厂去，组织两万万二千五百万妇女群众，积极参加抗战。"基于这样的考虑，边区政府曾派不少女大学员到农村锻炼。起初的时候她们的确吃了不少闭门羹，但是经与基层农民之间的亲切交流，逐渐获得了民众的认可。不少人都感慨地说，过去常常在书本上读到要"深入实际、调查研究、依靠群众、做好工作"，但是"为什么做好工作一定要深入实

---

① 陕甘宁边区财政经济史编写组：《抗日战争时期陕甘宁边区财政经济史料摘编》第2编，陕西人民出版社1981年版，第146页。
② 同上书，第150页。
③ 武衡主编：《抗日战争时期解放区科学技术发展史资料》第5辑，中国学术出版社1986年版，第195页。

际、调查研究、依靠群众呢？过去并不真正理解，更无切身体会"。经过亲自参加社会实践，她们才深深体会到，"这决不仅仅是一个工作作风问题，而是我们在工作中必须遵循的基本方针和原则。只有这样，才能较好地完成任务，作出有利于人民的事。"还有的学员通过到乡下去蹲点，和农民们同吃、同住，有时还一起干农活，利用吃饭或晚上时间，同他们谈心拉家常。经过切身的实践锻炼，她们"深切认识深入实际、调查研究、依靠群众对于做好工作的重大意义，及其巨大威力"，进而得到了"更为珍贵和更具有长远意义的收获"。① 华北联大的学员，则是在土改中，"日日夜夜，教育群众，发动群众"，在实践活动中提出了"给农民当长工"的思想意识。②

安吴青训班则要求学员在有战略意义的地域，如关隘、桥梁、堡垒、河沿以及其他交通要道，在工人阶级集结的附近地区，在城市近郊，在农民集中的村庄开展服务。在为农民服务的过程中，要研究当地环境，工作人员要对工作对象进行考虑，了解他们的生活习惯、言语、服装、态度，与农民打成一片；要注意农村固有的政治、经济、宗教、娱乐的机构，努力使这些机构变为抗日的机构；要在农民中建立信仰，发生模范作用，随时随地改善农民生活，提高农民认识，耐心克服农民的散漫性、落后性。③ 陕北公学则是具体开展"民众动员"课程，一方面邀请关中分区的专员县长做报告，学习如何为农民服务；另一方面则亲自参加具体实践。据胡华回忆说，他们当时经常帮助老百姓送粪、整地、担水、打扫环境卫生。当时和老百姓"真是亲如一家，而且是天涯海角忘年的知交。陕北贫苦农民诚朴而豪爽的性格，给我们以很深的感染"④。

青年学员从最初不了解农民的生活和感情，甚至叫不出庄稼的名字，经过开展一系列的社会实践活动，到最终树立"为农民服务"理

---

① 《延安女大：纪念延安中国女子大学建校五十周年》，纪念延安女大五十周年筹委会1989年编，第149、150、151页。

② 华北联大编：《人民的大学——华北联大介绍》，苏南新华书店1949年版，第64、63页。

③ 李智主编：《熔炉·丰碑：安吴青训班文献集》（上册），中共党史出版社2006年版，第93页。

④ 《血与火的洗礼——从陕北公学到华北大学回忆录》第1卷，中国人民大学高等教育研究室1997年编，第65—66页。

念,正是在如火如荼的社会实践中形成的。1939年4月24日,毛泽东在抗大生产运动初步总结大会上的讲话中就指出:"区分革命的、不革命的和反革命的知识分子的标准只有一个,就是看他是不是同工农相结合。"①"历史上几千年来做官的不耕田,读书人也不耕田",可是"我们不但能组织工农,训练工农,并且自己也做工农,这样我们就更加革命化了"。如果"全国党政军学、办党的、做官的,大家干起来,那还不是一个新的中国吗?你们将工农商学兵结合起来了。你们读书是学,开荒是农,打窑洞做鞋子是工,办合作社是商,你们又是军,你们是工农商学兵结合在一个人身上,文武配合,知识与劳动结合起来,可算是天下第一"②。这样的"天下第一",真可谓名至实归、理所当然。

(四) 通过社会实践推动了民众心态的转变

边区成立之前,一些先进分子在绥德宣传革命思想之时,却发现"村镇每有群众聚集之处,见学生来讲演,便渐渐解散",结果"除每年有数的大会外,每周同学讲演,几乎招不到二三十人的听讲。并非讲者招不起人的注意,这实在因为人少的原因"③。

从上述现象不难看出民众对政治所持有的社会心态和价值认知。那么民众的心态最终又是怎么转变的呢?只要梳理相关文献资料,就会发现民众之所以最终服从共产党的领导,青年学生的社会实践活动,无疑是起到了重要的作用。当年仅23岁的抗大学员邵清华④担任安塞县长时,更是使长期闭塞的安塞县受到了极大的震动,尤其使得当地妇女大开眼界。从邵清华身上体现出来的爽快、泼辣、能干的性格特点,极大地影响和带动了当地妇女群众。邵清华从外地请来纺织能手,不仅使本

---

① 中共中央文献研究室编:《毛泽东思想形成与发展大事记》,中央文献出版社2011年版,第209页。
② 国防大学编:《中国人民解放军国防大学史》第1卷,国防大学出版社2004年版,第402—403页。
③ 《陕西革命历史文件汇集》(1925—1936年),中央档案馆、陕西档案馆1991年编印,第16页。
④ 邵清华,女,1918年出生于江苏武进。1935年加入中国共产主义青年团,同年加入中国共产党。1937年赴延安,先后入延安抗大、中央党校学习。后任安塞县县长、中共遵化县委副书记兼组织部部长、冀东区妇联主任。新中国成立后,历任中共河北省委妇委书记、省委工业部副部长,天津市妇联副主任,中共天津市委工业交通部副部长。是第三届全国人大代表、第五届全国政协委员。

地妇女学会了纺线织布，而且很快在全县推广开来，有的是婆媳一块儿学，有的是姑嫂互相教，使群众的穿衣问题基本上得到解决。更为重要的是，民众与政府之间的疏离感，在很大程度上就是在她的社会实践风格的影响之下被彻底抛弃的。华北联大的学员参加土改时，发现妇女们不敢出门，"怕把她们带走"。在选贫农组长时，一些农民不仅不敢干，甚至"哭了起来"，工作组讲话时他们躲在屋子里。鉴于此，学员们和农民吃在一起，睡在一起，他们逐渐了解了农民的顾虑。经过积极组织发动，农民开始认识了自己的力量，他们能在大会上讲话了，并且懂得了"剥削""阶级""主观主义"这些政治术语了。在随后的土改运动中，涌现出了成百个群众领袖。他们对工作组的看法变了，群众起初称呼他们是"先生""主任"，随后改口称"同志"，后来干脆直呼其名。工作组工作完毕要回校时，老百姓更是拉着手不放，并说"穿蓝衣服的就是共产党"（蓝衣服是当时学校的校服）。①

一些从事文艺工作的学员，通过下乡演出，更是冲击了乡村民众的既有思维。正如陕甘宁边区民众娱乐协会宣言中所说："抗战以来，中国社会已起了激烈变化，人与人之间的关系变得更加明朗。决定中国胜利的当然是中国的大众，这在民族生死关头的时期，中国大众的地位变得重要了。但大众，尤其是广大的农民，他们心理上的变化，比起他们的社会地位的重要性来，显然是落后的"，因此，"用强大的内容，运用我们这民族大众中的种种旧形式，这一工作，从能使大众易于接受这点看来，是最有效的。从帮助改变大众的落后心理，从促进大众使大众赶快认识自己在抗战上是如何的重要这一点说来，也是最有效最必要的了。"② 于是，从事延安文艺工作的青年学员所创作的延安文艺，真正成为"团结人民，教育人民，打击敌人，消灭敌人的有力武器"。比如《血泪仇》和《穷人恨》的演出，在启发、提高广大民众的阶级觉悟、增强战斗力方面，就起到了巨大的作用。国民党俘虏往往看一两场戏，就能掉转枪头打敌人，甚至发生观众愤怒地殴打饰演反面角色演员的事件。不少民众在看过这些文艺演出之后说，

---

① 华北联大编：《人民的大学——华北联大介绍》，苏南新华书店1949年版，第64—67页。

② 陕甘宁边区民众剧团艺术纪实编辑委员会编：《陕甘宁边区民众剧团艺术纪实》，西北大学出版社1993年版，第8页。

你们的戏真是好得很，"它站得住人，它能叫我们娱乐又能叫我们懂得前线打日本的事情，有一些小娃娃来唱戏，在台上赤溜溜地蹦来蹦去，蹦了一下，就进去了，那就站不住人。"① 陕北公学业余剧团下乡演出，方圆百里的老乡看得那么认真，有人悄悄抹眼泪。戏演完后，民众群情激愤，竟然喊起了"打倒日本帝国主义！"他们还跟着学员学唱"九一八小调"②。由此可见，青年学员的社会实践活动，的确是推动民众心态变化的一支重要力量。

（五）社会实践也极大地影响了青年的人生历程

举凡在延安学习和战斗过的青年，无一不以当年的人生经历和实践活动自豪。一位抗大学员就说，他在抗大接受的人生教育，"有广泛的普遍意义和深远的历史意义，高度体现了我党我军的根本性质和基本作风。每一项实际活动，都是实实在在、活生生的人生教育，丝丝入扣，刻骨铭心，触及灵魂，令人经受脱胎换骨的改造。"在数十年的人生历程中，他们最值得回忆的就是在抗大受到的人生教育。在青少年时期，经过抗大的洗礼，奠定了终生走革命道路的信念，至今仍是激励其老有所为、老有所乐的精神支柱。之所以能够如此对待生活，而且生活得充实有意义，在他们看来，就是与在抗大接受的人生教育的深刻影响分不开。③ 应该说这样的认知绝非是个案，而是延安时期大多数青年学员的普遍认知。

延安时期的青年学生，他们尽管学习时间较短，但仍然觉得当年的磨练"受益终生"。一位延安女大学员，在延安只有一年的学习经历，但她自己认为："确实是我们青年时代最有意义的一年，每天从起床到睡觉，过得既紧张又舒畅，生活有条不紊又丰富多彩。每天都有所收获，有所进步。"这位女大学员感慨地说，如果参加革命是起点，"那女大则是在革命的道路上前进一大步。我们在抗日战争、解放战争、建国后的历次运动中，都经受着不同程度的考验，能够站稳立场、不消

---

① 柯仲平：《谈"怕国气派"》，《新中华报》1939年2月7日。
② 《血与火的洗礼——从陕北公学到华北大学回忆录》第1卷，中国人民大学高等教育研究室1997年编，第154页。
③ 北京抗大光荣传统研究会编：《抗大精神永放光芒》第1集，长征出版社2003年版，第273、279页。

极、不埋怨、不动摇地为自己选定的共产主义目标而奋斗。这和党对我们的培养，女大给我们的教育分不开。"①

更有些学员，仅仅是当时偶尔参加的社会实践活动，也会在其一生中留下难以磨灭的印象。一位陕北公学的学员，提起当年的学习生活，认为哪一件事都值得好好怀想，但是令她难以忘怀的却是两次偶然的业余演出。一次是参加1938年的五一劳动节业余演出。结果出乎意外的成功，每人发了一本《政治常识》，封面的右下方用毛笔写了一个"奖"字，从此使她开始真正懂得了"为革命"三个字的分量。也正是这次业余演出，使她爱上了演出，努力从中汲取革命营养。后来她又扮演高尔基《母亲》中"母亲"的角色。她说，当时的演出不过是"草台戏"，但是那种一心"为革命"的精神，"却永远激励着广大革命青年的心弦，不断熏陶着年轻人的积极向上"。她之所以对自己的业余演出念念不忘，就是因为"那是革命征途中最初的革命实践"，因而在她心中"播下的革命种子，刻上了深深的革命烙印"，以至于在四十多年革命征途中，无论遇到什么风雨、坎坷艰难，她都会想起当年"为革命登台"，"要勇敢自信，要勤学苦练"。这就是她"永志不忘这段火热生活的原由"②。

综观延安时期青年学生的社会实践，其成效自然是极为突出的。它不仅在抗日战争和解放战争时期发挥了积极作用，而且对于青年学员自身的精神塑造和人生历程，皆产生了不可磨灭的影响。从总体上来看，尽管参与社会实践是延安教育方针的重要组成部分，但是其实际效果却远远超出了教育本身，而是一直伴随着青年学生的革命征程，影响着他们日后的工作与生活。每每提及延安时代，他们首先想到的就是如火如荼的社会实践场景和难以忘却的历史记忆。毫无疑问，仅就这一点就可以说明延安时期社会实践的巨大成效。尽管当年的社会实践活动有着浓郁的战时特点和时代烙印，但是我们依然有必要从中剖析总结当年的一些经验，从中吸取和感知社会实践的历史成效。

---

① 《延安女大：纪念延安中国女子大学建校五十周年》，纪念延安女大五十周年筹委会1989年编，第55页。

② 《血与火的洗礼——从陕北公学到华北大学回忆录》第1卷，中国人民大学高等教育研究室1997年编，第156页。

三 历史经验的全方位审视

延安时期的史学教育,不应当仅仅从史学一端来审视。实际上当时的教育既是历史教育也是政治教育;既是战时教育也是革命教育;既是思想教育也是人生教育。用一位学员的话来概括,延安时期的教育"不仅限于课堂操场,而在于她的一切实际活动"。当时"师生一体,劳武结合,劳文结合,文武结合的教学实践",是"为了求生存,争发展,闯出的一条活路,具有明显的时代特征"[①]。应该说这位学员的认识是准确的。延安时期的史学教育所形成的众多经验,无疑是值得我们认真总结、仔细思考的。

延安时期的史学教育,是教育青年"自觉地觉悟起来"的一种教育,是青年学生"自觉的追求真理,为实现真理而奋斗"的一种教育,也就是"抗战建国所需要的战时教育或抗战教育"[②]。这种教育质而言之,就是贯彻民族的、科学的、大众的新民主主义教育。通过史学教育,以提高民族意识,发扬民族气节,激励青年学生奋起抗日,挽救民族危亡;通过史学教育,肃清思想上的法西斯武断独裁及专制观念,树立民主观念与民主精神;通过史学教育,摒弃落后的迷信观念,发扬科学精神;通过史学教育,摒弃自私自利的个人主义,普及大众的集体意识。但是鉴于战时的客观环境,延安时期的史学教育所要关注的教育内容是:抗战的基本理论、抗战的政策及方法、指挥民众武装进行战斗的基本知识和对于时局的认识。职是之故,延安时期的史学教育,实际上就是民族解放的政治教育,这种教育必须以"民族解放的政治教育为基础",改订和设置课程内容,取消不必要的功课,增加与抗战直接有关的各种功课。也就是通过史学教育,不仅要使学员们有更多实践和经验,也要使做实际工作的干部提高理论知识和理解能力。特别是那些在边区当地的干部和来自我们所控制的其他地区的干部,仍然需要在其较高的理论

[①] 北京抗大光荣传统研究会编:《抗大精神永放光芒》第1集,长征出版社2003年版,第273页。

[②] 《戴伯韬教育文选》,人民教育出版社1985年版,第83页。

水平上总结他们的实际经验。① 因此，史学教育开展的根本原则，就必须是理论与实践的结合、学与用的统一。体现在教学方面，就是要有明确的实际目的和适合目的的方针制度。在这个根本原则之下，形成了延安时期史学教育的众多独具特色的历史经验。

第一，理论与实践的结合是一个根本原则。延安时期的史学教育，其主要目的就是使学生"能够正确的应用这种理论去解决中国革命的实际问题，而不是为了书本上各项原则的死记与背诵"②。这种应用，首先就体现在消除那些亡国论者、失败主义者以及一些汉奸所散布的"抗战必亡""抗战无出路"等谬论，使学员们对抗日战争的前途充满信心，进而承担其应有的责任。同时，坚持理论与实际相结合的这一原则，也是培养青年学生新的人生观的基本要求，"使每个学员具有为人民大众服务的无限热情和向人民大众学习的真正决心。这是知识分子与工农兵结合的决定关键，又是业务成功的决定关键。"③ 坚持理论与实际结合的这一原则，也受到了国统区人士的肯定与认可。赵超构就指出："我们也应当承认，他们的学用是一致的。学生所学的，主要都根据实际的材料。教师要学生研究的，也都是很实际的问题。担任教师的，差不多都是在各机关实际工作的人物，例如，教育厅长就是教育系的主任，民政厅长就是行政系主任，建设厅长就是财政经济系主任。同时学生在学习中，也定期到机关或下乡实习，用这种方法教出来的学生，担任实际工作自然游刃有余。"④ 一些从海外奔赴延安的华侨青年也指出："学校要求我们通过学习马列主义的基本原理，一方面联系抗战实际，另一方面联系个人思想实际。并采用种种办法，培养学员的优良作风，比如集体主义、组织性、纪律性、刻苦精神与群众观点等。这种严格要求学员进行艰苦磨练的教育，在我们头脑里刻下了不可磨灭的烙印，不仅在当时，而且在以后，长期地在我们的思想和行动中产生着影响和作用。"⑤ 因此可以说，坚持理论与实际相结合的这一原则，既是延安时期史学教育的

---

① ［美］冈瑟·斯坦：《红色中国的挑战》，马飞海等译，上海译文出版社1999年版，第253页。
② 中共中央文献研究室等编：《建党以来重要文献选编》第18册，中央文献出版社2011年版，第761页。
③ 《老解放区教育资料》（二），教育科学出版社1986年版，第40页。
④ 赵超构：《延安一月》，上海书店1992年版，第150页。
⑤ 李彬、马玉卿编：《抗日华侨与延安》，陕西人民出版社1995年版，第133页。

特点也是优点,更是其始终坚持的一个根本原则。

第二,延安教育中,"最不重要的是校舍,最关重要的是教员"。延安时期校舍之简陋是众所周知的。美国记者冈瑟·斯坦在参观延安大学之后感慨地说,"按照西方的标准来说,延安大学是一所简陋的学校",如果"以中国的老于世故的上层阶级的标准来看,很多情况十分幼稚,甚至是原始的"[①]。一位爱国华侨回忆陕公的学习环境时如是说道,学校所应该有的教室、桌子、凳子、教具等,这里全都没有。唯一有的是几本教材。他们是在一个老百姓的打谷场的露天教室上课。没有凳子,大家席地而坐,没有桌子,两个膝盖代替。夏天上课,炎炎烈日无遮无拦地晒到身上,一个个都是汗流浃背的。冬天下雪,扫过之后仍坐下来上课。冰天雪地里,手脚常常冻麻木了。只要一下雨就得停课。学员们住的是旧窑洞,里面一个炕和一个窗子,空气不对流。7人一组住一个窑洞睡一个炕。密密地一个挨着一个,"活象罐头里的沙丁鱼"。谁翻一次身,其余几个就都得跟着起"连锁反应"。晚上,则一个组共一盏小油灯,或自习,或开会讨论。[②]

校舍是简陋的,但是教员的课程讲授却并不"简陋",他们在教学过程中态度认真,讲不好课就觉得"失职难过"。可以说这样认真负责的教学态度,在当时的教员中是普遍的情形。安吴青训班明确提出,教员"拿一些虚伪的知识去欺骗青年或是马马虎虎去敷衍青年,都是不可容恕的罪恶"。教员上课之前"都要经过审慎与充分的准备,经过研究室召集的教育准备会或研究会议的慎密讨论"。讲课提纲通过之后,"教务处的工作人员和教员本人还征求同学的批评和建议,作为自己讲课改进的张本"。他们要求同学们多提问题,"提倡质疑问难的精神,这种精神的提倡,不但对同学有帮助,即教员本身也得到不少的锻炼"[③]。陕北公学要求教员在开展教学的过程中,"每一分钟都是认真执行的。既是课程,就得重视。"[④] 在抗大,教员们一方面要在教学中把

[①] [美]冈瑟·斯坦:《红色中国的挑战》,马飞海等译,上海译文出版社1999年版,第251页。

[②] 李彬、马玉卿编:《抗日华侨与延安》,陕西人民出版社1995年版,第131页。

[③] 李智主编:《熔炉·丰碑:安吴青训班文献集》(下册),中共党史出版社2006年版,第535页。

[④] 《老解放区教育资料》(二),教育科学出版社1986年版,第40页。

握少而精、理论联系实际和通俗化的原则，另一方面也要贯彻"要做先生，先做学生"的精神。讲授"社会发展史"的教员，"常花大功夫向社会、向教育对象做调查研究工作，从调查了解当地一个村史，一个地主庄园，或一个贫雇农出身的家庭中"，收集有关地主剥削压迫农民的活材料，运用这些材料来解剖"社会发展史"这门课。有些教员还根据教学内容，"费尽心机地画出配置的图表或连环画，就像现今的幻灯片一样，作为辅助教材"。上完课还不能就算完成任务，"还得深入班组去参加学员的讨论，听取反映和意见，进行个别和班组辅导，在下次课或在学员集中的其他场合，作问题解答"。教员们深知，"客观环境和条件的困难，自己的老本不厚，从书本到书本照本宣科也不行。要上好一堂课，就像组织一场战斗一样，要花很大的力气"[①]。在敌后，由于教学的参考材料很少，也不能多带，学校的图书馆也就是一头牲口两箱书。一位教中国革命基本问题课程的教员，随身带的只有一个教学提纲和一本中国革命运动史讲义。教"社会发展史"的教员随身带的除教学提纲外，则是一本《政治经济学》。当时上一次课就是半天，上课前要做充分的准备。他们"常以大队为单位，组织集体备课，把上同一门课的教员集中起来，研讨每一单元讲课的重点要求、内容和方法，以老带新、集思广益、互相帮助"。另外，他们还组织互相听课，"每一单元课由一位教员先走一步，同一门课的教员到现场听课，听完后共同总结一下课堂效果，改进教学，这些都是有利于提高教学质量的办法"。教学效果的好坏，主要取决于教员对教课内容的把握。为此，"教员就要带着问题认真的去读书，研究提纲，以及把过去所学过的东西进行反刍，睡在草铺上还得反复思考明天怎样讲好这一课"。教员就是"把自己的工作看作是提高学员思想觉悟的引路人，所讲的道理如果受到欢迎，就会感到莫大的欣慰，若使人似懂非懂，就难免产生'失职'的难过"[②]。也正是由于如此，赵超构在参观延安后得出了这样的结论："延安教育中，最不重要的是校舍，最关重要的是教师。"[③]

[①] 《抗大校友回忆录选集》（上册），上海抗日军政大学研究会暨校友联谊会1999年编，第227页。

[②] 《抗大校友回忆录选集》（下册），上海抗日军政大学研究会暨校友联谊会1999年编，第127—128页。

[③] 赵超构：《延安一月》，上海书店1992年版，第164页。

第三，教员的知识水平与人格魅力是影响学员的重要因素。延安时期的教员，既有中央领导也有不少著名的资深文化学者，还有实践经验丰富的干部。他们深厚的知识水平极大地影响着学员的学习效果。著名党史专家廖盖隆就回忆说，吕振羽在延安时期关于历史学习的讲演对其治学道路有很大的影响。他说："吕振羽同志是我的老师，我在延安时就听过他的中国古代的讲演，我喜欢听吕振羽同志的讲演，喜欢读他的史学论著，衷心钦佩这位史学界的老前辈，还是因为他的讲演和论著善于运用马克思主义的立场、观点、方法来探索解决中国史学领域中的问题，理论性强。"[①] 抗大学员于蓝[②]，最喜欢的就是王鹤寿讲授"中国近代革命史"这门课程。当时"我们都很爱听"，他"总是把党的许多基本原则深入浅出地讲给我们听，特别是他有很多实例，像有趣的故事一样深深地吸引着我们。他把革命先烈的事迹讲给我们听，李大钊、方志敏等革命先烈如何慷慨就义，如何英勇牺牲的，他都讲得生动感人，同时也讲到了他自己的监狱斗争生活。我深深敬佩王鹤寿，虽然当时我并不是一个共产主义战士，但我深刻铭记革命的气节应是每个革命者应该具有的。"通过听他的课，"我更加相信自己有勇气、有决心、有信心实践这一誓言——永不背叛革命，永不背叛党"[③]。何干之是当时讲授中国革命问题的资深教员，他对胡华的影响同样深远。据胡华回忆说，他在学习中第一个接触到的理论老师就是何干之。当时，何干之给他留下了终生难以磨灭的印象。胡华回忆说："我记得第一次在陕北公学听何干之同志讲课，那是在（1938年）隆冬11月。寒风凛冽，在陕

[①] 朱发建、张林发：《吕振羽传》，湖南师范大学出版社1999年版，第118页。
[②] 于蓝，著名电影表演艺术家，1921年出生于辽宁岫岩。1938年赴延安，先后在抗大和女子大学学习。1939年加入中国共产党。其间曾担任延安鲁迅艺术文学院实验话剧团、东北文工团、东北电影制片厂演员。1956年毕业于北京中央戏剧学院表演专修班，同年在中央戏剧学院实验话剧院担任演员，后进入北京电影制片厂，任演员、导演。1981年创立中国儿童电影制片厂，任厂长、艺术指导。历任中国电影家协会副主席、中国儿童少年电影学会会长、中华爱子影视教育促进会副会长、中国人口文化促进会副会长。主演的影片有：《白衣战士》《翠岗红旗》《龙须沟》《林家铺子》《革命家庭》《烈火中永生》等。1956年获全国先进工作者称号，1960年被文化部评为二十二大影星之一。1961年在莫斯科国际电影节上获得最佳女演员奖。1989年获新中国40年"十大影星"称号。1995年获"中国电影世纪奖"。1998年获首届中国内藤国际育儿奖。曾任第三届人大代表，第二、三、五、六、七、八届全国政协委员。
[③] 《于蓝自述》，中央文献出版社2011年版，第20页。

北高原的原野上,何干之同志站在一个较高的土坎上,穿着一身八路军的灰色棉军装,近视眼镜下,两颊冻得通红。他在寒风中大声讲课,滔滔不绝,手里没有拿讲稿,好像是一个宣传鼓动员。我们围站在他的周围静静地听他讲,冻得不住地搓手跺脚,无法记笔记,但没有一个人走散。那次,他是讲'中国问题'课的导言:从康梁变法,讲到孙中山领导辛亥革命,袁世凯刺杀宋教仁,革命流产。从第一次国共合作,蒋介石发动'四一二'政变,讲到为什么要第二次国共合作。不用说,他讲的这些理论,完全是新鲜的、闻所未闻的。我们这些青年完全被吸引住了。他讲课条理清晰,内容丰富,又讲得如此的生动有力。他手中没有拿片纸只字,讲起来如数家珍,他的知识之渊博和记忆力之强,尤其令人惊叹不已。这次课,深深地引起了我对中国革命问题的兴趣。"[①]由此不难看出,教员的知识水平对学员的影响之深。

第四,学习是第一,但检查考核却灵活多样。延安青年的学习是放在第一位的,尽管理论联系实际是一条根本原则,但是这些活动"只起辅助作用,主要还是搞好课堂学习"[②]。因此,"学习第一""一切为了学习",在当时不仅是单纯的口号,而是实实在在的行动。从学习内容上来看,他们不仅仅学习历史、政治,一切有益于抗战、有益于学员成长的知识都要学习。他们除了教员讲课外,经常要听毛泽东和党中央的同志讲课和讲演,并且要经常参加一些全校的、全延安市的大的集会和政治活动。"每一次大的政治活动都是一次最生动、最实际的大课堂"。在一些学员看来,这是他们"在延安学习时深感这个得天独厚的特殊条件"。正是因为这个条件,党中央每次会议的决议,毛泽东的每次讲话指示,报纸上的社论、文章和重要消息,都传达得最快,看到听到的最早最多,学习的也最多。他们"每天耳濡目染随时都受到深刻的革命精神的陶冶"[③]。一位青训班学员也说,他"除听课,参加讨论会外,很多时间都用在看书上了"。尽管上课既无课本也无讲义,全靠自己记笔记,但是却能"省下钱买些参考书看"。当碰到一些名词术语

[①] 胡华:《一位忠诚的理论战士、人民教师——深切怀念何干之同志》,《光明日报》1980年1月5日。
[②] 李维汉:《回忆与研究》(上),中共党史出版社2013年版,第309页。
[③] 《抗大校友回忆录选集》(上册),上海抗日军政大学研究会暨校友联谊会1999年编,第80页。

比较生疏，图书馆专门设有"问答处"可供咨询。因此，尽管对初学马列主义理论的学员是很困难的，但是他们依然"决心看下去，学下去，不懂的问题就记下来。这样有些问题在学习中就找到答案了"[①]。值得一提的是，当时尽管倡导学习第一，但是检查考核的目的却并不仅仅是分数的考核，而是"为了测验学生的学习能力、学习积极性与了解程度"，为"检验教育计划的适合性、教授的正确性与指导的积极性"，为了"使学生对于已学的知识能够有温习、整理、综合与发展的机会"[②]。因此，考试的形式是灵活多样的，除测验的办法外，还利用讨论会、辩论会、问答晚会、学习笔记、学科展览会、学科的具体创作、实习的通讯、笔记等方式进行。

第五，文娱活动"像喝水一样重要"。延安时期的文娱形式很多，其中一道最亮丽的风景线就是经久不息的唱歌。在延安的学校里，歌声从早到晚到处荡漾。大家喜爱唱歌，因为歌声能够鼓舞革命热情和斗志，更能激发对敌人的仇恨。几百名同学就是几百名歌手，不管歌喉怎样，都能唱几支好听的歌，唱歌"对于每个人来说好象喝水一样的不可缺少"。每逢节日和学期终了，学校必定组织以话剧和舞蹈为主要节目的晚会，以祝贺节日和学习的胜利。学校将学习、劳动、文娱紧密地结合起来，很多学校尽管没有专业的文艺队伍，但演员就是同学和教师，"虽然占用业余时间，但是没有人认为是额外负担，都自觉地把文娱工作当作生活中的重要工作去做"。参加活动多一些的同学，虽然比别人更忙，但是"他们的功课并不落在人后"。中国医科大学的同学很喜爱话剧，但演话剧困难就会多一些，特别是剧本和布景就是两个难关。他们找不到合适的剧本就自己编写，布景都是就地取材、自己动手。没有钱购置演出服装，每当开晚会的时候，同学们就去延安的几条川和附近的几个山沟，从老师、老乡和别的机关那里解决服装问题。道具全靠自己动手。即便是一张圆桌子也是很难借到的。于是，同学们把麻秆绑扎起来，借一块白布单罩在上面，摆在台中央。有时剧里需要一张沙发，就用两只单人凳、三床棉被、两个布单绑扎起来，放在台的一

---

① 共青团中央青运史研究室等编：《安吴古堡的钟声：安吴青训班史料集》，中共党史资料出版社1987年版，第235页。

② 罗迈：《战时干部学校教育》，《中国文化》1940年第4期。

隅。舞台照明没有电灯就用两盏汽灯，有时完全用土碗盛着麻油，点上好几个粗灯芯，也可以将舞台照得通亮。舞台是露天的，在山坡上拣一块平地，立几根木杆，挂上帷幕，就是一个很好的舞台了。虽然是这样简陋的演出，观众又是席地而坐，"可是戏不完他们是不愿散去的"①。在延安，即便不懂音乐的也往往会被歌声所打动感染。正如一位"音盲"的延安青年这样说道，尽管我是个"音盲"，不懂音乐神秘的旋律，"然而我也永远忘不了延安时代是一个歌声遍野的时代，是心灵里充满了激情旋律的时代，至今我也不能忘记《延安颂》、《开荒歌》、《黄河大合唱》中许许多多使我心弦突然感到震动、颤栗的某些旋律所给予我心灵上的无法形容的冲击的力量"②。在马识途的笔下，延安是一个歌声的海洋，从早到晚，到处都有歌声，在延河边，在窑洞里，在听大报告的大院里，在食堂里，更不用说在礼堂里和各种文艺晚会上了。激动人心的抗战歌曲：《到敌人后方去》《太行山进行曲》《延安颂》，还有《黄河大合唱》，还有陕北的民歌。"那信天游是那么高亢，高唱入云，是那么热情，像陕北高原上山丹丹花一样红火。歌声如海浪在互相激荡，一浪高过一浪，鼓动着心潮澎湃的青年人，更不用说那些激动人心的舞蹈了。"③ 对于一些爱好文艺的青年来说，在延安更是找到了用武之地。即便多年过去了，他们依然心潮澎湃地说，当时的延安真是朝气蓬勃，到处充满着革命的歌声、战斗的歌声。每天早晨起床号一吹响，紧随这号角声，这欢快的歌声飞出了每个窑洞，早集合唱歌，晚点名唱歌，开大会更是此起彼伏的歌声，每逢集体活动，整个延安上空简直就是歌声的海洋。"这歌声充满了力量，这歌声洋溢着伟大而光明的未来，我就是在这些歌声的陪伴和鼓舞中成长起来的。这些歌声具有伟大的历史意义，所以使我永远不能忘怀。"④ 由此不难发现，延安的歌声就是青春之歌，就是战斗的号角，就是延安青年的一个重要符号和象征。延安的歌声整整教育了一代人，鼓舞着他们奋起战斗英勇杀

---

① 刘民安等编：《中国医科大学校史（1931—1991）》，辽宁科学技术出版社1991年版，第249—250页。
② 荒煤：《梦之歌》，花城出版社1987年版，第219页。
③ 马识途：《巴蜀女杰》（三），四川文艺出版社2005年版，第43—44页。
④ 钱茸、宋庆光主编：《歌声中的岁月》，中央广播电视大学出版社2000年版，第109页。

敌。有人说延安的文娱活动"像喝水一样重要",真可谓名副其实。

第六,民主形式贯穿于教学的全过程。这首先体现为学校的管理是民主的,无论是教育计划、学习、学习方法,乃至日常生活,都是由一定的民主制度来讨论后执行。队长、分队长、班长、学生会,完全由学生自己选举产生。在教学过程中,表现为"培养学生的敢作敢为的精神,艰苦奋斗的习惯,革命的实际主义与大众的民主的作风"。遇有意见分歧时,采用辩论、争论、解释和讲道理的办法,反对"强制统一""戴大帽子"与"打击"的办法;凡教学和工作中的实际问题,"采用大家讨论商议和少数服从多数的办法,反对命令主义与自由主义";教育计划和工作计划的讨论、决定与检查,"由学生派出代表参加,而在计划的实施过程中,学生有监督之权";任何学生和教职员,"他们对于学校的全部工作有权随时提出自己的意见和建议,有权越级控告"。对于民主的运用,"采取宽广的态度"。学生即便出现错误,"教育工作者正好利用他们自己的实践来教育他们;使他们对民主生活有正确的认识和习惯"①。对于学生,"可以自由研究学术,自由学习真理;可以有言论、结社、集会、出版之自由"。学生在校有权从事救国运动,有权过问他们自己的生活,也有权过问他们自己的课程和学习。"从前,教师是主动者,独裁者;现在,学生已有民主自由,已经在主动的地位,先生只是他们的顾问和朋友,他们也得服从先生和尊敬先生,但他服从先生是因为先生领导他学习真理和追求真理,并不是盲目地服从。"② 在安吴青训班,每一个大的工作到来前后,都有集体会议来布置、计划、推动与检讨,不论是对整体的还是个人的批判,向来是"对事不对人","毫未敷衍塞责过"。在讨论问题的过程中,"不善于讲话的人常常和喜欢发言的人争啦争的抢着要讲,内容也不陈腐或是公式主义的。对于异议不正确或不清楚的意见,常常是无情的打击或委婉的说服,从没有放松过(对)汉奸理论的检讨与警觉性。也从没有发生过因为争论真理而同学间情感失和的事。往往在一个结论已经为大多数同学同意之后,另外的同学或参加

---

① 甘肃省社会科学院历史研究所编:《陕甘宁革命根据地史料选辑》第4辑,甘肃人民出版社1985年版,第303、305—306页。

② 《戴伯韬教育文选》,人民教育出版社1985年版,第83页。

人，只要能提出有理而有力的意见时，又开始作深入的精辟的讨论。一直到真理辩明，完全同意为止。这种集体讨论的民主精神，别的地方是不会有的。"为了使各队同学交换知识与方便小组讨论竞赛，各队相互遣派有力分子交换参加，"没有一个同学感到出席小组讨论会是痛苦的事，除非他是害了病"①。

当然，延安时期的史学教育，毕竟有着战时条件下的特点和烙印，因而不可避免地有其特定的历史局限性。

就总体而言，延安时期的史学教育，很难称得上是真正的历史教育，更多的是体现为革命的政治教育和人生观教育。因此，从课程体系上来看，主要侧重的是中国与世界的革命史以及中共党史方面的教育与学习，因此课程的设置是较为单一的。当年延安大学校长周扬在与美国记者冈瑟·斯坦交谈时，也不否认延大的课程比较单一。他说："尤其是毕业生，需要以较高的学术标准为目标"，但是因"没有财力和时间，只能办短期的特别训练班来满足军队和总动员的最迫切需要"，因而学员的知识结构"当然是肤浅的"②。实际上，延安时期的史学教育不仅课程单一，而且具体内容也是颇显侧重。一位教授"中国革命问题"的教员回忆说，他所讲的这门课程主要内容就是"从鸦片战争讲到目前对日抗战，讲中共的诞生和发展史，以及当前的任务、路线、方针、政策等，讲授了4个月直至毕业讲完"③。可以说当时的史学教育完全是从现实出发，从革命斗争出发。职是之故，"延安版的中国史也完全改变了观点。关于古代史，即在延安学者之中也还是各执一说，未有结论。中古以下的历史，则大部均以'阶级斗争'为中心而改编。倘说中国的旧史是依着'成王败寇'的观点而写的，则延安版的国史恰取着相反的观点。凡是旧史上的'寇'，差不多都翻身而成为阶级斗争的革命英雄了。因为这样，所以越写到近代就越难写。"④

在具体讲授的过程中，也存在一些针对"名词术语的讲解，与抽

---

① 刘孟痴：《安吴青训班印象记》，《青年战线》1938年第5期。
② [美]冈瑟·斯坦：《红色中国的挑战》，马飞海等译，上海译文出版社1999年版，第252—253页。
③ 《抗大校友回忆录选集》（上册），上海抗日军政大学研究会暨校友联谊会1999年编，第227页。
④ 赵超构：《延安一月》，上海书店1992年版，第164页。

象原则的背诵";在贯彻理论与实践相结合的原则时,多半讲的"是些工作总结与各种条例,只能给学生以片断的经验,不能提高到理论上去教育学生"。历史课也是"讲近代多,讲古代少,讲教训多,讲事实少"。这样不仅"难以满足青年学生的求知欲望,从而降低了学习兴趣";而且在课外,"则因强调实际活动,常常无计划无准备地参加各种地方工作,事中缺乏指导,事后又缺乏总结,结果实际还是实际,理论还是理论"①。赵超构在参观延安大学之后就指出,这里"无论在教材资料上,或理论思想上,都免不了有偏向。教学方法虽是进步,教学的范围却局限于边区的经验,这样学生就只能适合于延安环境的需要。再就课程看,除了五门共同课,行政系只有三门功课,司法系只有六门功课,教育系也只六门,财政系只有四门,学行政的可以不读比较政府与宪法,学法律的可以不读民刑法以及国际法等,学财政的可以不读银行货币,学教育的可以不读心理学,这对于我完全是新闻"。他说:"延安是最缺乏学院气的,这个,在延安大学又得到了证明。延大的整个方针,或者也是边区的整个教育方针,是排斥人文主义,着重经验主义,贬低理论水准,偏重实用技术。"②注重实用技术,注重社会实践,原本无可厚非,但在具体执行的过程中也有偏向,比如狭隘地了解实际,勉强地去与实际联系,结果使教学内容陷于支离破碎;过分地强调生产劳动,过多地参加社会活动,结果也影响了课堂教学,妨碍了学员文化水平的提高。

从教育的过程来看,"短、平、快"是当时教育的一个显著的特点,一般只是接受几个月的教育。这样的教育,其本质上只能算是政治启蒙教育。"由于前线急需干部,学习时间又短,我们只能进行马列主义的启蒙教育,让学员短期学习后就立即投身于实际斗争,在实践中继续学习和积累经验。"尽管这种政治启蒙教育在实践中被证明"是成功的"③,但是正如罗迈在《预祝1941年延安干部教育的胜利》一文中指出,延安时期的学校教育,"一般的做法,还多保留过去短期培训班的

---

① 华东师范大学教育系编:《中国现代教育文选》,人民教育出版社1989年版,第589—590页。
② 赵超构:《延安一月》,上海书店1992年版,第150页。
③ 李维汉:《回忆与研究》(上),中共党史出版社2013年版,第309页。

特点，这也可以说明理论落后实践吧！"① 这种"短、平、快"的教育方式，尽管适应了战时需要，但是却与教育规律是背道而驰的。就在抗战时期，叶圣陶先生就指出："学校里课程的设置，通常根据三种价值：一种是实用价值，一种是训练价值，还有一种是文化价值。古书具有文化价值，让学生读些古书，了解'固有文化'，实在不是没有道理。"② 如果以此来看，延安时期的史学教育，显然关注更多的是"实用价值"和"训练价值"，而无法关涉"文化价值"。也正是由于如此，在赵超构的眼中，延安教育"奇特的性格远远超出我们的想象"。他们"不要求大学产生博学的通才，他们所要求的只是他们所需要的健全的常人，对于边区建设有实际帮助的人。这是因为边区的农业社会，需要不到欧美高度工业化的理论学科，在那里，一个学银行汇兑的学生，实在不如一个精通合作社业务的学生有出路；同时，因为边区知识分子之奇缺，急需造就大批的文化干部，所以学习的期限不得不缩短，课程也不得不集中于立即有用的几门"。除此之外，"一切陶冶性情，发展个性的学科"，在延安的教育者看来"不过是资产阶级的闲情逸致"③。因此，他所看到的延安大学研究室所陈列的书籍，"显然是太寒伧了。有许多我们认为基本必读的名著，在这里是一本也没有。倘使学生的书本见闻，只限于这些研究室，则很可能的，精通新民主主义者可以不知道拉斯基，或学教育的竟不知道杜威。而且，就我们在研究室所见，许多学生所孜孜工作的，还不是那些稀少的书本，而是一堆一堆的政府机关的报告。从这些报告中他们获得什么呢？经验，经验，经验！"④

实际上，几所学校合并后的延安大学，也曾一度设置了正规大学的课程，也曾计划开设较为系统的史学教育，但是却很快发现这与人民及其需要严重隔离开来。最后不得不进行再次调整，走向了"现实主义"。对此，赵超构同样进行了分析。他说：

> 延安人的作风是现实主义的，他们专顾目前的事业，没有工夫去玩弄缥缈虚无的"游戏的理论"；再一层，他们的各种工作都是

---

① 罗迈：《预祝1941年延安干部教育的胜利》，《新中华报》1941年1月16日。
② 《叶圣陶语文教育论集》，教育科学出版社1980年版，第45页。
③ 赵超构：《延安一月》，上海书店1992年版，第150—151页。
④ 同上书，第149页。

在匆匆忙忙之中干起来的,从小处看,他们颇有计划,从大处看,他们是抓住一样算一样,并没有标准的形式。这两种特性,在他们的教育上显示得特别明白。由于现实主义,他们将我们所知道的教育制度搬过去,删除了一些,再添补了一些,终于成了十足的农村本位的教育制度。由于匆忙,他们来不及讲究形式,什么办法都采取,什么机会都利用。自然,他们也有一套教育理论的。但是这一套理论所牵涉的,决不是什么教育哲学或学习心理。扼要地讲,我们只须了解三件事,就可以对他们的教育得到一个"鸟瞰"。这三件事是:办些什么学校?教些什么?学校以外,还有什么教育工作。①

这种单纯注重革命政治教育与"现实主义"的教育,在当时也引起了一些人的微词。据辛安亭回忆说,抗日战争进入相持阶段,陕甘宁边区更加巩固,有了相对安定的环境,于是边区群众"对课本的批评也渐渐听到了:'猫儿也抗日,狗儿也抗日',一般的宣传材料太多,基础知识的教育成分太少,过分注重当时当地,教材的编排太没有系统了。还是要考虑长远需要,讲点科学知识"②。由此可知,延安时期的史学教育,尽管在教育制度方针政策方面,符合了战时国防教育的特点,但是特定时代条件下的教育,其"功利化"的色彩却是较为浓重的。尽管我们对此不必过分苛责,但是从教育发展的规律来看,确实值得深入总结和反思。当年,去延安采访的美国记者曾指出,共产党"在学校教育方面比其他任何部门犯的错误更多"③。尽管这一论断是指向延安教育中的教条主义和形式主义,但是我们也应该看到当时在开展史学教育的过程中所呈现的历史局限性。

四 延安教育与社会实践的启示

延安之所以闻名,与延安教育不无关联。一位国统区人士曾这样说

---

① 赵超构:《延安一月》,上海书店1992年版,第157页。
② 《辛安亭论教育》,湖南教育出版社1983年版,第131页。
③ [美]冈瑟·斯坦:《红色中国的挑战》,马飞海等译,上海译文出版社1999年版,第247页。

道：" 在延安，最引人瞩目的不是边区政府，也不是八路军，却是陕公和抗大。延安的活跃与繁荣，大部分是由陕公和抗大的青年儿女们在支持着。"① 这一阐释，也可以说是对延安教育的认可。实际上，在中共革命的历史进程中，延安时期是中共的教育方针与社会实践的结合达到最佳状态的历史时期，也是延安教育方针与延安道路并行不悖的历史时期。回观延安时期的史学教育与社会实践，对于当前的教育，特别是思想政治教育，有着极为重要的经验启示。

延安教育的最大特点，就是立足于现实，立足于当时当地的实际环境。无论是教育方针政策的制定，还是课程的设置与教学的展开，无一不是如此。照搬照抄在延安教育中是绝无市场的，那种盲目照搬照抄的做法，基本上被认为是教条主义和经验主义、主观主义和形式主义的代名词。这也就不难理解赵超构的这段言论，在延安，"凡是依我们的标准认为缺点的地方，在他们自己看来都是优点。我们认为这种教育限制了个性，他们倒觉得唯有如此，才能为群众服务。我们认为它太功利化，他们却以为这是'学用一致'，我们认为理论水准太低，他们的答复则是'实事求是'"。曾几何时，他"曾听说大学生掏粪的新闻"，但是到延安之后，发现"掏粪也不成其为新闻了"②。赵超构所不解的，恰恰是延安教育立足于现实、立足于当时当地实际环境的教育特点。

延安教育的这一特点，也应该成为当下教育的重要经验启示。当前的教育强调与国际接轨，吸取先进国家的教育经验，这样的做法原本无可厚非，但是如果走向极端可能就适得其反了。学习西方固然重要，而立足于现实和实际环境更为重要。实际上，中国对西方的学习乃是一个世纪性的话题。还在晚清时期，在西学东渐思潮的影响下，西方的文化教育思想广泛传播，向人们提供了各种思想武器，不少人力主学习西方的教育理念和模式，但是在当时却"一时顿呈饥不择食、活剥生吞之现象……学说纷纭，莫衷一是，大有处士横议，百家争鸣之概"③。实际结果自然很不理想。正如时人所说："我国兴学以来，最初仿效泰西，继而学日本，民国四年取法德国，近年特兴美国热，而非健全的趋

---

① 原景信：《陕北剪影》，新中国出版社1938年版，第19—20页。
② 赵超构：《延安一月》，上海书店1992年版，第151、148页。
③ 何炳松：《通史新义》，商务印书馆2011年版，第9页。

向。学来学去，总是三不象。"考诸"先进国办学久的，几百年；短的，亦数十年。他们的经验，可以给我们参考的，却是不少；而不能采取得益的，亦复很多。今当改革之时，我们对于国外学制的经验，应该明辨择善。决不可舍己从人，轻于吸收。"① 抗战时期的著名教育家戴伯韬也鲜明地指出："我国自从前清开办新教育以来，已经90多年，的确有了很多进步。但有一个极大的缺点，就是一开始就模仿资本主义的欧美，不能适合国家需要。"② 这些先验之论，的确值得今人反思。延安时期的教育实践活动的成功，再明显不过地证明了这一点：只有立足于现实，立足于当时当地的实际环境，才是教育发展的应有之路。

如何将理论与实际联系起来，既是延安教育的根本原则，也是当前教育应该思考的重要课题。就总体而言，学以致用是一个基本点。从史学教育来看，就是要发扬经世致用的史学传统。梁启超曾指出："史学者，学问之最博大而最切要者也，国民之明镜也，爱国心之源泉也。今日欧洲民族主义所以发达，列国所以日进文明，史学之功居其半焉。"③ 中国史学往往在"古今治乱"的治道、治术方面，能够达到"开物成务""定大事、决大疑"的目的，因而向来都被称作是致用之学。"学问必见于用乃可贵，不然即腐儒尔。"如果"读书全不作有用看，且如人一二十年读圣人书，及一旦遇事，与闾巷人无异。或有一闻老成人之语，便能终身服行，岂其语过六经哉！只缘读书不作有用看故也"。对于史学而言，"观史当如身在其中，见事之利害，时之祸患，必掩卷自思，使我遇此等事当作如何处之？如此观史，学问亦可以进，知识亦可以高，方为有益。"④ 可见，强调史学经世向来是中国史学的一大特点。

当前全国上下正在为构筑"中国梦"而乘风破浪前行之时，史学的作用更为凸显，而史学的功能也正当其时。尤以中国近现代史为例，不仅有着距今最近的历史镜鉴意义值得发掘，更承续着近代以来建设现代化国家的历史主题和实现中华民族伟大梦想的百年期许。可以说中国从未向今天这样如此接近这一梦想，也从未像今天这样需要在披荆斩棘

---

① 璩鑫圭、唐良炎编：《学制演变》，上海教育出版社2007年版，第917页。
② 《戴伯韬教育文选》，人民教育出版社1985年版，第18页。
③ 《梁启超文集》，线装书局2009年版，第107页。
④ 尹德新编：《历代教育笔记资料·明代部分》第3册，中国劳动出版社1992年版，第161—162页。

的历史征程中鉴往知今,少走弯路,抓住机遇,实现梦想。因此在史学素材中汲取为当前的社会发展需要的实际知识,就是将理论与实际联系起来的重要环节。这样,就能大大提升青年学生参与现实的主动性和积极性。从延安时期的经验来看,一个重要的方法就是主动融入社会,将实际生活变成教育的中心内容。

1941年《解放日报》刊发的社论就是对这一问题的深刻阐论。社论开宗明义地指出:"如果学校一般的只能消极的被社会所影响,或是供给社会一些纯粹技术的服务人才,在这种情况下面的教育对于社会还有多少意义呢?"延安的教育是"需要一种与人民相联系的教育。所谓与人民相联系,不但是说人民可以普遍的享受教育,而且是说人民的实际生活应该成为教育的中心内容,并从教育得到一种迅速进步的基础。"① 由是观之,当前的史学教育应该更多的将历史与现实联系起来,培养学生如何从历史中反观现实社会,如何在现实问题中寻求历史发展的逻辑演进轨迹。将历史与现实生活有机地结合起来,唯有如此,才能真正融入社会生活中,进而才能达到理论与实际的联合。延安时期的教育强调学校及教员"必须全力注意使学生由领会马列主义实质到把这种实质具体地应用于中国环境的学习。学生是否真正领会(理解、认识、懂得),以学生的是否善于应用为标准"。具体而言就是"用马列主义精神与方法去分析中国历史与当前的具体问题,去总结中国革命的经验,使学生养成这种应用的习惯,以便在他们出校之后善于应用马列主义的精神与方法去分析问题与指导实践"②。这既是延安时期的基本经验,也是留给我们的重要启示。

回观延安时期的史学教育,更值得我们关注和思考的是:为什么当时的青年学生对于理论的学习有着浓厚的兴趣?从当年的经验来看,以下几点当是延安教育的重要经验,也是留给我们的重要启示。

第一,领导干部担当教员上课,是激发延安青年学生热衷理论学习的一个重要因素。特别是毛泽东,他在延安的不少学校都讲过课。许多学员的共同感受,就是毛泽东讲课"通俗易懂,引人深思。工农干部

---

① 《打碎旧的一套》,《解放日报》1941年9月11日。
② 中共中央文献研究室等编:《建党以来重要文献选编》第18册,中央文献出版社2011年版,第763—764页。

听得入耳,知识分子听了佩服"①。一位抗大学员说,毛泽东讲课"总能深入浅出、引人入胜。他的语言具有奇异的魅力,往往令人笑声大作,掌声大作。在笑声和掌声中,我们吞咽着鲜活的营养,并输进奔流的血液中,沉积下来,直到终生。"② 多数学员都一致认为,毛泽东讲课,对每个同学来说都是投身革命的启蒙,也是献身革命的基点。也正是由于如此,学员们对于理论课的学习自然就十分热衷。除此之外,一些具有丰富革命斗争和实践经验的干部,也是延安教员的重要组成部分。他们的讲课因有着非常丰富的生动案例,也备受学员们欢迎。一位学员就这样说,他在延安求学期间,《解放日报》社的杨松同志就常给他们作时事报告,还有叶剑英同志从北门外讲到南门外,向大家作时事报告,朱德总司令在八路军大礼堂讲各解放区的抗战形势时,使人们对打败日本鬼子的信心十足。这样就更加丰富了学校授课内容。"回忆当年延安大学教学内容,必修课有马列主义学说、政治经济学、哲学、中国革命运动史、党的建设。在校能读到这些书和有各位学者、专家、革命前辈的教育,确实是一生的光荣。"③

第二,在教学过程中,力戒灌输式的教学,采用启发和讨论式的教学模式,是青年学生对理论课产生兴趣的另一原因。延安时期的教学方法,要求"坚决采取启发的、研究的、实验的方式,以发展学生在学习中的自动性与创造性,而坚决废止注入的、强迫的、空洞的方式"④。这一教学方法,对于提升学员对理论课的学习起了重要的作用。安吴青训班的一位学员就认为这种方法是"新鲜有力的教育方法"。这种"由同学们发扬出来的自动教育、自我批判的精神,确实使我感到在别一个地方,绝对不致有如此积极的。"互助学习与小组讨论的开展,"知识在那儿不是私产,不准专有,同学们尽量地交换和帮助学习,即知即传、即知即行的作风,并不曾经过学校当局怎样严格的提倡,也能普遍地在各队里积极发扬起来。一支最好的歌曲,要不上一两个日头,可以

---

① 《抗大校友回忆录选集》(上册),上海抗日军政大学研究会暨校友联谊会1999年编,第263页。
② 北京抗大光荣传统研究会编:《抗大精神永放光芒》第1集,长征出版社2003年版,第215页。
③ 杨琦:《留痕岁月》,地震出版社2003年版,第17页。
④ 中共中央文献研究室等编:《建党以来重要文献选编》第18册,中央文献出版社2011年版,第763页。

流行到各队里去。各队里都有七八个乃至十来个课外活动的工作团体，可是从来少有'议而不决，决而不行'的理论与实践脱节的现象。"因此，"小组讨论会在那儿是运用得最灵活、生动、充实、丰富的了"①。这样的教学方法，即便是一些国统区人士，也"不能不承认它有若干优点。因为这是以学生为主动的'自学'，由学生自己研究，自己思索，自己讨论。教师只处于帮助的地位，这比诸依赖教师的演讲，由教师包办一切的教授法，无疑的是有效率得多了。"②

第三，考查方式的多样性，也是学生们对理论课产生兴趣的重要原因。延安时期对青年学生的考查，"目的不在考倒人，而在求教育深入"。考试的方法，"是带复习性质与研究性质的。先行出题，经过准备与研究，再行作答。"考试可以"定期的举行学生座谈会，把教育计划、教育内容、教授方法……等等的问题，交给学生去讨论"③。在规定的考试时间内考试时，大部分时间是在讨论，只有一少部分时间用于答卷。而且阅卷一般也是由学生自己进行。有些学校还通过社会实践的形式进行考试。更为突出的是通过"学习竞赛"开展考试。抗大就强调学员在竞赛中掌握革命知识，激发学习的热情和兴趣，提高学习的积极性。竞赛内容包括内务、军风纪、学习成绩、歌咏、体育等。竞赛先由大家选举出竞赛委员会，规定竞赛"条约"、实施办法、时间、聘请评判人，并建立公平而正确的考核制度。在竞赛结束后，对竞赛进行总结，由评判人报告竞赛中的优缺点。"竞赛实际上是对抗大学员的一种检验和激励，通过竞赛使学员认识到自己的差距，鼓励落后学员，形成互相帮助的团结精神。"陕北公学的竞赛是鼓励个人与个人之间，单位与单位之间的竞争，同时也是加强个人与个人，单位与单位间的互助。每次竞赛，以一定的学习计划或工作计划为目标，竞赛结束后，对竞赛进行总结，以检验计划的完成情况。陕北公学衡量竞赛的优胜的标准是"能够完成计划超过计划而又切实地帮助了别人的人，才是真正的优胜者"④。这样就不仅摒弃了旧时僵化的考试模式，而且极大地促进了学

---

① 刘孟痴：《安吴青训班印象记》，《青年战线》1938 年第 5 期。
② 赵超构：《延安一月》，上海书店 1992 年版，第 149 页。
③ 罗瑞卿：《罗瑞卿军事文选》，当代中国出版社 2006 年版，第 146 页。
④ 王奇生主编：《中国考试通史·民国》，首都师范大学出版社 2004 年版，第 394—395 页。

员们的学习兴趣。

第四，师生之间民主平等的融洽关系亦是促进学生注重理论课学习的重要因素。延安时期的民主与平等，不仅体现在政治方面，也体现在学校教育方面。陕北公学一位学员回忆说，成仿吾校长在与他交谈时，起初他还是"战战兢兢地去拜见校长"。但一见到他，校长便亲切地招呼其坐下，"他完全像长辈一样慈祥地跟我攀谈，绝不是校长对学生的训导！"他就是从这位"温文尔雅又和蔼可亲的革命家嘴里，第一次直接聆听到关于抗日救国，关于共产党是工人阶级自己的政党，关于社会主义共产主义事业既十分新鲜又极其真切的道理"。在随后紧张而又活泼的陕公生活中，除学习社会发展史、抗日统一战线、游击战三门主课外，大家过着集体生活：自己打扫卫生，早晚排队唱歌，动手出板报、墙报。"这些活动师生共享，校长老师也亲自参加。这种上上下下融为一体，平等亲切的革命同志关系，给了我极大教育与鼓舞。我在那座革命熔炉里受到很多锻炼，进步不少。"①

民主平等的师生关系与融洽和谐的交往，从来都是开展教育教学活动的基础。学生对于课程的学习兴趣和热衷程度，往往与此不无关系。丁玲在大革命时期的上海大学学习时也证明了这一点。她说，当时上海大学的瞿秋白是"最好的教员"。他几乎每天下午课后都与学生交谈。"他谈话的面很宽，他讲希腊、罗马，讲文艺复兴，也讲唐宋元明。他不但讲死人，而且也讲活人。他不是对小孩讲故事，对学生讲书，而是把我们当作同游者，一同游历上下古今，东南西北。"② 正是由于师生之间的融洽关系，学员们不仅喜欢这样的教员，自然也喜欢这样的课程。

延安时期的上述经验，和由此而形成延安政治文化生活生动活泼、一片朝气的局面，使得延安"政治气氛浓郁，普遍重视政治理论学习，关心国际国内形势。虽然我们当时书报极少，没有广播，但重要的政治形势报告我们都能听到，党中央的重要文件我们都能学习，解放日报是我们最经常的学习材料，同学还可以自己作苏德战场形势介绍。延安到处洋溢着团结、紧张、严肃、活泼、民主、乐观的气氛，它对我们都起

---

① 《成仿吾校长纪念文集》，中国人民大学出版社1992年版，第246页。
② 丁玲：《我所认识的瞿秋白同志》，《文汇增刊》1980年第2期。

着熏陶作用,对我们的人生观的形成有着深刻的影响。"① 不少学员不仅对政治理论课有着浓厚的兴趣,更以能进入延安马列学院学习是"与众不同的身份"和"比人高出一头的资本"②。

  延安时期的这些经验,对于今天的政治理论课教学,依然有着很强的现实意义。当前,活跃在政治理论课讲台上的多半是一些没有实践经验的知识分子,尽管他们有着较为深厚的专业素养,但是由于缺乏实际经验,往往是从理论到理论的灌输式授课,这样的教学模式,往往不会引起学生们的兴趣。我们虽然没有可能也没有必要要求领导干部走上讲台,但是约请一些具有丰富实践经验者走上讲台,实在是提升理论课兴趣的有效办法。无论是当前还是旧时的教学都一再证明,没有实际经验的灌输式教学模式,都是不受学生欢迎的。

  还在大革命时期的上海大学,一些学员就提出,马克思主义和政治经济学这两门课,很多同学原来都很喜欢听,"但主讲者是刚从德国留学回来的,没有实际工作经验,而和同学们的思想情况联系不好,听起来就不亲切。担任别的课程的老师,也不是照书本死讲,都还能照同学们的水平和要求来讲授,否则同学们就不欢迎"。③ 潘光旦在回忆清华初期的学生生活时,同样举了一个鲜活的例子。他说,当时教中国历史、中国地理的教师,几乎全都是老先生,多半来自长江以南,大都是科举出身,少数几个是举人、进士,进士中还有一个是榜眼。他们虽然上课很认真,修改作业也勤快,但教学方法很陈旧,加以方言的隔阂,"不但教学的效果很低,并且成为同学们奚落与噱谈的对象"。还有一些教师所讲的和教本或讲义上所印的根本没有差别,只是把文言翻成白话。结果同一个课堂"却是凌乱,浮动,松懈,而死气沉沉"。除打盹的以外,有看小说的,写家信的,有吃花生米的,更有在点过名以后"就跳窗溜走"④。

  相比之下,延安时期的教员却与实际有着密切的联系。一部分教员本身就是来自实际工作部门,另一部分为外来专家学者,这些教员即便没有实际经验,但是他们也都热心走向实际,愿意积极参加边区的实际

---

① 刘民安等编:《中国医科大学校史》,辽宁科学技术出版社1991年版,第222页。
② 丁东主编:《追忆双亲》,中国工人出版社2011年版,第263页。
③ 黄美真编:《上海大学史料》,复旦大学出版社1984年版,第91页。
④ 钟叔河、朱纯编:《过去的学校》,湖南教育出版社1982年版,第73、75页。

工作。他们的共同特点，即与边区实际紧密结合，使教学内容生动活泼。与此同时，教员与学员在生活上打成一片，他们互相了解，在教学上共同学习，互相研究；在生活上了解他们的思想、经验、情绪、要求。这样的融洽关系对于推动和促进学生的学习兴趣，无疑是有着积极作用的。另外，在课程考核方面，延安时期的做法同样有着强烈的示范意义。单一的卷面考核确实在一定程度上制约着学生的学习目的和学习效果，采取多种灵活的考核方式，特别是借鉴延安时期的一些考核方式，对于提升当前的政治理论课显然都是不无裨益的。

延安时期的社会实践活动最富成效，也最为人们所认可。美国记者冈瑟·斯坦通过比对国统区与延安的学生之后，竟怀疑"国民党的大学毕业生，他们的纯粹学术水平究竟是否比延大毕业生高：因为他们学习的设备条件虽较好，也有训练较好的教师等有利因素，但是这些有利条件和因素也许为大部分师生苦于营养不足和知识分子受到压制所造成的死气沉沉的局面所抵消。但我可以肯定的是，从延大出来的男女学生具有目前中国所需要的较多实际知识。他们更好地了解人民需要什么，怎样才能与人民合作，他们有更好机会能为战争和社会发展出力。"[①]这样的认识不无道理。延安学生的社会实践，特别是军事训练、生产劳动、文娱活动、社会调查等社会实践活动，同样对于当前的社会实践有着重要的启示意义。

对于军事化的社会实践活动，当时很多学员都认为，这一实践活动"毕竟是教与学效果显著提高的重要因素之一"[②]。揆诸当前青年学生的社会实践，虽未必完全要实施军事化的生活，但是适当的操练，培养一定的行动力和执行力，似乎也应该成为社会实践的一部分。毕竟这样的社会实践，对于当下的学生而言是缺乏的。同时，学校既是一个教育部门，也是一个文化单位。有组织地开展生动活泼的文娱活动，也应该成为社会实践活动的组成部分。回观当年延安的歌声，几乎成为延安的一个符合和象征印在青年学生们的脑海中。这样的实践活动，不仅可以振奋精神、鼓舞情绪，而且也是一个学校面貌的重要体现。一位曾经的延

[①] [美]冈瑟·斯坦：《红色中国的挑战》，马飞海等译，上海译文出版社1999年版，第254页。

[②] 刘民安等编：《中国医科大学校史》，辽宁科学技术出版社1991年版，第185页。

安青年回想当年的延安歌声,不禁感慨地说:"近半个世纪了,我再也没有过那时候感到音乐美的欣赏和感受那种心旷神怡的心情了。我至今也期望,我们今天这个振兴中华的时代再来一个歌声遍野的'延安时代'。我不懂、也无法回答,一个新的到处洋溢着激情的优美的音乐的新的延安时代,为什么还不能'再来一个'!"① 在笔者看来,对于当前的青年学生而言,通过文娱活动开展社会实践活动,不仅是可能的,也是必要的。

　　社会调查既是延安时期社会实践活动的重要内容,也应该成为当前青年学生社会实践必不可少的一个环节。事实上,开展社会调查,不仅在于弄清调查对象的真实情况,而且对于调查者的思想观念也会产生极大的影响。

　　延安整风运动后,延安的学校响应调查研究的号召,不少学员被抽调组成调查研究组,参加社会调查实践。一位学员被派往延安县李家渠乡,对农民生产、生活、家庭经济进行调查。这位学员后来回忆称:"调查活动,挺有意思,使我们增添了知识,也见了世面。我虽然出生于农民家庭,但对农村的事全然不解,一是没有那些知识;二是没有那个整风以后的思想觉悟——为人民服务。调查后才知道了农民有很多事要做,老乡什么事都问我们,特别是医治疾病,老乡称我们是边区政府下来啦!"② 马列学院学员吴介民,社会调查对其最大的震动是:"不能满足于书本知识,教条主义是我们思想上的大敌。因此,理论必须联系实际,到实际工作中去,到基层去,向群众学习,把理论与实际结合起来,应用理论解决实际问题,才能起到认识世界、改造世界的作用。对于我,只有这时才可以说,完成了只从组织上入党到又从思想上入党的转变,从原来的剥削阶级到无产阶级立场的转变。初步树立了正确的世界观、人生观、价值观,有了主心骨,去迎接社会上风雨的考验。"③ 可见,这些学员的社会实践活动,其意义不仅在于社会调查本身,更重要的是通过社会调查形成的社会认知观念。当年这些社会实践活动的启示,无疑值得我们去借鉴吸收。

---

① 荒煤:《梦之歌》,花城出版社1987年版,第219—220页。
② 杨琦:《留痕岁月》,地震出版社2003年版,第20页。
③ 吴介民:《我的一段风雨历程》,《中华魂》2007年第9期。

教育与生产劳动相结合，既是延安时期的基本教育方针，也是学员参加社会实践活动的必然要求。这对于当前青年学生的社会实践活动，同样有着重要的启示意义。

综观延安时期青年学生的生产劳动实践，固然有着一般意义上的物质需求，但是如果仅从这个意义上来看待生产劳动，显然是不完整的。参加生产劳动最为重要的意义，在于培养一种群众观点和劳动观点，在于形成一种更为深远的思想理念。曾在延安大学就读的杜鹏程对此曾做过阐释。他说，陕甘宁边区的人在开荒种地，各抗日根据地的党、政、军、民，全都在开荒种地。我们生产出了粮食，改善了生活，养活了自己，养活了革命。能吃饱肚子，人们劲头更足了。有了吃的，还得有穿的，于是人人学纺线，学织布，学做鞋……学一切赖以活命的生产手段。但这只是一个方面，"自己长期劳动生产，就知道'一粥一缕'来之不易。知识分子和知识青年华而不实和崇尚空谈的习气消失了，代之而来的是忠诚、老实和朴厚。对劳动和劳动人民的感情加深了，和革命事业有了血肉联系。人们内心充实了，连体格也变得健壮了。"尽管一些国际朋友和国统区人士质疑：把许多有作为、有能力、有学问的人和全体干部、战士、青年学生宝贵的生命和时间，大部分用到种地和纺线织布的事情上，是不是合算，但是"岂不知，这些自己种地和纺线织布的人，学到的忠诚、本领和学问，是中国人民最需要的最宝贵的精神财富。后来，在战争中能那么快地赶走日寇和消灭国民党八百万军队，不是偶然的"。尽管他们之中有的人在战争中献出了生命，"而更多的人却成为新中国治党、治政、治军、治文的骨干和中坚。因为在革命最困难的时期，他们获得了人类最需要的美好素质"①。

自革命战争年代就提出的"教育与生产劳动相结合"这一方针，在新的历史条件下依然有着重要的启示意义。从教育的基本规律来看，教育就是培养社会主义现代化事业的建设者，从本质上来讲就是培养劳动者，如果不从生产劳动实践这一问题展开，是"不能达到现代技术水平和科学知识现状所要求的高度。"② 从时下的不少青年学生的实际

---

① 延安大学西安校友会编：《延安大学回忆录》，陕西人民出版社1998年版，第119—120页。

② 《列宁全集》第2卷，人民出版社1984年版，第461页。

情况来看，他们在生产劳动的具体认知上还存在不少模糊的思维态度，在践行劳动观点和群众观点的问题上，也有不少亟待提升的地方。实际上，教育与生产劳动相结合，不仅是教育方针政策，更是具有育人功能和社会功能的双重属性。也就是说，生产劳动"不仅仅为学得一种技巧而已。我们就要注意从这种生活上得到对于实际工作的知识与对于特殊职业的知识，重视由实行工作及满足工作的需要而获得的习惯，并养成普遍劳动于人间的理想及真正认识劳动价值的态度"[①]。这样的认识，既是历史赋予我们的重要经验启示，也应该成为当下青年学生开展社会实践的基本认知理念。

---

① 中央教育科学研究所、厦门大学编：《杨贤江教育文集》，教育科学出版社1982年版，第255页。

结　　语

回观延安时期的史学教育与社会实践，有一个重要的规律方针，就是思想政治教育必须符合教育规律和教育对象的发展规律。正如毛泽东所说："人们要想得到工作的胜利即得到预想的结果，一定要使自己的思想合于客观外界的规律性，如果不合，就会在实践中失败。"[①] 从2007年开始，全国高校思想政治理论课实施"中国近现代史纲要"这门课程的教学实践活动。开设本门课程旨在针对高校学生切实关心的问题，通过分析历史进程、历史事件和历史人物，以期帮助高校学生掌握中国近现代史的基本线索、发展规律和主要经验，认识中国近现代历史上的重大理论问题，提高运用科学的历史观和方法论分析历史问题的能力。自该门课程开设以来，各界给予的关注和重视不可谓不多，但是，思想政治教育中不遵循教育规律和教育对象思想发展变化规律的情形却随处可见，结果在具体开展思想政治教育的过程中出现的问题着实令人堪忧。

一　高度重视与严重不足

应该说国家对思想政治理论不可谓不重视，无论是政策上还是经费上都有着高度的重视和投入。中宣部、教育部等部门几乎每年都要就高校思想政治理论课出台若干政策意见。2013年教育部印发《普通高等学校思想政治理论课教师队伍培养规划（2013—2017年）》，提出通过全员培训、骨干研修、在职攻读学位、国内考察、国外研修、以项目选人和选人给项目等多种途径，努力造就数百名领军人物、中青年学术带

[①]《毛泽东选集》第1卷，人民出版社1991年版，第284页。

头人，培养数千名教学一线骨干教师，建设数万名的专业化教师队伍。这样的政策支持，足见国家对思想政治理论课程的重视程度。但是另一方面，在实际教学中因师资力量不足，动辄数百人的大课堂却屡见不鲜。

近年来，随着高校学生人数的激增，思想政治理论课师资力量的严重不足已然成为一种较为普遍的现象，师生比例之高令人咋舌。据一些学校的统计，师生比多数都在一比数百以上。据有关报道，广东全省思想政治理论课专任教师仅有 2474 人，其中硕士以上学历 1937 人。但是截至 2013 年，广东本专科在校生已达 171 万人，师生比约为 1∶700。[①]按照 2005 年发布的《中共中央国务院关于进一步加强和改进大学生思想政治教育的意见》，其中明确要求高校思政教育要将理论知识与社会实践相结合，但在具体执行中由于师资力量薄弱而遭遇到难以克服的实施"瓶颈"。与此同时，由于师资力量不足，不同专业不同班级聚集在一起大班上课，早已不是什么新鲜之事。

二 政治课抑或是历史课

按照国家对思想政治理论的设置和要求，"中国近现代史纲要"是一门思想政治理论课，但是在实际教学中却存在诸多歧义，理论界也一直对此进行着争论。有人认为"中国近现代史纲要"是一门政治课，理由是判断一门课程的性质不应看它的名称，而是看该课程所要达到的目的。还有人则含糊折中，认为它既是一门思想政治理论课，又是一门历史课。对这一问题的争论，如果在教师层面还是一种学理性的讨论，那么在学生中则是另一种情形，也就是说在学生中几乎就不是一个问题。

根据中国人民大学的调查统计，高达 43% 的学生认为"中国近现代史纲要"这门课程是"政治性的历史课"，而认为是"历史课""历史性的政治理论课"的学生分别占到 27.3%、26.2%。值得注意的是，仅有 3.5% 的学生认为该课程是"单纯的政治理论课"。显然，具有历史课色彩的"纲要"课程的确与理论色彩浓厚的"马克思主义基本原

---

① 《高校思政课：师生 1∶700》，《羊城晚报》2014 年 10 月 14 日。

理概论""毛泽东思想和中国特色社会主义理论体系概论"课程有比较明显的区别。而且，通过调查发现，学生们最关心的也是具体的历史问题，而非政治问题。根据调查，在希望学习的内容中，选择"历史事件""历史走向""历史人物""历史过程"的学生分别占29.4%、28.2%、27.4%、15%。[1] 由此不难看出，在绝大多数学生看来，"中国近现代史纲要"就是一门历史课，而非政治课。

三　表面认同还是实际认同

在全国高校开设"中国近现代史纲要"这门课程，究竟重不重要。一些高校对此也进行了实际调查。调查结果显示，大多数学生认同这门课程。根据中国人民大学的调查统计，53.1%的学生认为"内容丰富，有必要学习"，15.2%的学生认为"重要，收益较大"[2]。华中师范大学的调查亦是如此。通过对学习"纲要"课收获的调查，选择最多的是"增强了对中国国情的了解和认识"，占77%；"增强了对中国走社会主义必然性的认识"，占46%；"增强了对祖国的热爱"，占62%。其他还有25%的学生选择"了解了许多历史知识"，13%的学生选择"了解了一些基本理论"等。从上述调查可以看出，在大学生中开设"纲要"课是十分必要的，调查也表明"纲要"课是得到大多数同学的肯定。"许多同学通过这门课程的学习，增强了对中国国情的了解，增强了对祖国的热爱之情。也有的学生在问卷上说："虽然中学学过中国近现代史，但重新学习，又有了许多全新的体会。"[3]

然而另一方面，我们也发现不少教师的思想政治理论课却成为他们的伤心之地。在当前的思政课堂中，"低头族"已然成为较为普遍的现象。大学课堂"不费脑子费流量"绝非是一句戏谑之语。不管任课老师讲得多卖力气，放眼观看，下面的学生总是头也不抬地紧盯手机，要么是刷微博、看朋友圈，要么是追电视剧、玩游戏。对于不少学生而

---

[1] 耿化敏：《中国人民大学"中国近现代史纲要"教学现状的调查与分析》，《教学与研究》2009年第11期。
[2] 同上。
[3] 华中师范大学"中国近现代史纲要"课程组：《"中国近现代史纲要"学生学习和课堂教学状况的调查研究》，《中国大学教学》2009年第4期。

言，上课时忘带课本无足轻重，忘带手机却是"坐立难安"。甚或有学生的游戏最高分全都是上课时打下来的。教师无奈之下只能"讲一个有趣的例子"，大家就都抬起头来，一旦进入理论的分析，学生们的眼神又很快黯淡下去。于是，原本严肃的思政课却成了大侃花边新闻、扯聊边角猛料、谈说稀奇怪事、抨击贪官污吏的地方。不少老师不无感慨地说："现在的大学生真难教！现在的大学教师真难当！"进言之，大学课堂真是成了他们的伤心之地！

四 学习途径的便捷与历史知识的匮乏

　　高校青年学生原本是有相当知识储备的一个群体。再加之现代信息技术的发达，获取知识的手段不可谓不便捷，但是实际情形却远非如此。据零点市场调查与分析公司对北京、上海、武汉、深圳四个城市14—28 岁之间的 1065 名青少年进行测验调查，结果显示青年人对中国历史的了解程度非常低。如果按满分 100 分计算，全体受访者的平均分仅为 27.69。如果按照 60 分为及格分，全体受访者的及格率只有1.5%。据调查者说，此次调查的史学测验题共有 25 道，每题 4 分，满分 100 分，所列测验题并没有偏题和怪题，所涉范围也并没有超出初中历史课本的内容。如有一题这样设问："1860 年是谁侵略中国烧毁圆明园"，结果只有 31.8% 的受访者正确选择了"英法联军"，其余大部分受访者则是选择了"八国联军"。在这次测验中尤其值得关注的是，尽管受过高等教育、脑力劳动者和国有单位的青年对中国历史的了解程度略高于整体水平，但是高学历者（大专以上）的平均得分仅仅高出整体平均分 5.77。也即是说他们对中国历史的了解同样非常薄弱。调查显示，25—28 岁的青年对中国历史的了解程度甚至要低于 17—24 岁的青少年，实际上他们受教育的年限要高于 17—24 岁的青少年。根据调查者说，此次调查的可信度很高，误差不会大于 5%。[①] 按理说这门课程本身并非是一门艰涩难懂的课程，每位进入高校门槛的青年学生，都在初高中阶段或多或少地接触过。而且也有大量影视作品频频展播，相关内容亦是甚为熟悉。然而即便如此，一些青年学生的学识素养和史实

---

① 《青少年历史知识薄弱现状堪忧》，《光明日报》2001 年 2 月 26 日。

储备之不足着实令人诧异。

著名史家钱穆先生直言:"中国人应该知道些中国历史,中国史讲的中国人之本原和来历,我们知道了中国史,才算知道了中国人,知道了中国人之真实性与可能性,特异性与优良性。"[①] 然而现实情形之糟劣,何谈了解"中国的本原",更遑论"究天人之际"了。个中情形,实在值得今人仔细反思。

追寻其中的原委,一个最被人们所诟病的当是现时的教育教学方式。根据零点公司的调查,青年学生了解中国历史的途径,86.9%的受访者认为是通过学校教育获得的,而"自己找历史书籍看"的人占48.3%;通过"文学书刊"和"影视作品"了解中国历史的分别占44.4%和43.6%,还有一些受访者是通过参观博物馆了解中国历史的;极少数青少年还通过游戏和互联网了解中国历史。由于绝大多数青少年主要通过学校教育了解中国历史,所以,研究人员分析认为,在一定程度上,这种状况是由于学校对中国历史的教育是灌输式的、强制性的应试教育,学过之后很快就忘记了,由此降低了他们对中国历史的了解程度。[②] 应该说这样的结论是有一定的道理的。根据笔者的经验,多数学生从拿到课表的那一刻起,就会涌起强烈的疑问:怎么又是历史?之所以发此一问,主要是缘于他们马上会追忆到高考前那段"不堪回首"的一幕——不是背即是记。这样强迫灌输的教育教学方式,在很大程度上会给他们形成无形的压力,进而形成逆反心理。笔者曾在课堂布置作业,要求学生谈谈学习中国近现代史的感想和体会,结果不少学生写道:原来历史可以这样讲,然后不忘追加一句,要是高考时也能这样就不会"遭罪"了。学习原本是建立在浓厚的兴趣基础之上,结果却成为一种沉重的负担,最终的效果自然不甚理想。

这里需要进一步追问的是,如果高考的指挥棒在很大程度上影响着学习兴趣,那么高校到底是一个相对开放的课堂,按理说不会再造成那种所谓的高考压力,何以在一些青年学生中照旧出现这种纷乱面相。毋庸讳言,此中不排除因教师的知识结构、性格气质和其他个人因素,但是有一个客观原因不容忽视,即在众多没有专门系统的历史课程设置的

---

① 钱穆:《中国历史研究方》,生活·读书·新知三联书店2001年版,第1页。
② 《青少年历史知识薄弱现状堪忧》,《光明日报》2001年2月26日。

普通高校中，历史学科是公共性质的课程，由于课程的性质决定了不少高校多半是大课堂讲授，动辄数百人的大课堂，学生都是来自不同的专业。这样的现状不仅给教师驾驭课堂带来了较大的困难，而且由于人数较多很难进行个性化教学，课堂上的互动交流很难实质性地展开。在这样的大课堂，也使得不少学生形成了一个先入为主的观念。在他们看来，举凡大课堂都是一些"不重要"的课程，因此形成了不少学生从走进教室的那一刻起，就带有些许"偏见"，课堂效果自然也就难有起色了。

追寻其中的原委，不得不提的是时下学生学习的功利化取径：有用还是无用。在时下浮躁的社会现实中，有用和无用的功利化取径不仅在社会上大行其道，在高校中也有相当的市场。实用主义的倾向和思维已然扎根在青年学生的思想意识中。在他们看来，所学非所用即是"无用"，如果不能起到立竿见影的效果即是"无用"，不能为自己的就业和前程带来益处的即是"无用"。相反，充斥在大学校园中的各种快餐式培训和各类考证却随处可见，成为学生们趋之若鹜的一道独特风景。笔者在上课时屡次碰到这样的现象：不少学生径直请假，原因是要参加托福培训、司法考试培训、会计考试培训及各类考证培训等。在他们看来，只有这些考证才是对自己有用的，历史课显然不会给他们带来直接的利益。也正是在这种思想的影响下，学习的时间和精力自然也不会花到这个上面去了。

实际上，历史学究竟是否有用这一问题，顾颉刚先生曾在《古史辨》中有过精辟的阐释。他指出："学的范围原比人生的范围大得多，如果我们要求真知，我们便不能不离开了人生的约束而前进。所以在应用上虽是该作有用与无用的区别，但在学问上则只当问真不真，不当问用不用。学问固然可以应用，但应用只是学问的自然的结果，而不是着手做学问时的目的。"由于顾颉刚一贯坚持这一结论，因而自认为能有"这一个觉悟，真是我的生命中最可纪念的"，因为"这一个觉悟是成功的源泉"[①]。顾氏之论诚乃剀切之言，实在值得我们思考。

高校青年学生的历史知识，除了课堂之外多半是需要从课外的大量阅读量中汲取。仅从课堂上获取而没有大量广泛的阅读，这是远远不够

[①]《顾颉刚集》，中国社会科学出版社2001年版，第36—37页。

的。然而事实却是多数青年学生阅读历史书籍的数量和质量都很低。有人曾做过这样的统计：在某校图书馆20世纪90年代以来出版的数百部较为重要的史学著作中，有2人或2人以上借阅的仅占11%，有1人借阅的占24%，其余的则多年来无一人问津。这种现象甚至在一些高校的专业历史系中也有。有人曾对某重点高校历史系学生的阅读情况进行了抽样调查，在接受调查的35名历史系学生中，发现只有6人阅读过两种或两种以上有关史学期刊的论文，9名学生阅读过一种期刊中的史学论文，剩余20名学生中竟然一种也未曾看过。[①]进一步追问，何以学生阅读史学类图书报刊的兴趣如此之低，个中原委固然纷杂，但是需要我们关注的是，当下不少史学类著作的碎片化现象和叙事功能的退化无疑是一个重要原因。时下的历史学著述因过度遵循"史料即史学"的原则，陷入"考镜源流"的境地，舍弃了历史叙事的手法，由此形成的历史著述沉闷枯燥，使得历史学的受众空间渐趋逼仄。

当前全国上下正在为构筑"中国梦"而乘风破浪前行之时，史学的功能正当其时。尤其是中国近现代史，不仅有着距今最近的历史借鉴意义值得发掘，更承续着近代以来建设现代化国家的历史主题和实现中华民族伟大梦想的百年期许。可以说，中国从未像今天这样如此接近这一梦想，也从未像今天这样需要在披荆斩棘的历史征程中鉴往知今，少走弯路，抓住机遇，实现梦想。基于此，笔者殷切希望能够在以下方面做些实质性的工作。

首先，改革课堂教学方式，突出学生的主体地位，绝不应该停留在口号上。应该说课堂教学的改革多年来一直都在呼吁，学习中突出学生的主体地位已然是人们的广泛共识。但是由于种种原因，实际情形却依然并不理想。鉴于当前不少高校的大课大班教学，在客观上给教师开展授课造成了困境，既有的问题大有积重难返的态势。但是高校的课堂毕竟也有其一定的模式，突出学生的主体地位可以有多种形式。比如开展以学生为主体的史学讲坛，不仅可以促进学生对历史课程的学习，而且可以充分展示学生的个性和才能。比如将区域史学与社会实践联系起来，调动学生的主动性与积极性，在社会实践中强化对史学的学习与认知。这样的模式已在一些高校展开。如在山西一些高校开展中国近现代

---

① 王东：《中国当代史学的困境与误区》，《河北学刊》1996年第1期。

史课程的教学时,一方面是在课堂教学中穿插地方历史知识,通过课堂讨论理解地方历史知识,另一方面是通过社会实践调查形成对历史的理解和认知。① 在广西的一些高校,通过整合社会资源,与当地社区、乡镇、企业单位、爱国主义教育基地等加强联系,建立一批稳定的社会实践基地,组织学生开展社会考察。教师在实施中国近现代史课程的社会实践过程中,结合所教内容,让学生深入考察,撰写有参考借鉴价值的学术论文或调研报告。② 这样的实施效果究竟如何,可能需要做深入分析。但是从强调学生主体的地位来讲,何尝不是一种有益的尝试。

其次,高校教学管理体制也要与时俱进。时下,有关大学去行政化的讨论此起彼伏。一些媒体也声称"大学行政化五宗罪",其中一条即是"评价机制一元化"③。应该说当前一些高校评价机制的不健全,大搞一刀切的评价体系和行政化的思维,也在很大程度上阻滞着高校教师开展课堂教学的积极性和主动性。据一些研究者对高校教师的问卷调查发现,认为高校在教学管理体制上行政化现象比较严重的占52.73%,非常严重的占26.36%,认为一定程度存在教学管理行政化的占20%。当前高校教学管理中行政化问题比较突出的,选择"教学运行管理"的占79.09%,选择"教学基本建设管理"的占62.73%。值得注意的是,一些高校管理人员也有这样的认识。根据调查显示,教学管理人员认为高校教学管理行政化问题非常严重的占16.07%,比较严重的占33.93%,一定程度存在的占50%。④ 从这一调查结果来看,高校教学管理的行政权力依然占据着主导地位,高校教学资源也主要是由一些行政管理部门来具体掌握。相反高校教师和学生在教学管理方面的话语权却没有真正体现出来。笔者也注意到,在一些高校当中,以学评教是多数学校遵循的共同原则,但是在具体实行的过程中,一个最为明显的弊端是形式单一,不少高校"一表多课""一表多评"的现象十分普遍。这样的评价机制所凸显的一个最重要的问题是规制了高校课堂的共性要

---

① 赵改萍:《浅论地方历史资源在"中国近现代史纲要"课教学中的应用》,《山西高等学校社会科学学报》2011年第3期。
② 蔡亮、桂署钦:《广西历史文化资源融入"中国近现代史纲要"课教学探讨》,《教育与职业》2014年第21期。
③ 《大学行政化五宗罪》,《瞭望东方周刊》2010年第6期。
④ 黄泽龙等:《高校内部教学管理"去行政化"改革的实证研究》,《黑龙江高教研究》2013年第8期。

求，却扼杀了不同课程、不同教师的教学风格和特色。高校的课堂教学活动原本应该是一种精神性和学术性的活动，甚至也是一种创造活动，它本不应该整齐划一、过度约束，而现实情况却恰恰因为单一的行政管理禁锢了高校教师的课堂教学创造力和学生的个性化发展。在此我们强烈呼吁，要把大学课堂真真切切地还给教师和学生，要实实在在地让教师和学生成为课堂的主角，要给予高校课堂更大的自由度和教学自主权，真正树立起以学生为主体、以教师为主导的教学管理理念。

最后，高校课堂的教学效果如何，说到底还要落实在每一位教师身上。"打铁须得自身硬"，其中道理无须在此赘述。一位博学多识、极具感染力的历史教师，对于提升课堂的成效起着至为重要的作用。大凡能够给学生留下深刻印象的老师莫不如是。据梁实秋回忆，梁启超先生上课时讲到酣畅处便成为表演。"他真是手之舞之足之蹈之，有时掩面，有时顿足，有时狂笑，有时太息。听他讲到他最喜爱的《桃花扇》，讲到'高皇帝，在九天，不管……'那一段，他悲从中来，竟痛哭流涕而不能自己。他掏出手巾拭泪，听讲的人不知有几多也泪下沾巾了！又听他讲杜氏讲到'剑外忽传收蓟北，初闻涕泪满衣裳……'，先生又真是于涕泗交流之中张口大笑。"每次讲课过后，"先生大汗淋漓，状极愉快。听过这讲演的人，除了当时所受的感动之外，不少人从此对于中国文学发生了强烈的爱好。"[①] 梁启超如此教学，其效果自然甚佳。但是正如梁实秋所说："有学问，有文采，有热心肠的学者，求之当世能有几人？"尽管我们难与梁启超匹敌，但是这样的教学理念无疑是值得我们效法的。梁启超先生曾作《趣味教育》《趣味主义》等文，他认为，"趣味是生活的原动力，趣味丧掉，生活便成了无意义"。因此教育的方法"自然也跟着解决了"[②]。这样的实例的确值得我们学习效仿。即便缺少这样的禀赋，但是博闻强识则应该是每位高校历史教师应该也确实需要做到的一个要求。著名史家陈寅恪先生在讲课时要平实很多，总是平铺直叙，但听课者却并不感到枯燥。这是因为他所讲的内容都有自己的深刻卓见，故而同一门课往往会有人听好几遍仍感觉有新鲜感，

---

① 夏晓虹编：《追忆梁启超》，中国广播电视出版社1997年版，第312页。
② 张明林主编：《维新巨擘：中国近代资产阶级革命领袖梁启超自述》，黑龙江人民出版社2003年版，第148页。

以至于及至下课铃响才感上课时光流逝太快。由此可见,教师上课是否受学生接纳欢迎,梁启超的"表演教学"固属可贵,但是陈寅恪的深邃洞见与腹笥丰赡亦能赢得学生的服膺。

归根结底,思想政治教育只有具备强有力的说服力,才会有感染力;思想政治教育只有和社会实际结合起来,才能将思想教育落到实处;思想政治教育只有和受教育个体的实际结合起来,才能实现思想教育的有效性。把脉时下的思想政治教育,的确存在诸多亟待克服和解决的问题,找寻符合时代特征的思想政治教育规律,既是历史的启示,也是现实的选择。如果说延安时期的史学教育与社会实践,是将思想政治教育寓于教育规律和教育对象的发展规律之中,那么对于当前的思想政治教育更应当注重教育规律和教育对象的发展规律。在社会日益发展和思想日益多元的今天,如果不顾教育对象的发展规律,依然遵循传统的思想灌输,其结果往往是南辕北辙、适得其反。回顾当年的教育实践,留给我们的绝不只是激情燃烧的岁月,而是探索教育教学规律的思想宝库中一束耀眼的光芒,是将延安青年成功塑造成革命与建设中的一支重要生力军的过程中,极具经验意义和现实启示的宝贵思想遗产。倘若历史的镜鉴依然是我们探求学术、追求真理的动力,那么延安时期的思想政治教育遗产依然需要我们竭尽全力去挖掘探索。这样的探索不仅在于厘清历史,更重要的在于服务当下。只有沿着昨日的正确轨道,才能站稳今日的脚跟,进而跨越未来的漫漫征程。

参考文献

一　文献汇编史料

1. 陈学恂主编：《中国近代教育文选》，人民教育出版社 1983 年版。
2. 陈学恂主编：《中国近代教育史教学参考资料》（上册），人民教育出版社 1986 年版。
3. 舒新城编：《中国近代教育史资料》（上册），人民教育出版社 1961 年版。
4. 华东师范大学教育系编：《中国现代教育文选》，人民教育出版社 1998 年版。
5. 李桂林编：《中国现代教育史教学参考资料》，人民教育出版社 1987 年版。
6. 陈元晖编：《中国近代教育史资料汇编·普通教育》，上海教育出版社 2007 年版。
7. 陈谷嘉、邓洪波主编：《中国书院史资料》（下册），浙江教育出版社 1998 年版。
8. 璩鑫圭主编：《中国近代教育史资料汇编·鸦片战争时期教育》，上海教育出版社 1990 年版。
9. 陈元晖主编：《中国近代教育史资料汇编·戊戌时期教育》，上海教育出版社 2007 年版。
10. 朱有瓛主编：《中国近代学制史料》第 1 辑（下册），华东师范大学出版社 1986 年版。
11. 《上海高等教育志》编纂委员会编：《上海高等教育志》，上海社会科学院出版社 2010 年版。
12. 湖南省教育史志编纂委员会编：《湖南近现代名校史料》（一），湖南教育出版社 2012 年版。
13. 中央教育科学研究所编：《教育方针有关文献资料摘编》，教育科学出版社 1988 年版。
14. 中央教育科学研究所编：《老解放区教育资料·抗日战争时期》（上册），教育科学出版社 1986 年版。
15. 陈元晖等编：《老解放区教育资料》（一），教育科学出版社 1981 年版。
16. 教育科学研究所筹备处编：《老解放区教育资料选编》，人民教育出版社 1959 年版。
17. 陕西师范大学教育研究所编：《陕甘宁边区教育资料·中等教育部分》（下），教育科学出版社 1981 年版。
18. 陕西师范大学教育研究所编：《陕甘宁边区教育资料·高等教育和干部学校》（上），教育科学出版社 1981 年版。
19. 蒋大椿编：《史学探渊：中国近代史学理论文编》，吉林教育出版社 1991 年版，第 596 页。
20. 张岂之等编：《史学概论文献与资料选编》，高等教育出版社 2009 年版。
21. 中共中央党史资料征集委员会征集研究室编：《中共党史资料专题研究集·抗日战争时期》（二），中共党史资料出版社 1989 年版。
22. 璩鑫圭、唐良炎编：《中国近代教育史资料汇编·学制演变》，上海教育出版社 1991 年版。
23. 共青团中央青运史研究室等编：《安吴古堡的钟声：安吴青训班史料集》，中共党史资料出版社 1987 年版。
24. 李智主编：《熔炉·丰碑：安吴青训班文献集》（上、下册），中共党史出版社 2006 年版。
25. 南方局党史资料征集小组编：《南方局党史资料·党的建设》，重庆出版社 1990 年版。
26. 中共陕西省委党史研究室编：《西北革命根据地》，中共党史出版社 1998 年版。
27. 共青团中央青运史工作指导委员会等编：《中国青年运动历史资料》第 13 集，中国青年出版社 1996 年版。
28. 延安自然科学院史料编辑委员会编：《延安自然科学院史料》，中共党史资料出版社 1986 年版。
29. 李敏杰主编:《延安和陕甘宁边区的双拥运动》,甘肃人民出版社 1992 年版。
30. 陕甘宁边区民众剧团艺术纪实编辑委员会编:《陕甘宁边区民众剧团艺术纪实》,西北大学出版社 1993 年版。
31.《陕甘宁边区体育史料(1935—1948)》,陕西省体育文史工作委员会 1986 年编。
32. 王学珍、郭建荣编:《北京大学史料》第 2 卷,北京大学出版社 2002 年版。
33. 黄美真编:《上海大学史料》,复旦大学出版社 1984 年版。
34. 上海市委党史征集委员会编:《上海大学(1922—1927 年)》,上海社会科学院出版社 1986 年版。
35. 广东革命历史博物馆:《黄埔军校史料》,广东人民出版社 1985 年版。
36. 北京大学等编:《国立西南联合大学史料·学生卷》,云南教育出版社 1998 年版。
37. 王文俊等编:《南开大学校史资料选(1919—1949)》,南开大学出版社 1989 年版。
38.《一二九运动资料》第 1 辑,人民出版社 1981 年版。
39.《一二·一运动史料选编》(下),云南人民出版社 1980 年版。
40. 北京师范大学校史资料室编:《一二·九运动与北平师大》,北京师范大学出版社 1985 年版。
41. 中央文献研究室、中央档案馆编:《建党以来重要文献选编》第 2、16、18、19、25、26 册,中央文献出版社 2011 年版。

二 回忆自述及文史资料

42. 张伯苓:《张伯苓自述》,安徽文艺出版社 2013 年版。
43. 温济泽:《第一个平反的"右派":温济泽自述》,中国青年出版社 1999 年版。
44.《于蓝自述》,中央文献出版社 2011 年版。

45. 《茅盾回忆录》（上），华文出版社 2013 年版。
46. 陈明：《我与丁玲五十年：陈明回忆录》，中国大百科全书出版社 2010 年版。
47. 《徐懋庸回忆录》，人民文学出版社 1982 年版。
48. 《李志民回忆录》，解放军出版社 1993 年版。
49. 《中国第一位女大使丁雪松回忆录》，江苏人民出版社 2000 年版。
50. 《胡乔木回忆毛泽东》，人民出版社 1994 年版。
51. 李维汉：《回忆与研究》（上），中共党史出版社 2013 年版。
52. 钟叔河、朱纯编：《过去的学校》，湖南教育出版社 1982 年版。
53. 杨述：《一二·九漫语》，生活·读书·新知三联书店 1981 年版。
54. 孙思白编：《红楼风雨·北大"一二九"历史回顾》，北京大学出版社 1988 年版。
55. 清华大学校史编研组编：《战斗在"一二·九"运动的前列》，清华大学出版社 1985 年版。
56. 于光远：《我的编年故事：抗战胜利前在延安（1939—1945）》，大象出版社 2005 年版。
57. 成仿吾：《战火中的大学》，人民教育出版社 1982 年版。
58. 王仲方：《延安风情画：一个"三八式"老人的情思》，中国青年出版社 2010 年版。
59. 高沂：《沂水流长：我的往事忆语》，人民教育出版社 2008 年版。
60. 刘淇生编：《反刍录》，原子能出版社 2005 年版。
61. 王平凡：《文学所往事》，金城出版社 2013 年版。
62. 杨琦：《留痕岁月》，地震出版社 2003 年版。
63. 《跋涉者：何满子口述自传》，北京大学出版社 1999 年版。
64. 杨拯民：《往事：杨虎城之子回忆》，中国文史出版社 2006 年版。
65. 吴介民主编：《延安马列学院回忆录》，中国社会科学出版社 1991 年版。
66. 温济泽等编：《延安中央研究院回忆录》，湖南人民出版社 1984 年版。
67. 钱茸、宋庆光主编：《歌声中的岁月》，中央广播电视大学出版社 2000 年版。
68. 《血与火的洗礼——从陕北公学到华北大学回忆录》第 1 卷，中国人民大学高等教育研究室 1997 年编。

69. 刘光人主编：《如歌如血如火——冀中新世纪剧社回忆录》，冀中新世纪剧社 2002 年编。

70. 延安大学西安校友会编：《延安大学回忆录》，陕西人民出版社 1998 年版。

71. 《延安女大：纪念延安中国女子大学建校五十周年》，纪念延安女大五十周年筹委会 1989 年编。

72. 延安中国女子大学北京校友会编：《延水情：纪念延安中国女子大学成立六十周年》，中国妇女出版社 1999 年版。

73. 苏平、徐玉珍编：《延安之路》，中国妇女出版社 1991 年版。

74. 李志主编：《抗大精神永放光芒》，黄河出版社 2005 年版。

75. 北京抗大光荣传统研究会编：《抗大精神永放光芒》第 1 集，长征出版社 2003 年版。

76. 《抗大校友回忆录选集》（上、下册），上海抗日军政大学研究会暨校友联谊会 1999 年编。

77. 广州校友会编：《抗大广州校友文集》，中国人民抗日军政大学 2006 年编。

78. 《忆抗日军政大学第一期参谋训练队》，抗大参谋训练队回忆录编辑组 1995 年编。

79. 华北联大编：《人民的大学——华北联大介绍》，苏南新华书店 1949 年版。

80. 《闪光的足迹：北京市旅游系统离休干部史稿选编》，北京市旅游事业管理局老干部处 1998 年编。

81. 中国人民政治协商会议全国委员会文史资料研究委员会编：《革命史资料》10，文史资料出版社 1983 年版。

82. 李彬、马玉卿编：《抗日华侨与延安》，陕西人民出版社 1995 年版。

83. 全国政协文史资料研究委员会华侨组编：《峥嵘岁月——华侨青年回国参加抗战纪实》，中国文史出版社 1988 年版。

84. 《文史资料选辑》第 2 辑，上海人民出版社 1979 年版。

85. 《文史资料存稿选编》第 25 辑，中国文史出版社 2002 年版。

86. 《广东文史资料》第 37 辑，广东人民出版社 1982 年版。

87. 河北省政协文史资料委员会编：《河北文史集粹·教育卷》，河北人民出版社 1992 年版。
88.《西安文史资料》第 13 辑，陕西省西安市文史资料研究委员会 1983 年编印。
89.《西安文史资料》第 17 辑，陕西人民出版社 1991 年版。
90.《延安文史资料》第 7 辑，政协延安市委员会文史资料委员会 2004 年编。
91. 中国人民政治协商会议河北省委员会文史资料研究委员会编：《河北文史资料选辑》第 9 辑，河北人民出版社 1983 年版。
92.《汉川文史资料》总第 11 辑，汉川市政协学习史学资料委员会 2000 年编。
93. 陕西省地方志编纂委员会编：《陕西省志·共青团志》，陕西人民出版社 2007 年版。

三　文（选）集与年谱

94.《毛泽东文集》第 2 卷，人民出版社 1993 年版。
95.《毛泽东选集》第 1、2、3 卷，人民出版社 1991 年版。
96.《毛泽东选集》第 5 卷，华中新华书店 1946 年版。
97. 朱文通等编：《李大钊全集》第 3、4 卷，河北教育出版社 1999 年版。
98.《瞿秋白文集》第 2 卷，人民出版社 1988 年版。
99.《张闻天文集》第 3 卷，中共党史出版社 1994 年版。
100.《张闻天晋陕调查文集》，中共党史出版社 1994 年版。
101.《陈云文选》，人民出版社 1995 年版。
102.《罗瑞卿军事文选》，当代中国出版社 2006 年版。
103.《梁启超文集》，线装书局 2009 年版。
104.《何干之文集》第 1 卷，北京出版社 1993 年版。
105.《胡华文集》第 5 卷，中国人民大学出版社 2013 年版。
106.《杜鹏程文集》第 3 卷，陕西人民出版社 2008 年版。
107.《李公朴文集》（上、下），群言出版社 2012 年版。
108. 中共中央文献研究室编：《毛泽东思想年编》，中央文献出版社 2011 年版。

109. 张培森主编：《张闻天在 1935—1938 年谱》，中共党史出版社 1997 年版。

110. 黄克剑、王涛编校：《中国现代学术经典·张君劢卷》，河北教育出版社 1996 年版。

111. 谢俊美主编：《弢园文录外编》，中州古籍出版社 1998 年版。

112. 孙应祥、皮后锋编：《严复集·补编》，福建人民出版社 2004 年版。

113. 陈山榜编：《张之洞教育文存》，人民教育出版社 2008 年版。

114. 高平叔编：《蔡元培教育论著选》，人民教育出版社 2011 年版。

115. 《毛泽东论教育》，人民教育出版社 2008 年版。

116. 《邵式平教育文选》，江西教育出版社 1989 年版。

117. 高景春编：《邵式平文论》，江西人民出版社 1991 年版。

118. 《戴伯韬教育文选》，人民教育出版社 1985 年版。

119. 中央教育科学研究所编：《成仿吾教育文选》，教育科学出版社 1984 年版。

120. 《辛安亭论教育》，湖南教育出版社 1983 年版。

121. 《叶圣陶语文教育论集》，教育科学出版社 1980 年版。

122. 中央教育科学研究所、厦门大学编：《杨贤江教育文集》，教育科学出版社 1982 年版。

123. 刘炼编：《何干之纪念文集》，北京出版社 2006 年版。

124. 《成仿吾校长纪念文集》，中国人民大学出版社 1992 年版。

125. 陈业主编：《江潮集：刘芝明百年诞辰纪念》，辽宁人民出版社 2007 年版。

126. 方实、杨兆麟主编：《永远的怀念：温济泽纪念文集》，中国国际广播出版社 2002 年版。

127. 刘众语编：《纪念江隆基文集》，兰州大学出版社 1987 年版。

128. 《杨松纪念文集》，信阳市政协文史资料委员会等 2002 年编。

129. 《胡华纪念文集》，中国人民大学出版社 1997 年版。

130. 《李大钊史学论集》，河北人民出版社 1984 年版。

131. 《吕振羽史论选集》，上海人民出版社 1981 年版。

132. 《尹达史学论著选集》，人民出版社 1989 年版。

133. 《刘大年史学论文选集》，人民出版社 1987 年版。

134. 王学典、陈峰编：《二十世纪中国史学史论》，北京大学出版社 2010 年版。

四 研究著述

135. 原景信：《陕北剪影》，新中国出版社 1938 年版。
136. 舒湮编：《边区实录》，国际书店 1941 年版。
137. 苏生编：《周恩来论抗战诸问题》，群力书店 1938 年版。
138. 钱穆：《中国近三百年学术史》，两务印书馆 1997 年版。
139. 齐思和：《齐思和史学概论讲义》，天津古籍出版社 2007 年版。
140. 翦伯赞：《历史哲学教程》，北京大学出版社 1990 年版。
141. 范文澜：《中国通史简编》（上册），河北教育出版社 2000 年版。
142. 何方：《从延安一路走来的反思》，明报出版社有限公司 2007 年版。
143. 刘涓迅：《革命史家胡华》，当代中国出版社 2011 年版。
144. 顾长声：《从马礼逊到司徒雷登》，上海人民出版社 1985 年版。
145. 顾长声：《传教士与近代中国》，上海人民出版社 1981 年版。
146. 张静如等：《中共党史学史》，中国人民大学出版社 1990 年版。
147. 桑兵：《清末新知识界的社团与活动》，生活·读书·新知三联书店 1995 年版。
148. 罗志田编：《20 世纪的中国：学术与社会·史学卷》（下册），山东人民出版社 2000 年版。
149. 李滔主编：《中华留学教育史录（1840—1949）》，高等教育出版社 2005 年版。
150. 范青、陈辉汉编著：《陈昌浩革命生涯》，中共党史出版社 2002 年版。
151. 吴志渊：《西北根据地的历史地位》，湖南出版社 1991 年版。
152. 程中原：《张闻天传》，当代中国出版社 1993 年版。
153. 《罗瑞卿传》编写组编：《罗瑞卿传》，当代中国出版社 2007 年版。
154. 朱发建、张林发：《吕振羽传》，湖南师范大学出版社 1999 年版。
155. 陈昌浩：《近代世界革命史》，上海书店出版社 1990 年影印版。

156. 延安整风运动编写组：《延安整风运动纪事》，求实出版社 1982 年版。

157. 李志民：《革命熔炉》，中共党史资料出版社 1985 年版。

158. 张腾霄主编：《中国共产党的干部教育·抗日战争时期》，中国人民大学出版社 1988 年版。

159. 王云风主编：《延安大学校史》，陕西人民教育出版社 1994 年版。

160. 刘民安等编：《中国医科大学校史（1931—1991）》，辽宁科学技术出版社 1991 年版。

161. 中国人民解放军国防大学编：《中国人民抗日军事政治大学史》，国防大学出版社 2000 年版。

162. 武继忠等：《延安抗大》，文物出版社 1985 年版。

163. 荒煤：《梦之歌》，花城出版社 1987 年版。

164. 马识途：《巴蜀女杰》（三），四川文艺出版社 2005 年版。

165. 赵超构：《延安一月》，上海书店 1992 年版。

166. 陈学昭：《延安访问记》，广东人民出版社 2001 年版。

167. 李喜珍等主编：《走进恢弘世界——人物访谈录》，湖南人民出版社 2004 年版。

168. 张舒勃主编：《青春史赞》，解放军出版社 1990 年版。

169. 王奇生主编：《中国考试通史·民国》，首都师范大学出版社 2004 年版。

170. ［美］斯诺：《西行漫记》，董乐山译，解放军文艺出版社 2002 年版。

171. ［美］冈瑟·斯坦：《红色中国的挑战》，马飞海等译，上海译文出版社 1999 年版。

172. ［德］罗梅君：《政治与科学之间的历史编纂——30 和 40 年代中国马克思主义历史学的形成》，孙立新译，山东教育出版社 1997 年版。

173. ［日］水野靖夫：《反战士兵手记》，巩长金译，解放军出版社 1985 年版。

五　主要报刊

174.《新青年》
175.《民国日报》
176.《新中华报》
177.《解放日报》
178.《新华日报》
179.《晋察冀日报》
180.《人民日报》
181.《光明日报》
182.《中国文化》
183.《中国青年》
184.《解放》

后　　记

　　本书是笔者主持的教育部"全国高校优秀中青年骨干教师择优资助计划"项目的最终成果。尽管本研究成果尚显稚嫩，但多少也算是了却了笔者近年来一直都在困惑和思考的一个问题：为什么在战时极其艰苦的条件下，青年学生不远万里奔赴延安，在自然环境和社会生态同样艰苦复杂的条件下，依然保持着旺盛的求学欲望和苦中求乐的学习精神，而在生活条件非常宽裕、学习途径如此便捷的今天，不少青年学生却缺乏延安时期的那种学习态度和学习精神。

　　笔者对于陕北这块地方较为熟悉。应该说，今日陕北虽已不是民国时期的陕北，但是总也免不了"贫穷"与"落后"这样的字眼。殊不知，即便在民国时期，人们也很难想象陕北的贫穷落后究竟到了何种程度。一份1929年的档案史料中就有这样的描述：当时的陕北能够看到"原始人类社会经济组织情态残迹的存在"；陕北的社会组织之简单，若与东南各省比较，"真落后到两三世纪"。即便是经历过举世罕见的长征、历经千难万险的红军，在踏进陕北之后也觉得这个地方难以立足，以至于有人闹情绪要带着队伍去陕南打游击。但是就是这个地方，在抗战时期却成为青年学生心目中的"圣地"和"天堂"。旖旎的延河边留下了多少延安青年的青春和美丽，香喷喷的小米滋养着他们努力学习革命的真理，研讨解放的道路。在青年人的眼中，延安就是世界上最快乐的地方！据粗略统计，4万左右的青年和各类专家学者在延安学习和工作过。他们在最为艰苦的地区，过着简单却又极为忙碌的学习生活。在延安，不少青年学生不仅对政治理论课有着浓郁的兴趣，更以能进入延安马列学院学习是有"与众不同的身份"和"比人高出一头的资本"。在某种程度上讲，延安之所以闻名，与成千上万的延安青年不无关联。正如时人所说：延安最引人瞩目的不是边区政府，也不是八路军，而是由陕公和抗大的青年儿女们在支持着。延安因青年的存在而活跃，延安青年则在延安教育的浸润下成长，而延安教育又因其独特的理念而闻名。但不少人却始终难以理解延安的教育。赵超构眼中的延安教育几乎是一个"怪胎"：原本是被大多数人认为的"缺点"，怎么在延安教育中却成了"优点"？但是延安教育就是在特定的条件下，创造了中国教育史上的奇迹。

然而，时下大学课堂中的"低头族"已然是较为常见的现象。所谓"不费脑子费流量"绝非是一句戏谑之语。不管任课老师讲得多卖力气，下面的学生总是紧盯手机刷微博、看朋友圈、追星、玩游戏。不少学生上课忘带课本可能无足轻重，忘带手机却是"坐立不安"。究竟如何改变这些现状，笔者正是沿着这样的出发点，希冀从延安时期的经验当中获取一些可资借鉴的素材。怎奈学术浅薄、力有不逮，呈现在读者面的这本小书，也只能是初步的探索，抛砖引玉之下，寄望学界方家能有更为独到细致的分析研究。